编委会

普通高等学校"十四五"规划旅游管理类精品教材
教育部旅游管理专业本科综合改革试点项目配套规划教材

总主编

马　勇　教育部高等学校旅游管理类专业教学指导委员会副主任
　　　　中国旅游协会教育分会副会长
　　　　中组部国家"万人计划"教学名师
　　　　湖北大学旅游发展研究院院长，教授、博士生导师

编　委（排名不分先后）

田　里　教育部高等学校旅游管理类专业教学指导委员会主任
　　　　云南大学工商管理与旅游管理学院原院长，教授、博士生导师
高　峻　教育部高等学校旅游管理类专业教学指导委员会副主任
　　　　上海师范大学环境与地理学院院长，教授、博士生导师
韩玉灵　北京第二外国语学院旅游管理学院教授
罗兹柏　中国旅游未来研究会副会长，重庆旅游发展研究中心主任，教授
郑耀星　中国旅游协会理事，福建师范大学旅游学院教授、博士生导师
董观志　暨南大学旅游规划设计研究院副院长，教授、博士生导师
薛兵旺　武汉商学院旅游与酒店管理学院院长，教授
姜　红　上海商学院酒店管理学院院长，教授
舒伯阳　中南财经政法大学工商管理学院教授、博士生导师
朱运海　湖北文理学院资源环境与旅游学院副院长
罗伊玲　昆明学院旅游学院教授
杨振之　四川大学中国休闲与旅游研究中心主任，四川大学旅游学院教授、博士生导师
黄安民　华侨大学城市建设与经济发展研究院常务副院长，教授
张胜男　首都师范大学资源环境与旅游学院教授
魏　卫　华南理工大学旅游管理系教授、博士生导师
毕斗斗　华南理工大学旅游管理系副教授
蒋　昕　湖北经济学院旅游与酒店管理学院副院长，副教授
窦志萍　昆明学院旅游学院教授，《旅游研究》杂志主编
李　玺　澳门城市大学国际旅游与管理学院执行副院长，教授、博士生导师
王春雷　上海对外经贸大学会展与传播学院院长，教授
朱　伟　天津农学院人文学院副院长，副教授
邓爱民　中南财经政法大学旅游发展研究院院长，教授、博士生导师
程丛喜　武汉轻工大学旅游管理系主任，教授
周　霄　武汉轻工大学旅游研究中心主任，副教授
黄其新　江汉大学商学院副院长，副教授
何　彪　海南大学旅游学院副院长，教授

普通高等学校"十四五"规划旅游管理类精品教材

教育部旅游管理专业本科综合改革试点项目配套规划教材

总主编 ◎ 马 勇

旅游政策与公共管理

Tourism Policy and Public Management

主 编 ◎ 吴文智 程 艳

中国·武汉

内容简介

旅游政策是党和政府对旅游业发展的指导性意见,体现了党和政府的意志、战略和方向要求;旅游公共管理是政府为保障人民旅游权利、满足人民旅游休闲度假需求而必须承担的使命与管理职责。本书在系统梳理党和政府出台的旅游相关政策以及承担的旅游公共服务与管理职能的基础上,围绕中央与地方政府在旅游业高质量发展中的管理实践,构建了我国旅游政策与公共管理的认知体系,并在案例解读中加强理论与实践的结合。

图书在版编目(CIP)数据

旅游政策与公共管理 / 吴文智,程艳主编. -- 武汉:华中科技大学出版社,2024.8. -- ISBN 978-7-5772-0391-1

Ⅰ. F592.0

中国国家版本馆CIP数据核字第2024W73N92号

旅游政策与公共管理
Lüyou Zhengce yu Gonggong Guanli

吴文智　程艳　主编

总 策 划：	李　欢
策划编辑：	王雅琪
责任编辑：	刘　烨
封面设计：	原色设计
责任校对：	刘　竣
责任监印：	周治超
出版发行：	华中科技大学出版社(中国·武汉)　电话:(027)81321913
	武汉市东湖新技术开发区华工科技园　邮编:430223
录　　排：	孙雅丽
印　　刷：	武汉市籍缘印刷厂
开　　本：	787mm×1092mm　1/16
印　　张：	12
字　　数：	251千字
版　　次：	2024年8月第1版第1次印刷
定　　价：	49.80元

本书若有印装质量问题,请向出版社营销中心调换
全国免费服务热线:400-6679-118　竭诚为您服务
版权所有　侵权必究

总序

习近平总书记在党的二十大报告中深刻指出,要实施科教兴国战略,强化现代化建设人才支撑。要坚持教育优先发展、科技自立自强、人才引领驱动,开辟发展新领域新赛道,不断塑造发展新动能新优势。这为高等教育在中国式现代化进程中实现新的跨越指明了时代坐标和历史航向。

同时,我国的旅游业在疫情后全面复苏并再次迎来蓬勃发展高潮,客观上对现代化高质量旅游人才提出了更大的需求。因此,出版一套融入党的二十大精神、把握数字化时代新趋势的高水准教材成为我国旅游高等教育和人才培养的迫切需要。

基于此,在教育部高等学校旅游管理类专业教学指导委员会的大力支持和指导下,教育部直属的全国重点大学出版社——华中科技大学出版社,在党的二十大精神的指引下,主动创新出版理念和方式方法,会聚一大批国内高水平旅游院校的国家教学名师、资深教授及中青年旅游学科带头人,在已成功组编出版的"普通高等院校旅游管理专业类'十三五'规划教材"基础之上,进行升级,编撰出版"普通高等学校'十四五'规划旅游管理类精品教材"。本套教材具有以下特点:

一、深刻融入党的二十大报告精神,落实立德树人根本任务

党的二十大报告中强调:"坚持和加强党的全面领导。"党的领导是我国高等教育最鲜明的特征,是新时代中国特色社会主义教育事业高质量发展的根本保证。因此,本套教材在编写过程中注重提高政治站位,全面贯彻党的教育方针,融入课程思政,融入中华优秀传统文化和现代化发展新成就,将正确政治方向和价值导向作为本套教材的顶层设计并贯彻到具体章节和教学资源中,不仅仅培养学生的专业素养,更注重引导学生坚定理想信念、厚植爱国情怀、加强品德修养,以期落实"立德树人"这一教育的根本任务。

二、基于新国标下精品教材沉淀改版,权威性与时新性兼具

在教育部2018年发布《普通高等学校本科专业类教学质量国家标准》

后，华中科技大学出版社特邀教育部高等学校旅游管理类专业教学指导委员会副主任、国家"万人计划"教学名师马勇教授担任总主编，同时邀请了全国近百所高校的知名教授、博导、学科带头人和一线骨干教师，以及旅游行业专家、海外专业师资联合编撰了"普通高等院校旅游管理专业类'十三五'规划教材"。该套教材紧扣新国标要点，融合数字科技新技术，配套立体化教学资源，于新国标颁布后在全国率先出版，被全国数百所高等学校选用后获得良好反响。其中《旅游规划与开发》《酒店管理概论》《酒店督导管理》等教材已成为教育部授予的首批国家级一流本科课程的配套教材，《节事活动策划与管理》等教材获得省级教学类奖项。

此外，编委会积极研判"双万计划"对旅游管理类专业课程的建设要求，对标国家级一流本科课程，积极收集各院校的一线教学反馈，在此基础上对"十三五"规划系列教材进行更新升级，最终形成"普通高等学校'十四五'规划旅游管理类精品教材"。

三、全面配套教学资源，打造立体化互动教材

华中科技大学出版社为本套教材建设了内容全面的线上教材课程资源服务平台：在横向资源配套上，提供全系列教学计划书、教学课件、习题库、案例库、参考答案、教学视频等配套教学资源；在纵向资源开发上，构建了覆盖课程开发、习题管理、学生评论、班级管理等集开发、使用、管理、评价于一体的教学生态链，打造了线上线下、课内课外的新形态立体化互动教材。

在旅游教育发展的新时代，主编出版一套高质量规划教材是一项重要的教学出版工程，更是一份重要的责任。本套教材在组织策划及编写出版过程中，得到了全国广大院校旅游管理类专家教授、企业精英，以及华中科技大学出版社的大力支持，在此一并致谢！衷心希望本套教材能够为全国高等院校的旅游学界、业界和对旅游知识充满渴望的社会大众带来真正的精神和知识营养，为我国旅游教育教材建设贡献力量。也希望并诚挚邀请更多高等院校旅游管理专业的学者加入我们的编者和读者队伍，为我们共同的事业——我国高等旅游教育高质量发展——而奋斗！

总主编
2023 年 7 月

前言
QIANYAN

《旅游政策与公共管理》是在吸收党的二十大精神,以党中央、国务院出台的关于旅游业发展最新政策意见和旅游主管部门以及相关部门出台的政策措施为依据,以旅游公共管理部门和旅游从业人员应具备的旅游政策、公共管理、法律法规方面的知识为出发点,较为全面地介绍了旅游发展所涉及的国家政策、公共服务与管理内容,并力求与旅游业发展的现实问题、实际案例和最新动态相结合,深入阐述旅游公共服务、公共政策与旅游产业政策内容,从而保证教学内容的全面性、规范性,同时也做到课程学习的实用性、时效性。

本教材围绕旅游公共管理这一主线,从旅游政策与行政管理两个方面构建了旅游公共管理的整体知识框架,也融入了多年的课程教学经验。使用本教材时,可以着重模块化、专题性教学,引入案例讲解、小组研讨、翻转课堂等教学方法,以便更好地激发学生参与课堂的兴趣,增强学生的主动性和表现欲。当然,本教材在知识应用上还处于导读阶段,教师和学生可以在本书的框架基础上吸收最新案例,拓展一些最新出台的相关政策与措施等,注重产教结合、教学相长,让本书具有更强的引导性。

全书共有九章三十节的内容,主要从政府使命、组织与公共管理角度,系统地讲解了我国旅游政策与公共管理体系,包括旅游发展的政府使命、组织方式与公共管理体系,旅游政策的制定与演变、旅游规划与管理,国家和地方旅游公共事务管理与国家公共政策的制定,国家和地方旅游公共服务管理与保障政策的配套,国家旅游产业促进与投资政策、旅游产业扶持与保障政策、旅游市场信用管理与服务质量提升政策,以及当下和未来国家促进地方旅游发展、鼓励旅游融合发展、推动旅游主体功能区域发展等重点政策内容。此外,还从国家法治与监督管理角度,系统讲解了我国旅游法律法规与监督管理体系,包括我国旅游法的制定及其主要内容、旅游法律法规的主要构成、旅游法规与旅游政策之间的区别与联系,以及旅游监督管理、行政处罚及行业组织与自律管理等内容。

  本书由吴文智、程艳主编,并组织专门的课题组协助撰写,其中第一、二、五章由崔春雨协助编写,第三、四、六章由岳菊协助编写,第七、八、九章由乔萌、李梦莲协助编写,吴文智、程艳、许建波负责最后的统稿与校对工作。特别感谢华中科技大学出版社王雅琪等编辑,他们的帮助让本书的质量有了很大的提升。

  总之,本书结合旅游发展最新政策与举措,立足于旅游公共管理领域的理论与实践问题,通过具体的案例分领域地对当前的政策与公共管理内容进行介绍、解析、应用,系统地阐述了我国的旅游政策与公共管理体系,既适用于我国高等院校、高职高专旅游相关专业教学(建议36课时),也适合旅游行政管理部门、旅游人力资源培训机构、旅游企业等不同主体学习和参考。

目录 MULU

第一章　旅游发展的政府使命与管理　001

第一节　旅游发展的政府使命　001
一、保障人民的旅游权利　001
二、发挥旅游业发展贡献　005

第二节　旅游发展中的政府组织　009
一、我国政府旅游管理体制沿革　009
二、中央政府旅游管理部门及职能　011
三、地方政府旅游管理职责及其能力构成　012

第三节　旅游公共管理的时代要求　014
一、旅游公共管理的概念与内涵　014
二、当代旅游公共管理定位　015
三、旅游公共管理体系　016

第二章　旅游政策与规划管理　019

第一节　旅游政策概述　019
一、旅游政策　019
二、旅游政策的制定　020
三、旅游政策的一般构成　022

第二节　国家旅游政策的制定与演变　023
一、国家旅游政策的制定史　023
二、国家对旅游业发展的政策演变　024
三、当前旅游业发展的政策解读　026

第三节　旅游规划与管理　　028
一、旅游规划的内涵解析　　028
二、旅游规划管理要求　　029
三、国家旅游业发展规划解读　　030

第三章　旅游公共事务管理　　032

第一节　旅游宣传与形象推广　　032
一、国家和地方政府职责　　032
二、一般实施方式　　033
三、经典案例与创新举措　　035

第二节　旅游信息与统计管理　　038
一、国家和地方政府职责　　038
二、旅游信息与统计管理过程　　040
三、经典案例与创新举措　　042

第三节　旅游标准化管理　　045
一、标准化管理组织　　045
二、旅游标准体系　　046
三、旅游标准的宣贯实施　　048
四、经典案例与创新举措　　053

第四章　旅游公共服务管理　　058

第一节　旅游公共服务概述　　058
一、旅游公共服务的概念　　058
二、旅游公共服务的特征　　059

第二节　旅游公共服务的供给与管理　　060
一、旅游公共服务的供给主体　　060
二、旅游公共服务的供给模式　　062
三、旅游公共服务的供给内容　　064

第三节　旅游公共服务的保障政策　　083
一、旅游公共服务机构或组织保障　　083
二、财政与地方旅游发展资金保障　　084
三、旅游公共服务规划及标准保障　　084

第五章　旅游公共政策　　086

第一节　假日旅游政策与重大活动管理　　086
一、假日旅游政策　　086
二、地方重大旅游活动管理　　092

第二节　国民休闲与旅游投资消费促进政策　　093
一、国民休闲政策　　093
二、旅游投资消费促进政策　　094

第三节　出境旅游与入境旅游政策　　094
一、出境旅游管理政策　　094
二、入境旅游管理政策　　096

第四节　旅游安全政策　　098
一、旅游者人身、财物安全保障政策　　099
二、旅游重大安全事故管理政策　　099

第六章　旅游产业政策　　101

第一节　旅游产业政策的概念、类型与特点　　101
一、旅游产业政策的概念　　101
二、旅游产业政策的类型　　101
三、旅游产业政策的特点　　102

第二节　旅游产业促进与投资政策　　103
一、旅游产业促进政策　　103
二、旅游产业投资政策　　106

第三节　旅游产业扶持与保障政策　　106
一、旅游土地利用政策　　106
二、旅游财政政策　　107
三、旅游人才政策　　108
四、旅游科技政策　　109
五、旅游市场政策　　109

第七章　促进地方旅游发展政策　　113

第一节　中国旅游城市相关政策解读　　113
一、旅游城市相关政策演变　　113
二、文化和旅游消费城市的相关政策解读　　114

第二节　中国旅游强县相关政策解读　　117
一、中国旅游强县的提出　　117
二、中国旅游强县的评定标准　　117

第三节　国家全域旅游示范区相关政策解读　　118
一、国家全域旅游示范区的创建对象及主体　　118
二、国家全域旅游示范区主要考核指标及申报程序　　119

第四节　国家旅游主体功能区域发展政策　　120
一、世界级旅游景区与国家旅游景区发展政策解读　　120
二、国家级旅游度假区发展政策解读　　124
三、国家级旅游休闲街区政策解读　　128
四、国家公园及国家文化公园政策解读　　129

第八章　促进旅游融合发展政策　　133

第一节　国家红色旅游发展政策　　133
一、红色旅游的内涵　　133
二、红色旅游相关的主要政策解读　　134
三、发展重点领域与扶持政策　　134

第二节　国家乡村旅游发展政策　　136
一、关于乡村旅游的系列政策　　136
二、中央"一号文件"关于乡村旅游政策的关注重点　　137

第三节　其他旅游融合发展政策　　141
一、中医药健康旅游发展政策　　141
二、研学旅游发展政策　　142
三、体育旅游发展政策　　144
四、交通旅游发展政策　　145

第九章　旅游法制与行政管理　148

第一节　我国旅游法律与法规　148
一、《中华人民共和国旅游法》的制定　148
二、《中华人民共和国旅游法》的主要内容　150
三、我国旅游法律法规的主要构成　151
四、旅游法规与旅游政策的区别与联系　153

第二节　旅游监督管理　156
一、旅游监督管理部门　156
二、旅游监督管理行为规范　158

第三节　旅游行政处罚　159
一、旅游行政处罚的内容　160
二、旅游行政处罚的一般程序　161
三、旅游行政处罚的执行　164

第四节　旅游行业组织与行业自律管理　165
一、旅游行业组织的成立　165
二、旅游行业组织的职能　165
三、我国旅游行业协会的组成与运行　166

附录　169

主要参考文献　171

第一章
旅游发展的政府使命与管理

- 人民的旅游权利。
- 旅游发展的政府使命。
- 我国旅游管理体制沿革。
- 国家与地方政府旅游管理组织与职能构成。
- 旅游公共管理的时代要求与内容体系。

第一节 旅游发展的政府使命

一、保障人民的旅游权利

（一）旅游权利

权利是法律中的核心术语，旅游法以旅游权利作为其立法宗旨和目标，人民旅游的基本权利和一系列派生权利都构成了人权的重要内容，而且被世界旅游组织提升到人权的高度来强调。早在1948年，《世界人权宣言》就宣称：人人有休息及闲暇之权，包括工作时间受合理限制及定期给薪休假之权。世界旅游组织是最主要的旅游权利主张者，《旅游权利法案和旅游者守则》（Tourism Bill of Right and Tourist Code, 1985）中第一条强调：每个人休息和娱乐的权利、合理限定工时的权利及在法律范围内不加限制的自由往来的权利，已在全世界得到承认。实施这项权利，可以促进社会平衡，提高国家和国际意识，这项权力也得到联合国的承认。

我国对公民旅游权利的保护同样给予高度重视和支持。其一，公民旅游权利是公民基本权利的重要组成部分，是我国宪法权利在旅游领域的具体体现和落实，包括公民在旅游领域的"民有、民治、民享"等权利范畴，可分为享受旅游成果的权利、参与旅游活动的权利、开展旅游创造的权利和旅游成果受保护的权利等,即公民的旅游享受权利、旅游参与权利、旅游创造权利、旅游保护权利等四个方面。其二,按照《中华人民共和国旅游法》(2018年修订),旅游者有权自主选择旅游产品和服务,有权拒绝旅游经营者的强制交易行为;旅游者有权知悉其购买的旅游产品和服务的真实情况;旅游者有权要求旅游经营者按照约定提供产品和服务。所以说,旅游权是公民依法享有,要求国家政府和旅游经营者积极提供旅游条件和机会,以确保其在政府机关、旅游经营者及其他社会成员的协助下出行、游览,以发展自我身心、提升自身生活质量的基本权利。

旅游权的主体是公民。旅游权利主张发展至今,已经涉及旅游相关的各个部分,虽然旅游企业、旅游业员工的权利也常常归并到旅游权利范畴,但是从旅游权利的发展演进角度来看,旅游权利主体设定具有清晰的指向,即人人旅游的权利和旅游者的权利,也就是说,旅游权利主体关注的是两个层面:所有人和旅游者。根据旅游权本身的属性,公民既是旅游权利存在的依靠,又是旅游权利的归宿,一切具有中国国籍的自然人均具有基本旅游权,对于中国境内的外国公民,其在享有旅游权方面应遵守对等原则;旅游者是旅游权利的践行者,对旅游者权利的主张以基本旅游权为前提,且多附加在旅游者这一特殊身份上的,如旅游者人身自由、财产安全、知情权、隐私权等,是更为具体、更具细节性的。

(二)旅游权的主要内容

旅游权的内容,根据旅游活动的顺序可分为旅游前期确立旅游基本条件的节假日旅游权、旅游自由权,旅游进行中提供旅游保障条件的旅游信息权、旅游资源享用权和旅游救助请求权等。①

1. 节假日旅游权

人们依法享有利用法定节假日从事旅游活动的权利,国家为法定节假日旅游提供便利,企事业单位和各类社会组织应当为本单位职工节假日旅游提供条件。尽管我国还属于发展中国家,但也出台了小长假、黄金周等比较灵活的放假制度和带薪年休假制度。国家通过推行上述节假日制度,完善旅游基础设施建设,提高旅游公共服务水平,不断提升公民假日旅游质量。地方政府通过协调相关旅游接待点与企业,不断出台假日旅游优惠措施,如杭州西湖实行免门票制度,鼓励公民利用节假日出游,提高公民旅游生活质量,提升公民的幸福指数。

2. 旅游自由权

境内居民有在中国境内旅行游览的自由,也有出境旅行游览的自由。应该说,我国公民在境内旅行游览的自由权得到了充分保障,除了法律法规规定的一些军事禁区、非开放地区不允许旅游者进入之外,至今没有实例证明哪个旅游者在境内旅行游

---

① 资料来源:《中华人民共和国旅游法》。

览受到了不合理限制。对于出境旅行游览,我国也在积极推进和各国的签证政策协商,以期我国公民出境更加自由。

3. 旅游信息权

旅游信息权是指旅游者为了安全顺利地旅行游览,有从旅游目的地政府及时、便捷地获取旅游公共信息的权利。当前自助游已经成为最主要的旅游方式。自助游的旅游者能否及时、准确、便捷地获取旅游目的地公共信息将直接影响其是否进行旅游并如何进行旅游。目前,我国很多旅游目的地都在推进旅游信息化建设:政府一方面牵头搭建旅游目的地公共信息服务与营销系统,另一方面鼓励市场企业提供各种商业信息服务平台,这些系统和平台对旅游者来说都是获取旅游目的地旅游信息服务的平台,它们满足了旅游者旅游的多方面信息需求。

4. 旅游资源享用权

旅游资源享用权是指旅游者有平等享用旅游资源的权利,以及老年人、残疾人、未成年人等特殊旅游者群体有从旅游资源经营者处得到优惠和便利的权利。确立旅游者的旅游资源享用权是为了使旅游者在外旅行游览时,能够与当地居民一样方便地享用旅游目的地的旅游资源,而不受其他歧视。旅游资源除应平等地向旅游者开放外,还应依照法律、法规对老年人、残疾人、未成年人、现役军人等特殊旅游者群体开放优惠,提供便利的旅游条件。

5. 旅游救助请求权

旅游救助请求权是指旅游者在其人身财产受到威胁时,有请求旅游经营者、旅游目的地政府和其他相关社会机构及时救助的权利。当旅游者在境外陷入困境时,有请求国家驻外机构提供协助或给予保护和救助的权利。政府是公共利益代表者、公共事务管理者、公共权力行使者、公共秩序维持者和公共产品提供者,因此政府无疑扮演着切实维护旅游者旅游安全的守夜人角色,是旅游救援管理的当然主体和法定责任者。

(三) 政府义务

旅游权利的相应义务承担者包括政府、旅游经营者等多方主体,政府是人民旅游权的义务主体也是最终保障主体。政府对人民旅游权的义务主要包括尊重、保护和实现三个方面。

1. 尊重的义务

旅游权首先是一种自由权,具有消极权利性质(不需要积极主动去实施某种行为来保证权利人的权利,只需要不去侵害权利人的自由权利,就是履行了自己的义务),即"尊重义务",其具体指政府必须尊重个人的旅游权,不得实施任何侵害个人旅游权的行为。一方面,政府的尊重义务意味着要承认旅游者的旅游权,承认旅游者有旅游自由权、休息休闲和带薪休假权、旅游资源享有权和旅游救济权。另一方面,尊重义务也意味着政府不得颁布发行侵害旅游权的法律、法规和政策,如在颁发护照、出入境等方面对公民进行限制等。

立法机关作为旅游权尊重义务的第一承担者,不得制定任何侵犯公民旅游权的法律,同时相关政府部门不得在法律尚未做出规定的情况下直接做出规定或者违法采取行为侵犯公民的旅游权。例如,《旅游权利法案》第5条规定"对待旅游者不允许采取任何歧视性措施",这一点体现了对旅游者权利平等的尊重。又如,《全球旅游伦理规范》第7条指出,"普遍的旅游权利必须视为休息与休闲权利的必然结果,应当保证个人的平等参与旅游活动以及周期性带薪假期的权利,促进国内和国际旅游的广泛参与",这一点是强调各国政府应当尊重旅游者自由往来的权利,不能加以阻碍。政府对旅游权的尊重义务是其他义务的前提,政府只有充分尊重公民的旅游权,才能更好地履行其对公民旅游权的保护并使公民更好地履行义务。

2. 保护的义务

旅游权不仅要求政府消极尊重而不侵犯,而且需要政府进行积极保护,这也是旅游权所具有的积极权利性质。政府对旅游权的积极义务,即保护义务,是指政府有义务采取各种积极措施确保个人的旅游权免于任何侵害并得以实现。它包含两个方面的含义:一是要求政府不得违反尊重义务和当违反尊重义务时应向旅游者提供救济。当公民旅游权受到侵害时,保护义务通过公民的政府赔偿请求权来实现。二是政府应当确保第三人不违反这一尊重义务,并且当第三人因违反尊重义务而可能造成危害或者已经造成危害时,向旅游者提供救济。当第三人侵害公民的旅游权时,政府的保护义务则主要是通过立法权、司法权、行政权等不同方式表现出来。如"零负团费""强迫购物"等严重损害旅游者权益的现象,应通过立法将旅游权具体化、法律化,使旅游权得到充分、有效的保护。

3. 实现的义务

旅游权的积极权利性质决定了政府对旅游权具有积极作为的义务,不仅包括保护的义务,而且包括实现的义务。实现的义务要求政府不仅要满足各阶层人民旅游的权利,而且要逐步采取措施促进旅游权的实现。这就要求政府为旅游权的实现积极创造条件,例如,通过建立和改善带薪休假制度、错开休假日期等方法逐步提高旅游者闲暇时间的利用率;根据实际情况,尽量简化旅游者出入境、海关、货币和健康规定等方面的旅行手续;通过财政补贴、税收等政策为公民提供更多的旅游机会;积极推进包括交通在内的基础设施和公共服务建设,方便实现公民旅行自由。在公民的游览权利方面,政府还应积极地保护、开发旅游资源,使公民能够有景可赏;同时应根据旅游资源的产权性质,积极推进旅游资源免费或低费用游览制度,建设无障碍游览设施,保障残疾公民的游览权利,并规定旅游经营者不得强迫或诱导旅游者按照自己"设计"的线路游览,并通过这种途径增加旅游者的逗留时间或进行优劣景点的搭售等。

二、发挥旅游业发展贡献

(一)生态与环境保护贡献

自党的十七大提出生态文明战略以来,如何在我国生态环境问题日益突出、资源环境保护压力不断加大的背景下推进生态文明建设和美丽中国建设成为备受关注的核心问题。党的十八大把生态文明建设纳入中国特色社会主义事业"五位一体"总体布局,促使我国生态环境保护发生了历史性、转折性、全局性变化;党的十九大报告提出,必须树立和践行"绿水青山就是金山银山"的理念,坚持节约资源和保护环境的基本国策。特别是"绿水青山就是金山银山"这一科学论断成为树立社会主义生态文明观、引领中国迈向绿色发展道路的理论之基。

旅游业以旅游资源为核心,其赖以生存和发展的基础是良好的自然和人文资源,尊重自然、保护环境、节约资源已经成为旅游业发展的普遍共识,因此旅游业被称为"无烟工业"、资源节约型和环境友好型产业。同时,旅游业具有资源消耗低、带动系数大、就业机会多、综合效益好的特性,是一种绿色消费方式,是生态文明建设的重要载体。从这一意义上讲,旅游业是绿水青山的"保护伞",绿水青山是发展旅游的先决条件。旅游业搭建了人与自然和谐共生的平台,是建立绿色生产和消费、健全绿色低碳循环经济体系的重要途径,更是将我国的"绿水青山"变成"金山银山"的必由之路①。

进入新发展阶段,积极响应全球气候变化和坚决贯彻党中央提出的碳达峰、碳中和(简称"双碳")目标成为我国旅游业高质量发展的重要使命。旅游业作为受气候影响较大的高敏感行业,向低碳转型既是自身可持续发展的需要,也是低碳经济的实践。旅游业虽是"无烟工业",但交通、住宿、餐饮等方面直接或间接产生的二氧化碳排放也在一定程度上影响着气候的变化。因此,旅游业低碳转型是实现"双碳"目标的重要机遇,发展低碳旅游的同时也可以带动其他相关产业的低碳转型,例如农业、服务业等与旅游业相关的上下游产业。在旅游生产方面,企业也进行了系列低碳改革,如酒店取消一次性用品的使用,鼓励游客不用一次性餐具、自备水具、住宿时随手关电器等,通过旅游企业的低碳转型逐步营造低碳氛围并推广游客愿意接受的低碳旅游行为来实现低碳化目标。

(二)文化遗产保护与传承贡献

旅游与文化是相辅相成、不可分割的,旅游可为文化提供丰富的市场需求,对文化起到良好的宣传作用;文化则可直接成为旅游资源,对旅游产品、旅游目的地开发起到巨大的作用。近年来,传统文化传承更被视为是增进国家认同和文化软实力的重要基础。习近平总书记系列重要讲话反复提及:中华优秀传统文化是我们在世界文化激荡

---

① 马勇,郭田田.践行"两山理论":生态旅游发展的核心价值与实施路径[J].旅游学刊,2018(8).

中站稳脚跟的根基……中华文化源远流长，积淀着中华民族最深层的精神追求，代表着中华民族独特的精神标识，为中华民族生生不息、发展壮大提供了丰厚滋养。优秀文化遗产的传承与发展是一项关乎国家和民族命运的战略性、全局性工程，是全社会的共同责任。

旅游业作为以保护传承和交流传播优秀文化为己任的现代服务业，在传承中华优秀传统文化过程中能够发挥不可替代的重要作用。

第一，旅游是传统文化展示与传播的重要渠道。无论是文化遗址、遗迹、文物、建筑、艺术景观等形式的物质文化遗产，还是以民间艺术、传统习俗、民族风情等为主要形式的非物质文化遗产，以博物馆、艺术馆、遗址公园、文化公园、历史和文化街区作为它们最重要的展示方式和存在空间，以景观游览、舞台或现场演艺、参与性体验节目、研学课程等产品形式供游客观赏、体验和研修。旅游已经成为传统文化展示与交流传播最重要和最有效的渠道。

第二，旅游是社会力量参与文化遗产保护与传承的重要途径。旅游开发意味着资本、人力和技术等发展要素对优秀文化遗产的投入，这对经济落后、交通闭塞的文化遗产旅游地而言尤为重要。以旅游化利用为渠道进行文化遗产的保护与传承，已经在实践中得到检验，并取得了巨大成就，特别是在非物质文化遗产的保护传承方面，"非遗"进景区、"非遗园"建设、"非遗"社区营造等成功模式，都是通过旅游化利用途径、市场化运作渠道实现的。

第三，旅游是文化遗产创造性转化、创新性发展的重要手段。旅游业本身就是创新、创意型产业，现代社会要求文化遗产传承需要随时代而改变和发展。旅游通过与时俱进的创新、创意，以让人喜闻乐见的方式去诠释文化遗产的内涵，无论是嵩山的《禅宗少林》、G20的《印象西湖》，还是故宫的文创旅游商品和作为国礼的鲁班锁等现代工艺品，都是在用旅游的方式创造性地演绎中华文化的精髓，并将其转化为最容易被普通人接受的文化展示方式，甚至能够让那些有着不同文化背景的人也通过这种方式感知和体验中华文化的内涵。

（三）乡村振兴贡献

我国城镇化的快速发展显著提高了人民的生活水平，但也导致城乡结构二元对立格局，大量青壮年从农村涌入城市，农村劳动力流失、老龄化严重、城镇人口拥挤、房价过高等问题日益凸显。在此背景下，乡村振兴战略作为新时代国家重大战略，是解决中国社会主要矛盾的重要抓手，是社会主义新农村建设的重要升级，是城乡发展的重大战略性转变，契合了新时代城乡资源要素双向流动的新趋势，弥补了全面建成小康社会的乡村短板①。乡村振兴战略的总目标为"农业农村现代化"，总要求是"产业兴旺、生态宜居、乡风文明、治理有效、生活富裕"。发展乡村旅游对落实乡村振兴战略总

---

① 王洁平.乡村旅游在乡村振兴中有大作为[N].中国旅游报，2017-11-08.

要求及实现乡村振兴战略总目标具有全方位的推动作用。

一是有利于促进农业与二、三产业融合,实现产业兴旺。发展旅游是乡村从农业到服务业的跨越之路,旅游能够推动农业产业化与农业转型升级、增加农业产业链长度并提高农产品附加值,通过促进一二三产业融合,旅游产业发展拓展了农业功能并改变了传统农业产业结构,是实现乡村产业兴旺以及驱动我国乡村振兴的有效途径。

二是有利于乡村生态与人文环境治理,实现生态宜居及乡风治理。乡村旅游目的地对环境卫生、景观的整洁度提出了更高要求,这将推动乡村地区改善基础设施、交通设施和村容村貌,为村民创造良好的生活环境;游客的到来也为乡村带来大量先进思想和现代文化,能够促进村民文化素质的整体提高,进而促进农村经济发展、社会关系和谐、社会治安稳定,形成良好有序的乡村人文治理环境。

三是有利于城乡生产要素流动,实现乡村人才振兴。乡村旅游发展吸引了一些私营业主与返乡人才,他们携带资本、技术、经验等进入乡村,为乡村引入了新资源与要素,并活化了乡村闲置土地、房屋等资源,同时他们在乡村地区扮演着知识传递者、创业示范者、创新引领者等多重角色,为乡村旅游转型升级提供人力保障和智力支撑。可见,旅游业因发展潜力大、辐射带动力强、受益面广而成为促进我国农村发展、农业转型、农民富裕甚至推动乡村振兴的重要渠道。

(四)经济发展与减贫贡献

20世纪80年代中后期,旅游扶贫作为一种产业扶持形态,在旅游发展实践中提出,成为促进贫困地区社会安定、文化繁荣、经济发展、环境改善,带动贫困人口脱贫致富的有效举措。我国部分区域地理位置偏远、工业发展受阻、致贫因素复杂,这些劣势就旅游业发展而言可能转化为优势和机会,尤其是我国西南部地区,相对贫困但都是旅游资源富集的地区,在这些地区大力发展旅游业,有利于农牧民增收致富,同时,这种发展模式也是最科学、最符合这一地区实际情况、最具长远效益的发展模式,而且在维护地区稳定上具有重大且深远的战略意义。众多地方的实践表明,旅游发展为本地居民创造了许多非农业就业岗位和多样化收入来源,使他们获得切实发展收益,居民收入增加明显,大幅实现脱贫致富。同时,在参与旅游产业的活动中,本地居民获得了多项学习机会,能够学习现代市场经济知识,掌握非农生产技能,实现人力资本技能再积累,获得持续摆脱"贫困陷阱"的发展能力。此外,旅游业发展为民族地区居民创造了与外界交流的平台,在参与旅游生产活动的过程中,不断与外界交流融合,在潜移默化中改变了贫困地区居民的思想观念,让他们能更加开放地接纳、吸收新理念和新的生活方式,有助于各民族群众之间形成文化认同并相互尊重,有利于民族地区更加健康稳定地发展。总体上看,以旅游为发展纽带是贫困地区居民参与市场发展、改善资源配置、分享发展权益、脱贫致富的重要路径。

2020年我国如期实现全面脱贫目标,党的十九届五中全会进一步提出了2035年"人民生活更加美好,人的全面发展、全体人民共同富裕取得更为明显的实质性进展"

的新要求。从全面脱贫到共同富裕,帮助相对落后地区巩固脱贫成果,缩小地区间发展差距,是我国现阶段的重要目标,也成为旅游新阶段发展的重要使命。旅游业在上一阶段扶贫发展的基础上,进一步以旅游目的地建设与推广为切入点,快速提高贫困地区旅游目的地的知名度,同时通过"景区+社区"等实践改革,使各方利益群体成为"利益共同体",以保障就业和富民为导向,开展公平参与、共享成果的路径与模式探索,在解决发展不平衡不充分的过程中切实提升人民的获得感、幸福感,以旅游业"牵引"作用为促进共同富裕提供可复制可推广的经验。

(五)国际贸易与交往贡献

世界贸易组织的统计数据显示,2014年世界旅游服务贸易进口额占服务贸易进口总额的26.14%,首次超过运输服务贸易,成为世界第一大服务贸易类型。2018年,我国服务贸易总额达到7856.57亿美元,规模居世界第二位,其中旅游服务贸易进口额为2768.40亿美元,但出口额仅为394.59亿美元,逆差达到了2373.81亿美元,占中国服务贸易总逆差的92.92%。如何缩小服务贸易逆差,已经成为政府与学术界共同关注的问题。旅游业作为综合性产业,其发展已呈现全球化态势,不仅具备非贸易创汇的特点,而且可抗击外贸风险、减少对外贸易摩擦,尤其可以缓解当下西方国家挑起的贸易霸凌主义对中国经济的负面影响。促进旅游产业出口的作用可以表现在经济领域上,同时,促进旅游产业出口还能带动各国尤其是沿线国家人民间友好往来,外国游客走进来,既能体验异乡的文化,也能传播我国的优秀传统文化,可更好地使中国文化"走出去",从而提升我国在国际上的影响力。

"丝绸之路经济带"和"21世纪海上丝绸之路"共同构成了我国"一带一路"倡议。近年来,"一带一路"从无到有、由点及面,掀起了沿线国家务实合作的新浪潮,不仅为中国及沿线国家旅游服务贸易的发展提供了新机遇,也为世界和平发展提供了新思路、新方案。"一带一路"倡议跨越了世界两大主要旅游客源地和旅游目的地,区域国际旅游总量占据全球旅游总量的70%以上①。以旅游为切入点,我国与"一带一路"沿线国家及地区的交流、合作将促进沿线国家及地区旅游的可持续发展,沿线国家及地区通过旅游基础设施联通、服务标准对接、"丝绸之路"品牌共享与联合市场营销、天空开放、单一签证、安全联动、文化节展等合作,推动各地旅游业的深度融合和共同发展,不断提升中亚地区旅游的影响力,助推中华优秀传统文化的国际传播。"一带一路"这一重要平台还能够加强我国东西部地区整体协调能力,从而在国内不同区域形成既有内在驱动力又有外部拉动力的发展状态,对于提升我国旅游服务贸易出口能力、巩固"一带一路"倡议建设成果、缩小服务贸易逆差具有重要意义。

---

① 邹统钎."一带一路"旅游合作愿景、难题与机制[J]. 旅游学刊,2017(6).

第二节 旅游发展中的政府组织

一、我国政府旅游管理体制沿革

我国政府旅游管理体制伴随着各个时期政治、经济与社会发展而发展,并在经济社会体制转型中结合旅游业发展特点进行了一系列改革。从整体来看,我国政府旅游管理体制演进经历了以下几个阶段。

(一)改革开放前"政企合一"阶段

新中国成立后,我国尚未成立专门的旅游管理行政机构,为了接待不断增加的国外到访人员,隶属于国务院的外事接待单位——中国国际旅行社总社(成立于1954年)代行政府的旅游管理职能。1964年,为了更好地对旅游事业发展进行管理,我国成立中国旅行游览事业管理局(国家旅游局前身),并与中国国际旅行社总社实行"政企合一、两块牌子、一套人马"的管理方式。

改革开放之前,我国旅游管理体制经历了从无到有、逐渐建立的过程,与计划经济体制相对应。在该阶段,旅游管理体制建设处于萌芽状态,实行政企合一的方式,发展旅游事业的主要目的是配合外事工作做好接待服务以及为国家吸取自由外汇,旅游事业的发展在该阶段并没有得到国家足够的重视。

(二)1978—1991年"政企分离"阶段

1978年,中共十一届三中全会的召开标志着我国工作重心向经济建设转移,这为旅游事业发展创造了良好的外部环境。同年3月,中共中央批转了外交部《关于发展旅游事业的请示报告》,将中国旅行游览事业管理局改为直属国务院的管理总局,并在各省、市、区成立旅游管理局,负责管理各地方的旅游事业。1982年,中国旅行游览事业管理总局更名为中华人民共和国国家旅游局,正式与中国国际旅行社总社分开办公。此时,国家旅游局作为行政机构,开始统一管理全国旅游工作,不再直接经营组团和承担接待任务,而中国国际旅行社总社则负责统一经营外国旅游者来华旅游业务,实行企业化管理。局、社的分离为实行政企分离、强化行业管理,进而争取旅游业的更大发展创造了条件。

1984年,中共十二届三中全会召开后,我国开始探索企业的多种经营责任制。基于这一经济体制,中共中央书记处、国务院于同年批转了国家旅游局《关于开创旅游工作新局面几个问题的报告》,其核心思想是为各级旅游行政管理部门简政放权。为规范旅游市场秩序并进一步促进旅游业的健康持续发展,1985年国务院颁布我国真正意义上的第一部旅游行业行政法规《旅行社管理暂行条例》,从此旅行社雨后春笋般发展起来,打破了以往由少数几家旅行社垄断经营的局面。1986年4月,在第六届全国人民代表大会第四次会议上,旅游业首次被纳入国民经济和社会发展计划,这一事件标志着旅游业发展的一次巨大进步。1991年,《国务院批转国家旅游局关于加强旅游行业管理若干问题请示的通知》发布,中国旅游业从此进入了产业化管制的时代。政企分离的旅游管理体制极大地推动了我国旅游企业市场化发展,提高了国民旅游的积极性,促使我国旅游业发展逐渐迈向正轨。

(三)1992—2015年的"政府主导下多元主体治理"阶段

1992年,邓小平南方谈话与十四大的召开明确提出我国社会主义市场经济体制的改革方向,与此同时,旅游管理体制改革也全面铺开。1994年3月,国务院办公厅批准印发了《国家旅游局职能配置、内设机构和人员编制方案》(简称"三定"方案),国家旅游局机构再次进行了大幅度精简和职能转变,实现了机关与直属企业的彻底分离。1998年,"三定"方案进一步明确了国家旅游局的主要职能,这一时期官方将行业管理组织引入旅游管理体系中,一些社团与协会开始进入旅游治理的主体中。

进入21世纪,我国旅游业迅速发展,其在社会经济发展中的带动作用也越来越大,被明确为国民经济的战略性支柱产业。在这一阶段,旅游业从单一的观光模式发展为休闲度假、深度体验、主题游乐等多元模式①,我国旅游管理体制也从原先的接待服务型、政企合一型、政企分离型逐步转变成为以政府部门为主导的多元主体治理体系,充分发挥行业协会、社会中间组织的协管作用。

(四)2016年至今的"多部门协同下社会服务管理"阶段

2016年,在"全域旅游"理念的指引下,我国旅游业发展从景区旅游过渡到目的地旅游阶段。随着全域旅游发展与旅游目的地建设,旅游业发展更加综合,与各方面融合不断加强,单纯由旅游部门来管理推进已经显得力不从心。此时,由北京、上海等城市牵头,各地纷纷成立旅游发展委员会或者跨部门的旅游领导协调机制,加强与交通、农业、林业、体育、文化等相关部门的联动。同时,在国家层面建立了"国务院旅游工作部际联席会议制度",加强部门协调配合并深入贯彻落实《中华人民共和国旅游法》

---

① 刘梦华,易顺.从旅游管理到旅游治理——中国旅游管理体制改革与政府角色扮演逻辑[J].技术经济与管理研究,2017(5).

（2013年发布,2018年修订）相关规定。无论旅游发展委员会还是联席会议制度,都是我国旅游管理体制创新的重要举措,旅游部门的综合协调能力进一步加强,管理视角进一步扩大,职能作用进一步提升,在多部门协调工作中更有效地解决旅游业发展中遇到的各种问题。

2018年3月,国务院机构改革方案将国家旅游局与文化部合并,不再保留文化部、国家旅游局,组建中华人民共和国文化和旅游部,作为国务院组成部门。这是当时旅游管理体制最重大的变革。文化与旅游既有社会公益属性又有经济产业属性,既是事业又是产业,成立中华人民共和国文化和旅游部有利于更好地发挥旅游事业与产业的双重属性与职能。在新的历史时期,文旅融合改革以满足人民群众对美好文化和旅游生活新期待为出发点和落脚点,构建了"党委统筹、政府主导、企业主体、社会参与"的文旅融合发展体制,搭建了更为科学的市场化发展机制,文旅部门行政职能也逐步向服务型机关转变。可见,我国旅游管理机构逐步从管理者、协调者转变为服务者角色。

知识链接

我国旅游管理体制沿革时间线

二、中央政府旅游管理部门及职能

（一）现行部门职责

2018年根据党的十九届三中全会审议通过的《中共中央关于深化党和国家机构改革的决定》和第十三届全国人民代表大会第一次会议批准了国务院机构改革方案,成立国务院正部级部门——中华人民共和国文化和旅游部（简称"文化和旅游部"）。

（二）现行部门内设机构及其部门职责

文化和旅游部的成立提高了旅游管理部门的地位和职能。为更好地贯彻和落实上述部门职责,文化和旅游部不仅设置若干机关部门,还设置了直属单位、驻外（驻港）机构等。其中,内设机关包括办公厅、政策法规司、人事司、财务司、艺术司、公共服务司、科技教育司、非物质文化遗产司、产业发展司、资源开发司、市场管理司、文化市场综合执法监督局、国际交流与合作局（港澳台办公室）等十五个机构,负责机关日常工作运转、方针政策规划与组织实施等。同时,设立负责相关职能工作的直属事业单位、驻外机构和新闻出版单位等,包括文化和旅游部信息中心、文化和旅游部人才中心、中国旅游报社、文化和旅游部旅游质量监督管理所等38个直属机构,以及若干驻各国的中国文化中心、旅游办事处等驻外机构（如表1-1所示）。例如,中国旅游研究院（文化和旅游部数据中心）作为文化和旅游部直属的事业单位,主要承担旅游业政策和理论研究、文化和旅游融合发展研究以及文化、旅游的统计和数据分析职责。

知识链接

文化和旅游部的主要职责

表1-1 文化和旅游部其他机构设置

机构设置	单位名称
直属单位	文化和旅游部机关服务局(机关服务中心)、文化和旅游部信息中心、中国艺术研究院、国家图书馆、故宫博物院、中国国家博物馆、中央文化和旅游管理干部学院、中国文化传媒集团有限公司、国家京剧院、中国国家话剧院、中国歌剧舞剧院、中国东方演艺集团有限公司、中国交响乐团、中国儿童艺术剧院、中央歌剧院、中央芭蕾舞团、中央民族乐团、中国煤矿文工团、中国美术馆、中国国家画院、中国数字文化集团有限公司、中国动漫集团有限公司、文化和旅游部恭王府博物馆、文化和旅游部人才中心、文化和旅游部离退休人员服务中心、文化和旅游部艺术发展中心、文化和旅游部清史纂修与研究中心、中外文化交流中心、文化和旅游部民族民间文艺发展中心、中国艺术科技研究所、文化和旅游部全国公共文化发展中心、国家艺术基金管理中心、文化和旅游部海外文化设施建设管理中心、中国旅游报社有限公司、中国旅游出版社有限公司、中国旅游研究院(文化和旅游部数据中心)、文化和旅游部旅游质量监督管理所、梅兰芳纪念馆
驻外及驻港机构	悉尼中国文化中心、中国驻悉尼旅游办事处、惠灵顿中国文化中心、斐济中国文化中心、中国驻苏黎世旅游办事处等
主管新闻出版单位	报纸:中国文化报、中国旅游报社有限公司、中国美术报、音乐生活报。出版社:中国旅游出版社有限公司、文化艺术出版社、中国数字文化集团有限公司;国家图书馆出版社、故宫出版社。期刊:中国岩画(中英文)、紫禁城、中国音乐学、故宫博物院院刊等
主管社团	中国孔子基金会、中国艺术节基金会、中华艺文基金会等

三、地方政府旅游管理职责及其能力构成

(一)旅游行政管理部门

20世纪90年代之后,多数省级旅游行政管理机构升格为一级局,进入政府序列,其间一些旅游重点城市和县也都单独设立旅游管理部门。文化部和旅游局合并为文化和旅游部后,各级政府根据其自身发展需求,纷纷整合相关部门的管理职能,组建了地方文旅局、文旅体局、文化广电旅游体育局等,部门职能也存在差异。总体来看,地方文旅部门主要承担以下职能:

(1)贯彻落实文化和旅游方面的法律法规、方针政策等。研究并拟订地方文化和旅游政策措施;管理重大文化和旅游活动;负责文化和旅游服务质量执法监督、旅游投诉处理及市场价格监管等。

(2)编制地方文化和旅游发展规划。组织编制并监督实施地方文化和旅游整体发展规划、文化与旅游景区(点)规划和旅游专项规划等。

(3)加强文化事业、文化产业和旅游业管理。负责地方物质与非物质文化遗产项

目的保护、传承与普及工作;更新地方旅游资源和企业的基本档案信息,组织指导地方旅游数据统计报送;对歌舞娱乐场所、文艺表演团体、营业性演出场所、旅游业务的旅行社(公司)、A级景区、星级宾馆、民宿等单位经营活动进行行业管理与安全监督工作。

(4) 组织地方旅游市场开发、形象宣传和重大促销活动。拟制国际、国内旅游市场开发战略;对内、对外组织实施地方旅游主题形象策划、宣传、推广;链接旅游线路,制定开发计划、措施及相关政策等。

(5) 组织指导地方文化、文物和旅游行业人才队伍建设。指导并组织文化和旅游教育培训工作,组织实施相关从业资格制度和等级制度考试等工作。

(二) 旅游行业协会

旅游行业协会是由旅游业相关企事业单位、社会团体自愿结成的行业性社会团体,是非营利性社会组织。旅游行业协会代表、维护全行业的共同利益和会员的合法权益,在政府和行业会员间发挥桥梁和纽带作用,为促进我国旅游市场的繁荣、稳定,旅游业持续、快速、健康发展做出积极贡献。

一般来说,旅游行业协会的职责及能力构成包括以下几个方面:

(1) 参与相关法律、法规、行业标准的制定、修订、评估等工作。经政府有关部门批准,参与制定相关立法、政府规划、公共政策、行业标准和行业数据统计等事务;参与制定、修订行业标准和行业指南,承担行业资质认证、行业人才培养、共性技术平台建设、第三方咨询评估等工作。

(2) 开展行业调研并提供建议或咨询服务。收集国内外与本行业有关资料,开展行业规划、投资开发、市场动态等方面的调研,为政府决策和行业发展提供建议或咨询;接受政府部门转移的相关职能和委托的购买服务,参与有利于行业发展的公共服务。

(3) 建立、健全旅游经济信息技术平台和会员企业信用档案。利用互联网等现代科技手段,建立旅游经济信息技术平台,进行有关市场信息、统计数据的采集、分析和交流工作;开展会员企业信用评价,加强会员企业信用信息共享和应用;建立健全行业自律机制,健全行业自律规约,制定行业职业道德准则,规范行业发展秩序;维护旅游行业公平竞争的市场环境。

(4) 与行业内外有关组织合作、交流。加强与行业内外有关组织、社团的联系、合作与沟通,促进互利互惠的利益关系;搭建促进旅游业对外贸易和投资的服务平台,帮助旅游企业开拓国际市场;在对外经济交流、旅游企业"走出去"过程中,发挥协调、指导、咨询、服务作用。

(5) 发行、出版相关行业资料。依照有关规定编辑有关行业情况介绍的信息资料,出版发行相关刊物,设立下属机构或专门机构等。

（三）国有旅游企业

国有旅游企业是政府通过行政手段进行资产划拨所组建的旅游市场化运营主体，是我国旅游产业发展的中坚力量，包括中央国有旅游企业和地方国有旅游企业两大类型。其中，中央国有企业是指由中央人民政府（国务院）或委托国有资产监督管理机构行使出资人职责，国务院直接管理或委托中组部、国资委或者其他中央部委（协会）管理的国有独资或国有控股企业。中央国有旅游企业主要是代表我国旅游实力、参与世界竞合的头部企业，它们规模庞大、对国民经济的影响作用深远。例如，中国旅游集团由国务院国资委控股，涵盖旅行服务、投资运营、旅游零售、旅游金融、酒店运营、创新孵化六个旅游相关业务领域，2019年更是通过机构重组，汇集了港中旅、中旅、国旅、中免等几家旅游央企，成为代表我国旅游产业发展实力、具有示范引领作用的综合型旅游集团企业。

地方国有旅游企业大致包含三种类型：酒店类国有旅游企业（集团）、景区类国有旅游企业（集团）、综合类国有旅游企业（集团）。其中，酒店类国有旅游企业（集团）以经营酒店及其相关设施服务为主，如南京金陵饭店集团、上海锦江国际集团等；景区类国有旅游企业（集团）以经营景区点及相关设施服务为主，如黄山旅游集团、张家界旅游集团等；综合类国有旅游企业（集团）以地方旅游业综合开发和多元化经营为主，如海南省旅游投资控股集团有限公司、安徽旅游集团有限责任公司等。通常，地方国有旅游企业具有以下特点：一是资产规模庞大，集中了当地政府在旅游方面的投资，能够运用政府支持资金及银行融资，实现经营规模化效应。二是旅游资源集合，通过行政划拨和市场化运作的方式实现地方旅游资源的整合，承担地方旅游基础设施建设、旅游综合开发等重资产和重服务类任务。三是区域受限、所有制结构单一，多数地方国有旅游企业资源占有、业务边界等主要集中于企业所在区域范围内，缺少向外拓展的可复制商业模式、域外资源获取渠道，市场竞争性经营管理能力不足，且多数企业是国有独资的单一所有制结构，现代企业治理体系不健全，企业效率不高、主营业务不突出、人员冗余严重。

案例分析

丽江市旅游开发投资集团公司发展使命与任务

第三节　旅游公共管理的时代要求

一、旅游公共管理的概念与内涵

一般认为，公共管理是以政府为核心的公共部门整合社会各种力量，以强化政府治理能力、提升政府公共服务品质为目标的综合性社会管理活动。相对应地，旅游公共管理是指以政府为核心的旅游公共部门整合行业协会、社会团体等各类社会组织,以增加旅游社会福利为目的,对旅游活动进行计划、组织、协调和控制,以提升旅游公共产品质量和服务水平的活动总称。

它与传统行政管理不同,旅游公共管理的主体不局限于政府部门,还包括非政府性公共机构和非营利性社会组织;管理客体不仅仅是政府行政事务,还包括社会公共事务和公共服务;管理内容主要包括旅游公共信息与咨询、旅游宣传与形象推广、旅游信息与统计管理、旅游标准化管理、假日旅游与重大活动管理、旅游公共设施与服务等,其内涵和外延都远远超出了旅游行政管理的范畴[①]。

旅游公共管理具有以下特点:

1. 广泛性

旅游公共管理涉及旅游活动的各个方面,其中有旅游者的旅游活动、旅游经营者的商业活动、旅游管理者的管理活动等。各主体、各类活动过程都对旅游公共管理者提出了一定的要求,公共部门要积极协调各方面的关系和利益,保证旅游活动有序、顺利地进行。

2. 复杂性

旅游公共管理客体多样、涉及范围广泛、要求不一,增加了旅游公共管理的复杂性。旅游公共管理要调整与旅游活动相关的经济、社会、文化、环境等方面的关系,同时旅游活动异地性也使各方关系协调存在一定的难度。

3. 服务性

旅游公共管理从本质上讲是一种带有很强服务性质的管理活动。同时从旅游发展的特点来看,政府提供的公共产品往往是无形的,政府公共部门需要靠丰富的服务手段及引导方式来推动整个旅游行业的管理与健康发展。

4. 强制性

在我国政府主导式的旅游目的地建设与旅游业发展过程中,旅游公共管理是从旅游行政管理发展而来的,因而带有强制性特征。其目的在于保障旅游活动有序、高效地进行,同时保证旅游公共利益不受到损害。

二、当代旅游公共管理定位

随着经济社会环境的变化,我国旅游公共管理的定位逐渐由原来的政府主导管制行政化向宏观调控监督市场化过渡,其核心定位包括克服市场失灵、建立市场秩序、培育产业环境、打造理想旅游目的地、削减旅游发展负面影响、增加社会福利六个方面。

---

①张俐俐,蔡利平.旅游公共管理[M].北京:中国人民大学出版社,2009.

1. 克服市场失灵

新古典经济学认为市场这只"看不见的手"可以自动完成资源的有效配置,然而现实中并不存在完全竞争与完全理性的情况,因此常常出现市场失灵。尤其是旅游市场由于资源的自然垄断性,不完全竞争的特征更加明显。同时,消费者信息不对称、旅游企业负外部性、各种机会主义行为等会导致资源无法得到最优配置,以及市场效率的损失。因此,必须进行政府干预,加强公共管理,这样才有可能克服市场失灵,提高旅游资源的配置效率。

2. 建立市场秩序

旅游产业的高效运行必须有良好的市场秩序作为保障,良好的市场秩序必须通过市场准入、市场监管、市场维护等一系列政府管理行为来实现。只有如此,才有可能建立良性的竞争机制,保证旅游产品质量,创造良好的旅游消费环境,从而保障合法旅游经营者和旅游消费者的正当权益。因此,旅游公共管理的定位之一便是确立并维护良好的旅游市场秩序。

3. 培育产业环境

旅游产业的快速发展需要良好的外部环境,而旅游公共管理的目的之一就是改善并提高旅游业赖以生存的政治、经济、社会、文化和自然环境,提供并协调必需的公共设施和服务,为旅游产业活动的开展营造良好的环境。

4. 打造理想旅游目的地

随着旅游产业的发展,旅游市场竞争已经由产品竞争转变为目的地竞争,这就使得旅游目的地的打造成为获取市场竞争优势的关键。旅游公共管理则通过对旅游目的地各要素的全面管理和协调,变无序为有序、变离散为协同,从而塑造目的地整体形象,丰富目的地旅游内涵,提升目的地整体吸引力。

5. 削减旅游发展负面影响

旅游活动的发展,除了产生正面影响外,还会产生如过度开发、环境破坏、物价上涨、文化冲击、道德弱化等负面影响。旅游公共管理的定位之一就是在推动旅游活动健康开展的同时,尽可能削减旅游发展所带来的负面影响。

6. 增加社会福利

随着经济发展与社会进步,旅游成为提升国民幸福指数和区域社会整体福利水平的重要途径。通过旅游发展提高人们的幸福感和社会的整体福利水平,逐渐成为旅游公共管理的核心内容之一。

三、旅游公共管理体系

我国旅游公共管理体系是一个多元多层面的系统,内含公共管理组织(政府、非政府组织)、服务对象及公共管理环境多个要素。其中,政府组织是核心要素,非政府组织是新兴要素,服务对象是基础要素,公共管理环境是必备要素。

1. 旅游公共管理主体——公共管理组织

公共管理组织,从广义上讲,是指不以营利为目的,为人民服务,以实现公共利益为宗旨的组织;从狭义上讲,是指运用行政权力达到公共目的的组织。旅游公共管理组织包括政府和非政府组织两类,政府组织主要指各级政府文旅部门及其下属事业单位,主要是对旅游行业进行行业管理,兼负部分公共服务职能,如上海市文化旅游公共服务和人才服务中心的主要职责是承担本市文化旅游公共交通及信息服务体系建设,实施旅游便民服务体系、安全保障体系、行政服务体系建设,以及导游考试相关事务性工作等职能;非政府组织主要指各级旅游协会,其主要职能是规范旅游行业行为及提供咨询服务等。

政府及非政府组织的参与提高了旅游公共管理与服务的质量,并通过提供非营利服务和产品满足了旅游市场主体的共同需求。随着市场经济的发展,旅游公共管理部门将逐步转为旅游公共服务部门,其服务属性将愈加明显。

2. 旅游公共管理服务对象——游客、居民及旅游企业

旅游公共管理体系具有特定的服务对象(受益者),不仅包括消费层面的最终受益者(潜在的和现实的旅游者),还包括供给层面的中间受益者(旅游企业等)[①]。要考虑潜在和现实的旅游者不仅包括外地游客的旅游需求,也要兼顾了本地居民休闲旅游的需要,体现旅游公共服务的公共性和公平性。基于"多方参与、共同治理,统筹兼顾、动态协调"之社会管理原则,游客、居民及旅游企业等都应该成为旅游公共管理的参与主体,公众参与旅游公共管理也是我国旅游目的地管理模式优化与创新的新趋势[②]。

3. 旅游公共管理环境——政治、经济、社会、技术综合环境

旅游公共管理环境主要是指旅游公共管理组织及其活动赖以存在和发展的各种外部要素的总和。通常,良性的公共管理环境能够与公共管理组织形成互动,以提高公共管理质量、提升公共管理能力、达成公共管理目标;反之,环境恶化会给公共管理组织的运行、公共管理活动的开展、公共管理能力与水平的提升带来各种障碍和挑战。具体来看,我国发布的系列政策文件、稳定增长的经济环境、收入水平和消费观念的变化、互联网和通信技术水平的提高都能够从政治、经济、社会、技术等层面上影响旅游公共管理环境。

课堂讨论

探索旅游促进共同富裕新路径

复习思考

- 旅游发展对我国经济、社会、环境、文化的贡献与作用有哪些?

---

① 李爽,黄福才,李建中. 旅游公共服务:内涵、特征与分类框架[J]. 旅游学刊,2010,25(4).
② 王京传,李天元. 公众参与:旅游公共管理的新趋势[J]. 旅游学刊,2014,29(10).

· 我国旅游管理体制沿革呈现明显的阶段性特征的原因是什么？

· 在我国旅游公共管理中，如何协调与平衡旅游发展过程中的公众利益与集团利益？

· 我国旅游公共管理过程中会在哪些方面产生"公地悲剧"？请阐述其现象及原因。

第二章 旅游政策与规划管理

- 我国旅游政策的构成体系。
- 国家旅游政策的制定与演变历程。
- 旅游规划与管理基本内容及文件解读。

第一节 旅游政策概述

一、旅游政策

一般来说,旅游政策既是规章、规则、准则、指示,也是发展或促进的目标和战略,是国家权力组织为实现一定时期内旅游发展目标而制定的行动准则,既包括指明前进目标的发展方针,也包括管制前进过程中的行为准则的具体政策[①]。本书进一步认为,旅游政策是指党和政府为实现旅游业发展使命与目标而制定的行动准则,是党的政策在旅游业发展中的具体体现。党的政策是旅游政策制定的根本依据,旅游政策是党的政策在旅游业发展中的具体贯彻与落实。

旅游政策的制定主体一般为党与政府,旅游政策通常为党中央与各级党组织、国务院及地方各级政府发布的规范性文件,包括具有约束力的决定、命令、规定、办法、实施细则、意见、通知等。旅游政策按内容可分为基本旅游政策和具体旅游政策,按层次可分为全国性旅游政策、地方性旅游政策等,其目标在于促进某个特定时期内国家或某一地区旅游业的发展。

---

① 沈姗姗,苏勤.中国旅游政策研究综述[J].资源开发与市场,2008(8).

二、旅游政策的制定

全国性旅游政策的制定主体为党中央与国务院，更为具体和更为广泛的旅游政策由国务院旅游行政管理部门依据党的政策、法律法规和国务院制定的全国性旅游政策而制定。各级地方党委、政府及其旅游行政管理部门可在自己的职权范围内，依据党中央和国务院的政策、法律法规以及上级政府及其旅游行政管理部门制定的旅游政策，结合本地区旅游业发展的实际，制定本地区的旅游政策。总体来看，我国旅游政策具有制定的灵活性、内容的复合性、主体的层次性、目标的差异性和具体条款的弹性等特征。

（一）制定的灵活性

一般而言，较之旅游法律法规与标准，旅游政策制定的周期相对较短，能够针对某一时期旅游发展的实际需要做出反应。在一些具体问题上，这种灵活性和及时性表现得更为明显。例如，2020年，为了帮助旅游企业摆脱困境，文旅部发布了《关于暂退部分旅游服务质量保证金支持旅行社应对经营困难的通知》，地方相关部门也积极响应。

（二）内容的复合性

旅游业是一个综合性产业，涉及吃、住、行、游、购、娱等方方面面的内容，因此，旅游业的政策内容往往会体现出复合性的特征。例如，《国务院关于进一步加快旅游业发展的通知》（2001年）就涉及财政、税收、价格、交通等多个领域。此外，由于旅游行政管理部门职权有限，很难单独提出促进旅游发展的有关政策，因此往往也需要同其他部门进行协调，共同出台一些利好政策。例如，《关于大力发展旅游业促进就业的指导意见》（2008年）就是由国家发展改革委、国家旅游局、人力资源社会保障部、商务部、财政部、中国人民银行六家联合下发的。

（三）主体的层次性

大体上看，根据制定主体的不同，旅游政策主要可以分为五大层级：

一是党中央与国务院出台的旅游政策。一般以"国发"或者"国办发"的形式体现，国务院出台的旅游政策层级最高，对与旅游业发展相关的各部委办局以及地方政府发展旅游业都有很强的指导性。例如，《国务院关于促进旅游业改革发展的若干意见》（2014年）、《关于促进全域旅游发展的指导意见》（2018年）、《关于进一步激发文化和旅游消费潜力的意见》（2019年）等。

二是文化和旅游部与其他部门联合发布的政策性文件。在实际操作中，一般是文化和旅游部负责起草，由涉及政策的其他部门会签以后，共同发布。由部门联合发文展现的是一种部门合作推进旅游发展的工作方式，这也有利于地方相关部门共同来落实政策。例如，文化和旅游部、国家发展改革委、财政部联合发布的《关于推动公共文化服务高质量发展的意见》(2021年),其发文对象是各省、自治区、直辖市文化和旅游厅(局)、发展改革委、财政厅(局)。

三是文化和旅游部单独下发的政策性文件。一般而言,这类文件的政策基本上在旅游行政管理部门的职能范围就能够落实,文件的执行者基本上是地方文旅部门。例如,年文化和旅游部发布的《关于推动数字文化产业高质量发展的意见》(2020年)就体现了这一特点。

四是文化和旅游部内部司(室)发布的政策性文件。实际工作中,由于制定主体层级不高,其内容都与文件发布司(室)的具体业务相关。

五是地方政府发布的旅游政策文件。多数省级地方政府结合地方发展实际,发布进一步贯彻落实国发文件的意见、通知或是决定,这些政策文件往往都包含了更为具体和明确的政策内容。例如,在《国务院关于进一步加快旅游业发展的通知》(2001年)中,只是大体规定了"加大对旅游业的支持力度",而在《浙江省人民政府关于进一步加快旅游产业发展的若干意见》(2001年)中就明确提出了"省政府2001年至2002年每年再安排风景旅游专项资金5000万元",用于风景区的建设和贴息、旅游精品项目的贷款贴息、扶持精品旅游线路的开发、公益性旅游项目的建设、旅游商品开发等。

(四)目标的差异性

旅游政策目标的差异性主要体现在不同的发展阶段、不同地区之间由于旅游发展水平不同,对发展旅游促进经济社会发展的着眼点不同,其旅游政策的目标也各有差异。比如在我国改革开放初期,旅游政策可能更注重提高旅游的供给水平,或是更注重满足入境游客的需要。进入21世纪以后,我国的政策则更加关注如何释放国民旅游需求,如何更好地满足迅速扩大的国内旅游市场的需要。此外,我国东、中、西部旅游特点不同,经济社会发展总体水平也有很大差异,各地方旅游政策制定的侧重点肯定也会有所差别。

(五)具体条款的弹性

政策有时会因环境条件发生变化,产生无法适应或推行的状况。而具有一定弹性条款的政策能够自动修正,消弭外部环境变化所导致的政府实施困境,从而增加政策的可执行度。因此,层级越高的政策,一般只对某些带有普遍性的问题做出大致的规定和说明,以保证政策的弹性,这也给地方制定更为具体的政策时留下更大空间。特别针对我国地区差异较大的现实国情,保持政策条款的弹性显得更加重要。一个典型例子就是《国务院关于进一步加快旅游业发展的通知》(2001年)中提出的"对宾馆、饭店实行与一般工商企业同等的用水、用电、用气价格"。由于水电气的定价权多数在地方,如果统一用更为优惠的"工业价格"标准(一般而言,工业企业水电气价格低于商业企业,更低于一些特种行业),那可能会因许多地方无法执行而使这一条款达不到实际的效果。而用"工商企业"表述,则可以基本保证宾馆、饭店的水电气价格不高于商业企业的价格,同时也给那些政策操作能力强的地方预留了政策拓展空间。从实际执行情况看,到2008年,虽然只有不到一半的省(区、市)争取到了工业价格但绝大多数地区的宾馆、饭店的水电气价格没有按照高于商业企业的价格执行[①]。

三、旅游政策的一般构成

(一)宏观政策与微观政策

1. 旅游宏观政策:从宏观层面为旅游发展提供基本保障

我国旅游宏观政策主要是政府从国民经济与社会发展全局出发,在内外复杂因素叠加的背景下,根据社会经济条件和旅游发展的具体情况制定的一系列统筹性措施和办法。宏观政策从整个经济社会发展全局的角度统筹旅游业的发展,引导旅游业发展的走向,其重要作用表现为以下几个方面。

(1)有利于明确旅游业的产业地位。

1998年,确立了旅游业作为国民经济新增长点的产业地位。2003年,提出把旅游业培育成国民经济的重要产业。2009年,国务院41号文件把旅游业定位为国民经济的战略性支柱产业和人民群众更加满意的现代服务业。2015年,旅游业被定位为现代服务业的重要组成部分。未来依据我国宏观经济走向及旅游业的发展状况,我国政府在宏观政策中将进一步明确旅游业在国民经济与社会发展中的地位,这对旅游业发展具有至关重要的意义。

(2)有利于形成高层次的旅游协调机制。

旅游业是新兴的综合性很强的经济产业,涉及很多行业和部门,旅游业发展离不开相关部门的协调配合与支持。因此,旅游宏观政策可以引导设立高层次的旅游工作领导小组或协调机构,有效协调解决新时期旅游业发展中的重大问题;同时可以加强相关政策协调,争取发改委、自然资源、农业农村、财政、银行、交通、商务、卫健、教育等部门在制定相关政策和编制有关规划时充分考虑旅游业发展的要求,以便在国家决策这一层面上形成合力。

(3)有利于加大对旅游业的导向性投入。

旅游业发展需要中央和地方财政增加基础性和导向性投入,并安排一定数量的旅游专项资金。特别是在国民经济与社会发展长期计划和年度计划中,都需要通过宏观政策的协调,安排一定的财政资金,用于旅游基础设施建设和重点旅游项目的投资;同时,还需要安排一定数额的财政贴息贷款,以扶持旅游企业进行设施改造和重大技术装备更新。

---

①魏小安,曾博伟.旅游政策与法规[M].北京:北京师范大学出版社,2009.

(4) 有利于从国家层面促进旅游形象宣传。

在竞争激烈的国际旅游市场上,各个国家都在不断提高或大幅度增加国际旅游促销经费,加强国家旅游形象宣传。目前,我国旅游宣传促销经费与旅游创汇低于世界平均水平,这与我国建设世界旅游强国的目标不相适应。为此,要通过一些宏观政策安排,进一步增加国家层面的旅游促销经费,以加大对客源市场的宣传促销力度,增强中国旅游业在国际市场上的主动权与影响力。

2. 旅游微观政策:从微观层面深入旅游方方面面

旅游宏观政策着眼于对国家旅游业发展的综合调控与促进,而旅游微观政策聚焦于旅游业发展的具体领域或者某些环节的鼓励、扶持、约束与控制。典型的旅游微观政策包括乡村旅游、红色旅游、研学旅游、康养旅游等领域发展政策和旅游人才、旅游用地、旅游金融等引导政策。

(二)中央旅游政策与地方旅游政策

中央旅游政策一般由党中央、国务院根据我国经济社会发展的阶段要求制定的有关旅游业发展的大政方针意见,它是地方政策制定的基本依据。典型的中央政策包括《国务院关于加快发展旅游业的意见》(国发〔2009〕41号)、《国民旅游休闲纲要(2013—2020年)》(国发〔2013〕10号)、《关于促进旅游业改革发展的若干意见》(国发〔2014〕31号),等等。

地方旅游政策是各级地方政府在贯彻落实中央政策的基础上,结合地方旅游业发展的具体情况提出的一系列措施要求。相较于中央旅游政策,地方旅游政策有更强的指向性、针对性和可操作性。比如,2015年9月出台的《杭州市农村现代民宿业扶持项目实施方案(试行)》,就十分具体地提出了对杭州市发展民宿的鼓励性补助措施;又如2021年《关于支持上海旅游业提质增能的若干措施》,提出引导旅游数字化转型,支持运用数字全息、VR等技术发展全景旅游、沉浸式旅游等虚拟现实交互旅游场景,逐步实现上海旅游产业的赋能。

案例分析

数字化转型:"海派旅游"怎么搞?

第二节 国家旅游政策的制定与演变

一、国家旅游政策的制定史

改革开放以来,我国旅游政策随着旅游业的发展而变化,不同时期各种政策的安排为旅游业的发展提供了强大的助力。具体来看,改革开放初期的旅游政策以发展入境旅游为主,目的在于赚取外汇、积累资本。国内旅游兴起阶段,旅游经济功能仍被政府高度关注,这一时期政策文件的精神要求和内容举措也以通过旅游业来带动经济发展为主。进入21世纪后,旅游政策的制定与时俱进,体现了时代精神内核以及对经济、社会、文化、生态效益的关注。

以下对国家信息中心、国家法律法规数据库、中国政府网等相关政策文件内容梳理,总结了改革开放以来各时期能够展现我国旅游业政策制定发展状况的一些重要文件,具体如表2-1所示。

表 2-1 改革开放以来我国具有代表性的旅游政策文件

年份	政策名称	发文机关	发文字号
1988年	《关于加强旅游工作的意见》	国务院办公厅	国办发〔1988〕80号
2000年	《关于进一步发展假日旅游若干意见的通知》	国务院办公厅	国办发〔2000〕46号
2001年	《国务院关于进一步加快旅游业发展的通知》	国务院办公厅	国发〔2001〕9号
2009年	《关于推进海南国际旅游岛建设发展的若干意见》	国务院办公厅	国发〔2009〕44号
2009年	《国务院关于加快发展旅游业的意见》	国务院办公厅	国发〔2009〕41号
2012年	《关于进一步做好旅游等开发建设活动中文物保护工作的意见》	国务院办公厅	国发〔2012〕63号
2014年	《关于促进旅游业改革发展的若干意见》	国务院办公厅	国发〔2014〕31号
2015年	《关于进一步促进旅游投资和消费的若干意见》	国务院办公厅	国办发〔2015〕62号
2016年	《关于进一步扩大旅游文化体育健康养老教育培训等领域消费的意见》	国务院办公厅	国办发〔2016〕85号
2018年	《关于促进全域旅游发展的指导意见》	国务院办公厅	国办发〔2018〕15号
2019年	《关于进一步激发文化和旅游消费潜力的意见》	国务院办公厅	国办发〔2019〕41号
2022年	《"十四五"旅游业发展规划》	国务院办公厅	国发〔2021〕32号

二、国家对旅游业发展的政策演变

国家旅游政策的演变是我国旅游业转型升级的必然结果,也是我国改革开放和经济社会转型发展的必然要求。因此,本书以改革开放为起点考察我国旅游政策的演变过程,归纳为起步探索(1978年—1989年)、发展转轨(1990年—2009年)、积蓄突破(2010年—2018年)、改进提升(2019年至今)四个阶段。

(一)起步探索阶段(1978年—1989年)

1978年,邓小平在黄山考察期间,认为旅游业要变成综合性的行业,要大力发展旅游业,要将关注重点放在引进先进管理制度和吸收外资上,对后来的旅游发展有着重要的历史意义。国务院发布的《关于加强旅游工作的意见》(1988年)中指出：我国旅游事业迅速发展，在增加我国非贸易外汇收入、促进对外经济贸易和文化交流、增进同世界各国人民的相互了解和友谊等方面发挥了积极作用，并提出应进一步提高我国旅游业的创汇水平和经济效益。在这一阶段，国家旅游政策主要着眼于如何解决旅游业发展起步阶段的一系列问题，例如：如何通过旅游业达到补充外汇短缺的目标，如何把旅游业作为经济产业来建设等。

这一阶段中，旅游业仍是作为外事工作的一部分发展的，系列政策的出台也以规制入境游为主。从政策结果上看，这一时期入境游数量得到从无到有的跨越式增长，其中入境游客量从1978年的180.92万人次增长到1989年的2450.14万人次，国际旅游外汇收入从263万美元增长到1860万美元。同时，我国旅游发展在该阶段也开始了从国家专营产业向市场化运营转变。

(二) 发展转轨阶段(1990年—2009年)

随着国家经济实力的迅速提升，国民收入不断增加和节假日制度进一步实施，国内旅游的人数日益增多、范围不断扩大，国内旅游市场也开始形成。我国旅游相关政策文件出台的数量呈现出了爆发式的增长，这一方面归结于起步探索阶段后，旅游产业正式作为国民经济的支柱产业开始重点推进；另一方面归结于我国正式加入WTO后，对旅游产业的行业标准、公共设施供给、人才培养、财政及税收政策等诸多方面都提出了与国际接轨的要求。

这一阶段的标志性文件，一是《关于积极发展国内旅游业的意见》(1993年)，该文件提出了应在原有国际旅游的基础上，大力开发国内旅游，并且以旅游业的发展带动相关一系列产业和文化事业的发展与繁荣；二是《关于进一步发展假日旅游的若干意见》(2000年)，文件具体对春节、"五一"和"十一"三个黄金周期间的国内旅游进行了工作指导和布置，居民闲暇时间的增多使国内旅游出现"井喷"现象，显示了国内旅游强劲的内生性消费需求；三是《国务院关于进一步加快旅游业发展的通知》(2001年)和《国务院关于加快发展旅游业的意见》(2009年)的出台，明确提出了要树立大旅游观念，深化旅游业改革开放，进一步发挥旅游业作为国民经济新增长点的作用。

这一阶段中，国内旅游已成为中国旅游业的基础和支柱。国内旅游人数长期保持在另外两个市场之和的十倍左右，收入远远超过其他两个市场。据统计，到2006年国内旅游规模已达到16.1亿人次，人均出游一次以上；2007年我国国内游收入达到了711亿元。这说明国内旅游已经成为国民生活中不可或缺的重要组成，是中国旅游发展的核心动力和最大市场。

(三) 积蓄突破阶段(2010年—2018年)

在旅游业快速发展三十年后，我国开始意识到旅游业发展对环境及目的地地区社会发展的负面影响。尤其是2013年"两山理论"和"一带一路"倡议的提出，成为至今包括文化和旅游在内所有部门在进行政策制定时必须考虑的背景要求。我国也意识到旅游业不仅具有经济功能,还具有改善环境、发展文化、增进交流、提升国民福利等社会功能。

这一阶段的标志性文件包括:一是2014年国务院发布的《关于促进旅游业改革发展的若干意见》,意见中明确提出要深化改革,强调"依法兴旅",大力培育旅游业的发展引擎,进一步完善旅游业的相关发展政策措施,结合国内外环境优化旅游业发展路径,全面拓宽旅游业的发展边界。这一时期,政府加快职能转变,进一步简政放权,使市场在资源配置中起决定性作用,中央开始从政府管理和市场机制上给旅游业"松绑"。二是2018年发布的《关于促进全域旅游发展的指导意见》提出要树立"处处都是旅游环境,人人都是旅游形象"的理念,明确旅游发展全域化、旅游供给品质化、旅游效益最大化的发展目标。

这一阶段中,国内游依然处于爆发式增长的状态,随着2010年一系列政策的出台,国内游客从2010年的21亿人次增长到了2018年的55亿人次,国内旅游总花费从12579.80亿元增长到51278.29亿元,旅行社个数从22784增长到37309个。旅游业在各个经济部门的发展计划中不断出现,这表明其在国民经济中的地位进一步凸显,旅游业的市场化水平与多元化格局进一步提高。

(四)改进提升阶段(2019年至今)

随着我国旅游市场的成熟发展,国家旅游政策也在逐步成型。文化和旅游部的设立使我国文化和旅游产业融合发展进入了系统化、法治化轨道,自此我国进入了文化和旅游产业改进提升阶段。

这一阶段的标志性文件:一是《关于进一步激发文化和旅游消费潜力的意见》(2019年)明确提出"顺应文化和旅游消费提质转型升级新趋势,深化文化和旅游领域供给侧结构性改革,推动全国居民文化和旅游消费规模保持快速增长态势"。这一时期,如何加快解决旅游发展过程中供给与需求矛盾,如何促进文旅产业融合发展,进一步激发旅游消费潜力,是实现旅游产业高质量发展的重要途径。二是2020年后,《关于促进服务业领域困难行业恢复发展的若干政策》(2022年)成为旅游产业复苏的重要推动政策。

2020年新冠疫情的暴发导致出入境旅游和国内旅游业务几乎处于中断、停滞状态,对旅游及相关产业产生了重大打击,但同时也推动了数字化旅游的建设,为旅游多元化发展提供了契机。

三、当前旅游业发展的政策解读

在新的发展时期,面对新的发展环境变化和发展目标的调整,旅游业也有了新的发展方向。在党的十九届五中全会上,《中共中央关于制定国民经济和社会发展第十四个五年规划和二〇三五年远景目标的建议》(2020年)中提到"推动文化和旅游融合

知识链接

国家发展和改革委员会同文化和旅游部等有关部门制定出台政策推动旅游业恢复发展

发展,建设一批富有文化底蕴的世界级旅游景区和度假区,打造一批文化特色鲜明的国家级旅游休闲城市和街区,发展红色旅游和乡村旅游",意味着"呼应未来中国社会经济发展的核心与重点、重视高质量发展、呼应新发展格局"成为当前旅游业发展的主攻方向。

(一)促进旅游业恢复发展

自从2020年新冠肺炎疫情暴发以来,旅游业发展严重受损,成为国家重点帮扶行业。文化和旅游部制定发布《关于抓好促进旅游业恢复发展纾困扶持政策贯彻落实工作的通知》(2022年)指出,通过减税降费、缓缴失业保险费和工伤保险费、延长旅游服务质量保证金暂退期限等措施,为旅游业恢复给予有力的政策支持,从而稳住行业恢复发展的基本盘。

(二)继续推进文化和旅游深度融合

自2018年文化和旅游部成立以来,文化旅游融合发展一直是行业关注的热点。"十四五"时期,文化和旅游融合的思路和举措更加明确,文化和旅游深度融合的重点一方面是如何将更多特色文化资源和文化元素挖掘出来,转化为优质的文化旅游产品和独特的文化旅游体验;另一方面则是如何充分发挥旅游的渠道优势,广泛传播社会主义核心价值观和中华优秀传统文化。未来,文旅融合的重头戏是"建设一批富有文化底蕴的世界级旅游景区和度假区,打造一批文化特色鲜明的国家级旅游休闲城市和街区",一些具有示范性的文化和旅游融合区域和项目将通过"典型试点—经验梳理—推广应用"的方式予以推动。此外,如何将工作重点调整到支持优质中小旅游企业快速成长上来,使中小旅游企业成为旅游业发展的中坚力量,也成为未来政策改革的重点。

(三)加快推进旅游领域的技术应用

国家层面日益重视科技发展,将平台思维、场景思维、互联网思维、专业化思维作为未来旅游产业发展的主要思维。旅游业不是科技的产生领域,却可以成为现代科技应用的重要领域,虚拟现实技术、5G技术、大数据、人工智能等技术能够丰富旅游体验、增加旅游消费、促进文旅融合、提高服务效率、优化旅游治理等。此外,系列政策也推动了互联网思维、场景思维、内容思维在旅游产业中的应用,强调了旅游产业生态群落的发展观念。

(四)充分发挥人力资本的支撑作用

人力资本对旅游业高质量发展具有重要的支撑作用,但人才是旅游业发展的短板。近些年,受疫情影响,旅游基础人才供给面临着较大压力。因此,如何稳定基本旅游服务人员队伍,提高核心岗位专业人才的核心能力,吸引更多优秀人才进入旅游行业等成为新时期旅游相关政策的重点内容。此外,一方面要重视疫情期间灵活就业、零工经济的兴起对旅游基础人才供给的深刻影响;另一方面要采取有效措施补全旅游景区、旅游新业态等运营人才缺乏的"短板"。

(五)有序推进旅游发展的双循环

新时期,为应对世界形势变化,国家层面提出"加快构建以国内大循环为主体、国内国际双循环相互促进的新发展格局"。旅游业因其特有的辐射和联动作用,能够拉动消费、增加就业、促进经济增长,蕴含着国内经济大循环所需的强劲动能,旅游业的进一步完善对构建国内国际双循环新发展格局意义重大。新冠疫情使我国旅游业国内游市场呈现新的发展趋势:(距离)微旅行、(节奏)慢休闲、(体验)深度假格局逐渐形成,旅游线路、项目及产品加快推陈出新,低碳旅游进一步推广,在线旅游服务进一步丰富等。未来在进一步完善国内游市场的同时也要深度开发入境游市场,优化旅游业对外开放,有序地推进旅游发展的双循环。

第三节 旅游规划与管理

一、旅游规划的内涵解析

旅游规划是指导地方旅游业发展和旅游功能区开发建设的重要依据,在促进和保障旅游业科学发展、协调和均衡各方利益等方面发挥着基础性、统筹性和引领性作用。《中华人民共和国旅游法》明确了对旅游规划制定和实施的相关要求与规定,我国旅游规划的地位和作用首次在国家法律层面得到确认。

(一)旅游规划的制定和实施主体

我国旅游发展规划的组织编制主体为国务院,省、自治区、直辖市人民政府,以及旅游资源丰富的地市级、区县级人民政府。一般来说,各旅游地方政府应当按照国民经济和社会发展规划的要求,组织编制本行政区域的旅游发展规划。其中,当旅游资源位于两个或者两个以上的行政区域时,应从整体上利用而不是进行分割;应当由这两个或者两个以上行政区域地方人民政府的共同上级人民政府组织编制旅游发展规划,或者由这两个或者两个以上行政区域的地方人民政府协商编制整体利用旅游资源的旅游发展规划。

(二)旅游规划的基本内容

按照《中华人民共和国旅游法》的要求,旅游发展规划应当包括"旅游业发展的总体要求和发展目标,旅游资源保护和利用的要求和措施,以及旅游产品开发、旅游服务质量提升、旅游文化建设、旅游形象推广、旅游基础设施和公共服务设施建设的要求和促进措施等内容"。为了更有效地实施旅游规划意图，可以制定针对特定区域内的旅游项目、设施和服务功能配套的专项规划。

（三）旅游规划衔接

地方旅游发展规划应当与土地利用总体规划、城乡规划、环境保护规划以及其他自然资源和文物等人文资源的保护和利用规划等相衔接，而不得与其不一致，更不能与其相冲突。

（四）旅游基础设施和公共服务设施建设

交通、通信、供水、供电、环保等基础设施和公共服务设施，在人们的生产、生活中不可或缺，旅游者及旅游活动也离不开这些基础设施和公共服务设施。因此，旅游基础设施、公共服务设施的空间布局和建设用地要求必须体现在土地利用总体规划、城乡规划之中，同时各级人民政府编制土地利用总体规划、城乡规划时应当充分考虑相关旅游项目、设施的空间布局和建设用地要求。

（五）旅游规划的执行评估

旅游规划执行情况的评估是指旅游规划编制并执行以后，通过科学的方法，对其执行情况进行分析、论证，并对其执行的有效性、执行中存在的问题等做出客观评价。各级人民政府应当组织对本级政府编制的旅游发展规划执行情况进行评估，并将评估情况向社会公布，使公众知晓。

二、旅游规划管理要求

为推进旅游规划工作科学化、规范化、制度化，充分发挥规划在文化和旅游发展中的重要作用，文化和旅游部结合文化和旅游工作实际，制定了《文化和旅游规划管理办法》（2019年）。它是继《旅游发展规划管理办法》（2000年）之后，旅游主管部门就规划管理办法出台的相关制度文件，也是文旅部门合并后文化和旅游部首次就文化和旅游相关规划发布的管理办法。

第一，旅游规划包括文化和旅游部发布的总体规划、专项规划、区域规划以及地方文化和旅游行政部门编制的地方旅游发展规划。其中，文化和旅游部规划工作由政策法规司归口管理；地方文化和旅游行政部门依据相关法律法规的规定或本地人民政府赋予的职责和要求，开展旅游规划编制和实施工作。

第二，旅游规划编制要坚持围绕中心、服务大局、突出功能，以及找准定位、改革创新、远近结合等原则。

第三，旅游规划文本一般包括指导思想、基本原则、发展目标、重点任务、工程项目、保障措施等，以及法律法规规定的其他内容。要求发展目标尽可能量化、发展任务具体明确并且重点突出等。

第四,旅游规划编制单位应对规划立项的必要性进行充分论证,应制定相应的工作方案,对规划期、论证情况、编制方式、进度安排、人员保障、经费需求等进行必要说明,应深化重大问题研究论证,深入研究前瞻性、关键性、深层次重大问题,充分考虑要素支撑条件、资源环境约束和重大风险防范,提高规划编制的透明度和社会参与度。

三、国家旅游业发展规划解读

国家旅游业发展规划是根据国家的方针政策和国民经济与社会发展的需要,综合分析旅游业发展特点和社会经济技术条件基础上所制定的目标体系,以及为实现目标对旅游业发展要素、保障与实施条件所做的系统安排。

我国旅游业发展规划一般会伴随国民经济与社会发展五年规划,每隔五年制定一次。从"七五"编制第一个旅游业五年规划,到"十四五",共编制了八个旅游业五年规划。国家旅游规划具有超前预见性、统筹协调性和滚动发展性,在我国旅游业由小变大、从弱变强的历史进程中发挥了非常突出的作用。《"十四五"旅游业发展规划》(2022年)被纳入国家"十四五"专项规划,这充分说明国家对旅游业的重视。

(1)发展目标上,不断提升旅游业发展水平,增加旅游有效供给、优质供给、弹性供给,更好地满足大众旅游消费需求。增强旅游业国际影响力、竞争力,进一步推进旅游强国建设。建设一批富有文化底蕴的世界级旅游景区和度假区,打造一批文化特色鲜明的国家级旅游休闲城市和街区,加快发展红色旅游、乡村旅游。进一步提升旅游创新能力,加强旅游无障碍环境建设和服务,增强市场主体活力,从而使旅游业在服务国家经济社会发展、满足人民文化需求、增强人民精神力量、促进社会文明程度提升等方面作用更加凸显。

(2)在发展内容上,一是坚持创新驱动发展,加快推进以数字化、网络化、智能化为特征的智慧旅游,深化"互联网+旅游",扩大新技术场景应用;二是优化旅游空间布局,落实区域重大战略、区域协调发展战略"十四五"规划重点任务、主体功能区战略,构建旅游空间新格局,优化旅游城市和旅游目的地布局,优化城乡休闲空间;三是构建科学保护利用体系,坚持文化引领、生态优先,坚持"绿水青山就是金山银山"理念,稳步推进国家文化公园、国家公园建设;四是完善旅游产品供给体系,加大优质旅游产品供给力度,激发各类旅游市场主体活力,推动"旅游+"和"+旅游",形成多产业融合发展新局面;五是拓展大众旅游消费体系,围绕构建新发展格局,坚持扩大内需战略基点,推进需求侧管理,改善旅游消费体验,做强做优做大国内旅游市场,推动旅游消费提质扩容,健全旅游基础设施和公共服务体系;六是建立现代旅游治理体系,坚持依法治旅,加强旅游信用体系建设,依法落实旅游市场监管责任,健全旅游市场综合监管机制,提升旅游市场监管执法水平,倡导文明旅游。

(3)在重点工作上,"十四五"期间旅游业将推动一系列重要工程和国家级项目建设,包括国家智慧旅游建设工程、文化和旅游资源普查工程、生态旅游优化提升工程、美好生活度假休闲工程、文化和旅游消费促进工程、旅游服务质量评价体系建设工程、旅游厕所提升工程、国家旅游宣传推广精品建设工程、海外旅游推广工程等。

- 我国旅游政策的特点是什么？我国旅游政策对旅游产业发展具有什么促进作用？
- 我国旅游政策演变呈现什么样的阶段性特征,原因是什么？
- 新时期旅游规划如何发挥作用？如何理解"规划无用论"这种误解？

国家旅游重点区域发展规划——《粤港澳大湾区发展规划纲要》

第三章
旅游公共事务管理

- 旅游宣传与形象推广的政府职责、实施方式及创新发展。
- 旅游信息与统计管理的政府职责、一般过程及创新发展。
- 旅游标准化管理组织及旅游标准体系。

第一节 旅游宣传与形象推广

一、国家和地方政府职责

旅游目的地旅游宣传与形象推广作为一种新型的公共产品[1]，其综合性与公共性的特征决定了国家和地方政府必须占据主导地位[2]。政府在旅游目的地进行旅游宣传与形象推广的目的在于塑造旅游目的地的形象与品牌，国际合作与交流可以解决旅游中的信息不对称等问题，对推动地区的旅游业发展起到重要作用[3]。

因此，旅游目的地的旅游宣传与形象推广是政府必须承担的职责，政府应当通过建立有效的机制，调动旅游机构、企业参加旅游形象宣传推广和营销活动的积极性，主要工作内容如下：

第一，制定并实施国家旅游形象推广战略。旅游形象推广关系旅游业的发展，受到国家和地方政府的高度重视，《中华人民共和国旅游法》和《中国旅游业"十二五"发展规划纲要》都明确指出要推行国家旅游形象推广战略，即国家制定全局性的指导旅

---

[1] 宋慧林,蒋依依,王元地.政府旅游公共营销的实现机制和路径选择——基于扎根理论的一个探索性研究[J].旅游学刊,2015(1).

[2] 舒伯阳,袁继荣.政府主导与旅游目的地形象推广研究[J].桂林旅游高等专科学校学报,2003(5).

[3] 刘德光,邓颖颖.旅游目的地营销中政府行为分析[J].贵州社会科学,2013(9).

游形象推广的方针,指导各部门、各地方进行旅游形象推广。各部门、各地方应当按照国家制定的旅游形象推广战略,以各种方式、采取各种措施进行旅游形象推广,有效促进旅游业的发展。

第二,国家旅游主管部门应负责统筹组织国家旅游形象的境外推广工作,建立旅游形象推广机构和网络,开展旅游业的国际合作与交流。

第三,县级以上地方人民政府统筹组织本地的旅游形象推广工作,包括规划与制定整体推广战略、建设与完善旅游目的地信息中心、牵头与组织旅游目的地标志性节庆活动和有效管理旅游目的地形象要素体系,等等①。

二、一般实施方式

(一)宣传与推广的主体

政府是旅游目的地宣传与推广的主体,其主导地位的必要性和重要性体现在以下三个方面。

1. 综合性与公共性②

政府进行旅游目的地的旅游宣传与形象推广,实质上是一种生产公共产品的行为,符合市场失灵条件下公共产品的特殊生产规律③。政府是唯一能从宏观上有效整合各感知要素的主体,它能够全面、有效地协调各类社会资源,若由单一部门或企业来实施,势必会导致游客对旅游目的地的权威性、可信度与公信力等做出较低评价与感知。

2. 系统性、持续性和全面性

例如,政府会为了提升旅游目的地形象而举办持续十多天甚至几个月的大型旅游活动。而这种大型的旅游营销活动,也必须要政府牵头、多企业参与、多部门与地区合作才有可能实施并取得成功。

3. 权威性

政府是旅游业发展过程中的理想协调者、投资者和服务者,它具有其他任何企业和团体尚不具备的优越性。政府能够用强有力的策划活动和热点事件,通过方便、快捷的网络传播渠道,迅速增强旅游地的吸引力和被关注度。

(二)宣传与推广的过程

旅游目的地的宣传与推广,就是指旅游目的地的传播者通过各种媒介,运用各种

---

①舒伯阳,袁继荣.政府主导与旅游目的地形象推广研究[J].桂林旅游高等专科学校学报,2003(5).
②舒伯阳,袁继荣.政府主导与旅游目的地形象推广研究[J].桂林旅游高等专科学校学报,2003(5).
③宋慧林,蒋依依,王元地.政府旅游公共营销的实现机制和路径选择——基于扎根理论的一个探索性研究[J].旅游学刊,2015(1).

方式,与旅游目标市场中现实的和潜在的旅游者进行沟通,使其了解和信赖本地区旅游形象,最终达到提高旅游目的地的旅游产品销售额和旅游品牌知名度的目的。

在传播过程中,旅游目的地政府、旅游企业员工、相关专家学者和新闻记者等均为传播者,而游客既是传播的受众,也可能成为新的传播者,其信息的反馈对于旅游目的地旅游形象的修正和提升具有重要意义,如图3-1所示。

图3-1 旅游地形象传播示意图

(三)宣传与推广的模式

现代社会信息传播方式的多元化,使得人们可以便利地获得各类旅游信息。旅游者可以通过影视宣传片、报刊书籍、旅行社的推销或咨询、亲朋好友的介绍,以及旅游目的地的各种品牌形象、产品广告,节庆、事件活动和旅游企业的各种促销活动等媒介渠道获取旅游目的地形象信息。具体可以分为媒体宣传、行为宣传、口碑宣传和其他宣传模式四种类型。

1. 媒体宣传

媒体宣传是潜在旅游者获得旅游目的地旅游信息的重要方式,旅游目的地、旅游企业都要通过各种媒体发布旅游形象广告或旅游产品广告。宣传旅游信息的媒体种类很多,按照其传播功能、表现形式、宣传内容、接受类型和影响范围大小等,可将现代传播媒体分为大众传播媒体、小众传播媒体和其他传播媒体。

(1)大众传播媒体。大众传播媒体包括报纸、杂志、广播、电视和互联网,是旅游目的地信息的主要媒体传播渠道。

(2)小众传播媒体。小众传播媒体指诉求目标有限的特定媒体,如各种销售点广告、旅游印刷品、户外广告和直邮广告等,它是旅游目的地信息的辅助媒体传播渠道。

(3)其他传播媒体。旅游目的地信息也可通过文化衫、贺卡、书籍和吉祥物等其他渠道进行宣传和推广。

此外,随着科技的不断发展,各种新的传播媒介层出不穷。

2. 行为宣传

行为宣传是指旅游目的地通过一系列的旅游营销活动来调动潜在旅游消费者的积极性,让其参与具体的旅游营销活动,并通过媒体的进一步传播来达到吸引更多潜在旅游者的目的,即以某些营销手段来宣传旅游地形象信息的传播方式,一般由地方政府发起组织,主要包括节庆会议营销宣传、事件营销宣传、行政行为营销宣传和公关营销宣传等方式。

3. 口碑宣传

口碑宣传是社会公众通过相互传达形成的对某一产品或服务长期的、统一的、稳定的看法(包括正面和负面)。口碑宣传实际上是一种人际宣传,即个人与个人之间的信息传播活动。旅游者个体关于旅游目的地产品、服务和形象等信息的看法,属于一种非正式的传播,他们会因为共同感兴趣的信息符号而聚集在同一旅游目的地。

4. 其他宣传模式

其他宣传模式一般通过与旅游者直接接触来传播旅游目的地信息,多为旅游企业所采用。其优势在于旅游企业与旅游者直接沟通与交流,可以使旅游企业更直接地获取旅游者的相关信息,政府有时也采用这种形式,主要包括联合促销宣传和人员促销宣传及其他促销宣传等方式。

(1)联合促销宣传。联合促销宣传就是某一旅游目的地与其他几个旅游目的地所组成的利益共同体联合行动、共同促销宣传的行为。几个距离较近、产品互补、线路相连且具有共同客源市场的旅游目的地之间,最适合进行联合促销宣传。

(2)人员促销宣传。人员促销宣传则是通过销售人员与顾客直接沟通来达成销售的目的。旅游目的地的人员促销宣传包括旅游地旅游企业的销售人员直接联系和走访旅游中间商、机关团体、企事业单位、零散游客,以及旅游目的地有关部门组织人员前往目标客源市场进行整体旅游形象及其产品的宣传。

(3)其他促销宣传。其他促销宣传包括举办广场宣传、推介会、说明会、交易会和博览会等形式,可以直接展示、销售旅游目的地的旅游产品,如旅游目的地的特色美食、服饰和工艺品等或有关旅游目的地的风光片、影视剧、文学作品和音乐作品等。

三、经典案例与创新举措

(一)经典案例

北京作为中国的首都,有着悠久的城市发展史和丰富的历史文化旅游资源。在日趋激烈的旅游市场竞争中,旅游者需求层次不断提高,完整、有效地将旅游形象及其蕴含的城市文化传递给国际游客成为影响北京旅游竞争力的关键因素。因此,如何在旅游者心目中建立一个国际化的北京旅游形象是政府关注的重点和努力的方向。

1. 政府间的交流与合作

2012年,中俄两国元首达成共识,分别于2012年和2013年在中国和俄罗斯举办"俄罗斯旅游年"和"中国旅游年"活动,这是两国继互办"国家年"及"语言年"之后,举办的又一重大主题年活动。

2012年,韩国济州道和中国北京市签署发展双方旅游产业合作协议,双方以济州岛和八达岭长城为主题举行国际学术会议,就世界自然与文化遗产的系统保护和利用方案进行探讨。双方商定,开通直航航线和旅游旺季包机,开发旅游资源和旅游商品,给对方游客提供多方面优惠,促进旅游相关专业人才交流,共享旅游信息和培训,并为对方在本地区的旅游宣传等提供相关支持。

2013年,北京市旅游发展委员会主任兼世界旅游城市联合会秘书长鲁勇一行代表团走访美国费城,签署了世界旅游城市联合会与费城的合作谅解备忘录,利用世界旅游城市联合会平台促进费城与北京及联合会会员之间的旅游合作。

2017年,北京市旅游发展委员会在越南河内举行"魅力北京 畅游古今"北京旅游推介交流会,组委会在重点介绍北京优势的旅游资源的同时,向与会嘉宾生动地介绍与展示了世界遗产、中医养生、精品文博、体育赛事、文化演出、留学旅游等北京专题类特殊旅游产品,吸引大量越南游客。

2. "友城之约"网络对话

"友城之约"是由中国国际广播电台"国际在线"主办的中外友好城市网络对话系列活动,旨在通过中外友好城市管理者、知名人士、普通网民等,以网络音视频对话的方式,集中展示中国城市与海外友好城市在经济建设、城市文化、市民生活等各方面的"多元文明之美",在加强我国与世界各国多元化交流的同时,助力地方政府的对外宣传,促进国际友好合作交流,并通过"友城之约"品牌活动,搭建一个高端、权威的中外交流平台。

2013年5月28日,由北京市人民政府外事办公室、北京市人民政府新闻办公室与"国际在线"联合举办的"2013友城之约——北京·曼谷对话"在北京举行。曼谷副市长阿蒙·吉察渊衮、曼谷文化体育旅游局副局长索瓦蓬,以及北京市旅游发展委员会副主任宋宇共同参与对话。在50分钟的对话过程中,双方城市嘉宾共话历史友谊,共谋合作共赢;交流治理交通拥堵、基础设施建设等城市发展、规划理念,共商非物质文化遗产的传承、保护与国际化之道,对如何开拓和推介旅游市场、谋求旅游产业发展、实现互利共赢展开对话和探讨。

2014年,为纪念中法建交50周年,进一步加深中法两国人民的友好往来,中国国际广播电台"国际在线"与北京市人民政府新闻办公室共同举办"2014友城之约——北京·巴黎对话"活动。活动邀请北京市人民政府新闻办公室主任王惠,北京市海淀区委常委、宣传部部长陈名杰,法国驻华大使馆文化教育合作参赞,北京法国文化中心主任周子牧出席,通过现场交流和互动,与广大网友一起回顾中法文化交流历史。嘉宾在活动现场介绍了9月即将登陆巴黎的两大中法文化交流展览"贝家花园——一个法国医生在北京"展及"圆明重光——圆明园文化展",让中法人民更深入地相互了解。

3. 借助大型活动

2008年,"北京奥运会"的召开为北京旅游推介提供了强大动力。2007年,借助国际电视媒体的传播效力,由北京市对外文化交流协会、北京市人民政府新闻办公室摄制的《我在北京》《北京欢庆国庆》两部电视片在美国有线电视(CNN)国际频道播出,播出总计116次,推出了"欢聚在奥林匹克公园"等旅游促销活动。2008年3月,五位国际著名导演以Vision Beijing为主题拍摄的五部5分钟的北京宣传片,在中央电视台新闻频道举行了全球新闻发布会,也在国际航空的移动电视上同一时间播放,同时一并推出"世界相聚在北京"的旅游促销活动。

4. 事件营销

2016年上半年,北京市旅游发展委员会与全球领先的科技支付公司万事达卡联合宣布,面向全球招募首位推广北京旅游国际化形象的"长城好汉"。两个月内,共收到来自64个国家的申请咨询,当中不乏国际知名"网红"。在北京市旅游发展委员会和万事达卡合办的大型O2O全球旅游营销推广活动"长城好汉"的闭幕式上,北京旅游形象大使、万事达卡全球形象大使郎朗与"90后"美籍导演及环球旅行家一同攀登司马台长城,现场演奏名曲,为"长城好汉"活动的全球推广宣传助力。

知识链接

深圳市政府关于旅游形象的宣传推广

(二)创新发展举措

1. 新媒体与人工智能相结合进行宣传、推广

随着经济社会的发展和信息技术的变革,人工智能技术受到广泛关注。在人工智能与新媒体的交互上,人工智能和新媒体的交互改变了传统的传播情景,使城市或区域整体旅游形象宣传和推广的数字化、智能化转型迫在眉睫。目前,数字媒体、智能媒体在传播情境中比重逐步提升,新的传播方式改变了城市或区域形象的传播观念,在塑造和传播城市或区域整体旅游形象上发挥了巨大作用。例如,人工智能与大数据的交互在规划、管理城市或区域,以及城市或区域整体旅游形象传播、危机公关、智慧旅游的建设等方面的应用,能够实现对城市或区域进行实时的全方位分析和对目标群体受众的分析,进一步优化城市或区域旅游公共资源的配置和精确定位旅游整体形象,促进城市或区域可持续性发展。

此外,利用新媒体与人工智能相结合进行城市或区域旅游形象宣传推广,要注意引导、发挥城市或区域居民的作用,把城市或区域的文化底蕴、内核精神与城市或区域居民的日常生活结合起来,促使城市或区域居民个体变成城市或区域整体旅游形象的塑造者与传播者;还要强化危机意识,在新媒体和大数据技术的支持下对城市或区域整体旅游形象进行实时监测,尽可能减少或避免舆论、危机等突发事件对城市或区域整体旅游形象产生的负面影响。

2. 新媒体与影视文化相结合进行宣传、推广

影视文化见证着现代文明的发展,是人民群众日益增长的精神文化需求的重要内容。因影视文化而闻名的城市或区域在现实中屡见不鲜,例如,拥有全国最大影视基地的横店、经常作为电影拍摄地的重庆等。以影视作品和影视产业为载体的影视文化已成为城市的形象建设、文化版图扩展和影响力提升的重要推动力。城市形象在影视作品的传播中经常得到美化,产生的聚光效应和累积效应会进一步加深观众对于该城市整体旅游形象的印象,有利于积累城市形象口碑和提升城市整体旅游形象的公众认

知。近年来,不乏影视作品与城市相互成就的实例,例如,电影《金陵十三钗》《重庆森林》,以及纪录片《舌尖上的中国》、综艺《向往的生活》等。

利用影视文化进行城市或区域整体旅游形象宣传和推广,要积极关注热点,善于发掘城市或区域元素能与影视作品相结合的营销点,并及时与影视文化的出品方取得联系,积极宣传和报道,加深观众对影视作品,以及城市或区域整体旅游形象的了解;还要明确自身的特点和优势,将影视作品中的城市或区域形象与实际形象相契合,构建更加立体的城市或区域形象,促使传播效果进一步提升。

3. 新媒体与事件营销相结合进行宣传、推广

事件营销就是利用各种事件(活动)进行宣传、推广,吸引公众和媒体的关注,优化潜在印象,刺激目标受众的过程。在我国北京、上海、杭州和厦门等大城市举办的北京奥运会、上海世博会、G20杭州峰会、金砖国家峰会等各种大型活动的意义远远超过活动本身,这些活动成为城市提高影响力、知名度和美誉度的机遇。

同时,新媒体技术的发展也成为事件营销扩展的传播方式和途径,但在具体的城市或区域整体旅游形象宣传和推广过程中需将事件(活动)与城市或区域本身的风格定位、文化内涵、特有的产业元素相结合,不能进行直接的、简单的拼接;需要在突出新媒体的创意和特色的同时,展示城市或区域整体旅游形象的比较优势和差异化特征,增加旅游吸引力。

要将事件(活动)中具有的独特、利好元素整合到城市或区域文化之中,通过新媒体进行长期性的宣传、推广,以形成长久的品牌效应,并在事后进行维护和巩固。

第二节 旅游信息与统计管理

一、国家和地方政府职责

(一)旅游信息管理

旅游信息是有关旅游活动和管理工作中各种原始记录、资料、数据、报表、文件、档案和研究报告的总称。旅游信息管理要保证旅游信息真实、方便、快捷,杜绝由于旅游者与旅游目的地之间信息不对称所导致的欺诈、宰客等行为。20世纪80年代末期以来,我国旅游公共管理部门所承担的旅游信息咨询与管理工作发生了若干重要变化,其中21世纪初开始的"金旅工程"、电子政务及中国旅游目的地营销系统较为引人注目。目前,我国旅游公共信息管理实行政府主导模式,政府在旅游公共信息服务中承担着统筹规划、解决资金问题和规范管理秩序等核心职责。

1. 统筹规划

政府负责规划和搭建信息网络平台,施行信息化规划,管理信息平台运作,具有协调成本低、建设周期短、管理效率和服务质量高等优点,有利于政府控制旅游目的地信息化的发展方向、获取项目发展资金和提高自身的权威性。

2. 解决资金问题

旅游信息管理的所有权为政府所有,且具有一定的公共性,需要政府直接投入资金来保证旅游信息管理的顺利开展。

3. 规范管理秩序

目前,我国旅游信息化资源多且分散,共享、利用程度不高,造成了极大的浪费。而政府主导下的旅游信息管理运行模式能够有效加强信息资源整合,形成统一的信息网络平台,根据"统一规划、分级建设"的原则进行运行和管理,规范管理秩序,提高信息资源的利用率。

知识链接

中国旅游目的地营销系统

(二)旅游统计工作

旅游统计是对有关旅游活动和旅游管理的各种数据进行收集、整理和分析,以揭示旅游活动的数量规律,为旅游管理提供数量分析的依据。旅游统计的基本任务是对旅游企事业单位的经营、业务情况进行统计调查、统计分析,提供统计资料和咨询,实行统计监督;基本内容是对旅游企事业单位、旅游区(点)接待工作量、经营效益、旅游从业人数等情况进行的统计调查和对旅游者实施的抽样调查。毋庸置疑,旅游统计工作是一项重要的管理工作,不仅为旅游管理人员提供决策、计划、组织和控制所需要的各种数据,也为政府部门分析和评价旅游地位与作用、促进旅游经济发展提供了科学的数据。

为了加强旅游统计管理,保障旅游统计资料的准确性和及时性,根据《中华人民共和国统计法》(2010年)(以下简称《统计法》)及其实施细则的有关规定,结合旅游业的实际情况,文化和旅游部制定了《文化和旅游统计管理办法》(2022年)。该办法规定旅游统计工作实行统一管理,分级负责。文化和旅游部是全国文化和旅游统计工作的主管部门,在国家统计局的业务指导下,对全国文化和旅游统计工作实行统一管理。文化和旅游部开展业务领域范围内的统计分析与服务工作;地方各级文化和旅游行政部门依法履行对本地区文化和旅游发展情况进行统计分析研究和监测评价的职能。

在法定文件的指导下,我国各省市、自治区的旅游主管部门在旅游统计工作方面都取得了长足的进步,定时抽样、汇总、统计、上报与公布各地的旅游业发展情况已成为日常行政事务的重要组成部分。具体而言,文化和旅游部、各省市旅游主管统计机构的工作主要包括以下四个方面:

第一,认真贯彻执行统计法律、法规和规章制度,完成国家或地方统计调查任务,收集、汇总和公布全国及地方的旅游统计资料。

第二,因地制宜地制定全国和地方的旅游统计报表制度和抽样调查方案,建立统计登记制度,不少省、市的旅游主管部门结合当地实际,"量身"制定地方的统计管理实施细则。

第三,积极组织协调和管理本部门非统计职能机构制定的各项统计调查,审核其拟制发的旅游统计调查方案及其统计调查表,并纳入统一编号管理。

第四,会同人事教育部门,组织对在岗旅游统计人员的培训,对旅游统计人员定期进行考核、奖励。

二、旅游信息与统计管理过程

(一)旅游信息管理过程

旅游信息管理过程包括旅游信息的收集、加工、存储、传递和应用五个方面。

1. 旅游信息收集

旅游信息收集必须遵循一定的原则、方法和程序。首先,为避免人力、物力及时间上的浪费,提高旅游信息收集的效率与质量,在收集旅游信息时,必须注意针对性、预见性、真实性、完整性、计划性等原则;其次,旅游信息有多种收集方法,一般采用采购、交换、检索、索取、现场采集、调查采集等收集方法;最后,旅游信息收集基本上都应遵循"进行信息需求分析—制订信息收集计划—实施信息收集计划—提供信息—满足用户信息需求"的收集程序。

2. 旅游信息加工

旅游信息加工主要包括对旅游信息进行鉴别、筛选、整序等。旅游信息的鉴别与筛选需要同时进行,这是旅游信息整理加工的第一个环节,对旅游信息鉴别的过程实际上是一个去伪存真的处理过程,是对旅游信息进行筛选的先决条件,而对旅游信息进行筛选实际上包含了对旅游信息的鉴别。但经过鉴别、筛选后的旅游信息,仍处于无序状态,所以必须经过整序,让其由无序变为有序,这样才能有效地利用。简言之,旅游信息的整序就是以一定的标准和方法把旅游信息从无序状态整合为有序状态的过程。

3. 旅游信息存储

旅游信息的存储实质是将无规律的旅游信息资料进行有序化的组织,并按一定规划记录在信息载体上的过程。旅游信息存储的基础工作是对旅游信息资料的排列。对旅游信息进行科学排列,有效地检索、传递、利用旅游信息,开发、利用旅游信息资源十分重要。常用的旅游信息资料存储排列的方法有登记排列法、部门排列法、地区排列法、资料形式排列法、分类排列法等。

4. 旅游信息传递

旅游信息传递是旅游信息工作的基本环节,指旅游信息从一定信息源发出,通过适当的媒介和信息通道,输送给接收者的过程。第一,旅游信息传递必须注意保真性、及时性、针对性和低耗性等原则。第二,旅游信息传递系统是由旅游信息源、旅游信息传递的信道、旅游信息的信宿、旅游信息的载体等几个基础部分构成。第三,旅游信息传递的方式是指旅游信息发送者与接收者之间进行旅游信息交流的具体形式。

旅游信息传递,根据传递的态度、组织、方向、环节等,可以分为多种类型:按照传递态度不同,可分为主动型传递、被动型传递、主动被动结合型传递;按照传递组织不同,可分为正式组织信息传递和非正式组织信息传递,其中正式组织信息传递有上行传递、下行传递、平行传递和会议传递等多种方式;按照传递方向不同,可分为单向传递和双向传递;按照传递环节不同,可分为直接传递和间接传递。

5. 旅游信息应用

旅游信息应用指在信息搜集、加工的基础上,把旅游信息实际应用于旅游实践活动的过程,即旅游信息应用于旅游企业的经营管理,为旅游企业带来经济效益和社会效益的过程。旅游信息应用是旅游信息的价值、使用价值和增值的最终实现,能够促进旅游企业经营管理水平的提高。

(二)旅游统计基本过程

1. 统计调查

统计调查是认识客观事物的起点,也是旅游统计整理与分析的基础,指根据统计的目的及任务设计调查提纲、指标体系,用科学的方法及时全面地搜集被研究对象准确可靠的资料,以获得丰富的感性认识。

2. 统计整理

统计整理是旅游统计的中心环节,主要是对统计调查得到的资料进行审核、分组,并计算组值、统计数值和编制统计表,通过对资料进行科学加工与汇总,使之条理化、系统化、规范化、科学化,并成为能够说明旅游经济现象总体特征的综合资料。

3. 统计分析

统计分析是旅游统计的决定性环节和理性认识阶段,指对统计整理的资料进一步深化,计算各种分析指标,运用各种统计分析方法,揭示被研究对象的发展变化趋势和规律,得出科学的结论。

统计调查、统计整理与统计分析三个基本的旅游统计环节是相互独立、相互联系、相互交叉进行的,三个环节缺一不可,没有前一个环节,就不可能进行下一个环节。其中,统计调查是基础,统计整理是中心,统计分析是结果。

三、经典案例与创新举措

（一）经典案例

1. 国家"金旅工程"

2001年,根据国家信息化工作的总体要求和旅游业发展的需要,国家旅游局决定实施集全国旅游行政办公网、旅游行业管理业务网、公众信息网(包括旅游电子商务网和政府网)和旅游综合数据库于一体的"金旅工程",即集"三网一库"于一体。"金旅工程"在建设中始终坚持统筹规划、统一领导、分步实施、远近结合的原则,按照近期、中期和长期规划分步骤实施:近期规划(2001年至2002年),以建设和完善电子政务为突破,提高行业的基础应用水平;中期规划(2003年至2005年),以目的地营销系统带动旅游电子商务的普及和应用,与国际接轨,助推旅游业的恢复和发展;长期规划(2006年至2010年),全面提高旅游行业信息化应用能力,达到或接近旅游业发达国家的水平。

"金旅工程"的启动与深化,推动了我国旅游公共管理部门在旅游信息管理方面由办公自动化阶段进入旅游信息化工程阶段,标志着我国旅游公共管理系统的电子政务建设进入了一个新的发展时期。

2. 地方智慧旅游信息中心(平台)建设

为了加强文化和旅游数字化建设,全国各省市的智慧旅游信息中心(平台)陆续"落地"运行。例如,四川省"智游天府"平台于2020年9月正式上线,按照"云＋中台＋应用"的技术架构,创新构建了省级统管、产业协同、公众参与的一站式服务开放性平台,初步实现了省级文旅数据资源汇聚、智慧管理、公众服务、新媒体矩阵等文旅数字化应用落地。上海市于2023年1月正式启动上海数字文旅中心,上线文旅专业领域"两网"大厅——"一网通办"文旅政务服务大厅与"一网统管"文旅智慧治理大厅。其中,"一网通办"文旅政务服务大厅围绕"高效办成一件事",加快数据共享、流程再造、服务升级;而"一网统管"文旅智慧治理大厅则围绕"高效处置一件事",加强应用开发、条块联动、管理增能。

（二）创新发展举措

1. 引进旅游卫星账户

旅游卫星账户(TSA,Tourism Satellite Account),又称旅游附属账户,指在不违背国民账户体系(SNA)基本原则的前提下,以世界旅游组织的旅游卫星账户理论框架为指南,以一国经济内商品和服务的一般供求平衡为基本出发点,采用需求法定义旅游者、旅游消费、团体旅游消费、旅游固定资本总额等概念,采用供给法定义特殊的旅游商品与服务、旅游活动特征、旅游增加值、旅游就业等概念,规范旅游统计的范围和方法,建立若干个基本表式以及相关账户和总量指标,这些表式主要包括:国内旅游产品供求表、旅游增加值表、旅游花费表、固定资本形成总额表、旅游就业表等。按照国际统一的国民账户的概念和分类标准,旅游卫星账户是以国民经济核算为统计基础,在国民经济核算总账户下单独设立的一个子系统,属于一种宏观统计的计量方法,也是当前联合国和世界旅游组织等国际机构积极推广的一种测度旅游业经济影响的方法体系。

通过建立具有相对独立性的国家旅游卫星账户,从需求和供给两个方面对旅游活动的经济过程进行全面描述,既扩大了国民经济核算的分析容量,又可以对国民经济各行业影响力进行测度。在国民经济核算体系内提供具有一致性的数据与信息,从而使旅游核算真正成为国民经济核算体系的组成部分,并使旅游统计本身的数据质量和可信度得以提高。

从20世纪90年代初期开始,我国多次参加有关旅游卫星账户研究的国际会议。2001年,国家旅游局决定在我国统计基础和旅游统计基础都很强的江苏省开展旅游卫星账户的编制试点。经过三年的努力,2004年9月江苏的试点获得了成功,并通过了由国家旅游局等部门联合组织的验收评审。随后,国家旅游局计划推动有条件的省、市加快研究建立省级、市级层面的旅游卫星账户,并组织编写地区旅游卫星账户编制指南。2002年,一项由广西壮族自治区旅游局发起,桂林市副市长任专家组组长、广西壮族自治区统计局相关技术人员共同参与的广西社会科学方面的研究项目——旅游业对广西国民经济的贡献率(用旅游卫星账户表示)研究取得了突破性进展。这项研究成果包括:对广西旅游产业GDP的测算,旅游业对24个直接相关产业和124个间接相关产业的贡献率,以及旅游业对广西就业、税收及居民收入的贡献率测算等,填补了我国应用旅游卫星账户测算旅游业对区域经济影响的空白。另外,厦门、秦皇岛、杭州和湖州等城市也都在尝试建立本地区的旅游卫星账户。

2. 大数据应用

尽管我国旅游主管部门根据UNWTO推荐的《国际旅游统计建议2008》《旅游卫星账户建议的方法框架2008》修订了旅游统计调查制度,各级旅游主管部门按照现行的《旅游统计调查制度(2017)》开展旅游统计工作,但国内旅游统计存在"横向不可比、纵向不可加""国内游客统计口径太过宽泛""旅游统计数据水分太大"等质疑。

首先,UNWTO对于国内旅游的概念界定停留在国家层面,不适用于我国旅游的实际情况。

其次,我国国内旅游统计是按照国家、省级和地市级三个不同地理尺度开展旅游数据统计工作的,旅游统计测算指标均为"旅游人数""旅游收入"和"人均每次或每天花费",旅游统计调查方法主要为抽样调查和基层统计单位填报。在旅游统计测算指标上,不同地理尺度的旅游统计指标含义存在较大差异;在旅游统计调查方法上,传统的统计调查方法所获得的数据在准确性、全面性等方面存在质量问题①。

而且,随着散客时代的到来,不住酒店的游客人数越来越多,混业经营越来越普遍,传统的旅游统计调查方法面临越来越多的挑战。

信息技术和大数据的发展,为解决上述问题提供了新的思路和手段。大数据是信息技术普遍应用的结果,将其纳入旅游信息与统计管理是必然趋势。2016年,国家旅游局提出了"体系统一、科学适用、方法创新、合作接轨、世界眼光"的改革方向,着手建立"国家—省—市—县"四级旅游数据中心的体制模式。

第一,从需求上,旅游大数据应用分为数据和应用系统两大块。

旅游大数据应用包括一级科目、二级科目、衍生性科目以及扩展性专题应用系统。一级科目,即必须通过大数据平台实现的数据项,如游客分类数量的认定、境内外旅游收入、分季度的舆情分析、黄金周数据等;二级科目是现在国家没有统一要求做但以后一定要做、现在积累数据打基础的科目,如旅游产业的数据、旅游与可持续发展关系的数据等;衍生性科目,是指旅游市场细分、旅游营销诊断、景区动态监测等;扩展性专题应用系统,是根据上述系列数据所做的带有共性的专题的应用系统,如旅游客源地市场分析、旅游支出绩效评估体系等。应用系统是可扩展的,各地可根据自身旅游特点和侧重,依据强大的数据矩阵,"量身"建设应用系统,扩展数据模型,如舒适度指标、乡村旅游就业、旅游环境改善等。

第二,从架构体系上,旅游大数据应用可分为四个层面。

(1)汇集各种原始"数据源",能够罗列出来的就有几百种。比如与游客数量有关的数据源包括机场、酒店、景区、旅行社、手机、App、GPS、公交卡、游船、邮轮等数据源。

(2)对各个数据源的数据进行处理和识别,形成县域旅游相关数据,并统计有价值的"源数据"。如位置信息是一种"数据源",通过对位置信息的处理和识别,抓取出游客的人数及分布,才能成为对旅游数据有价值的"源数据"。

(3)通过对"源数据"的处理建设框架体系。在框架体系中,充分融合各类"源数据",成为标准统一、可统一识别的"数据源"。建设一个可随时填充、扩展、不以数据源数量为限制的"旅游大数据框架体系"。而且,随着应用和时间的积累,数据越来越多,数据的准确度将越来越高。

(4)针对旅游指标体系的各种数据形成小系统和专题应用系统。根据旅游目的地的旅游管理需要,提出工作流程和工作计划,在不同的时间节点生成不同的数据和工作模板,供工作人员使用。

各个旅游目的地专家将在旅游大数据的支撑下,与各级旅游管理部门紧密结合,在经济上和研究成果上走出一条产学研的新路子,带动研究水平和决策水平的双提高。

---

① 中国旅游研究院(文化和旅游部数据中心),《国内旅游统计:现状分析与提升路径》,http://www.ctaweb.org.cn/cta/xsjl/202103/24ed3156f9e345c3b521d28ab0139077.shtml。

第三节 旅游标准化管理

一、标准化管理组织

中国标准化工作实行统一管理与分工负责相结合的管理体制。按照国务院授权,在国家市场监督管理总局的管理下,国家标准化管理组织工作职能划分如下:①国家标准化管理委员会统一管理全国标准化工作;②国务院有关行政主管部门和国务院授权的有关行业协会分工管理本部门、本行业的标准化工作,省、自治区、直辖市标准化行政主管部门统一管理本行政区域的标准化工作;③省、自治区、直辖市政府有关行政主管部门分工管理本行政区域内、本部门、本行业的标准化工作。④市、县标准化行政主管部门和有关行政部门按照省、自治区、直辖市政府规定的各自的职责,管理本行政区域内的标准化工作[1]。

全国旅游标准化技术委员会是我国国家级标准化专业机构,主要职能是研究旅游行业标准的编制及组织工作等。部分省、自治区、直辖市的旅游行业行政管理部门结合实际情况和需要,成立了相对应的旅游行业标准化管理组织和研究技术机构。

在我国,大部分的标准化管理组织是政府部门,即国家市场监督管理总局,最大的标准化组织是中国标准化协会。中国标准化协会的业务指导单位是国家标准化管理委员会,中国标准化协会作为中国科学技术协会的重要成员,是我国的国家级标准化专业协会。中国标准化协会成立于1978年,已向社会提供了各种标准制修订、有关标准的学术研究、国际交流及咨询等服务,并与美国国家标准协会(ANSI)、德国标准化协会(DIN)、日本规格协会(JSA)等发达国家的标准化组织保持着长期交流与合作。经过20多年的发展,中国标准化协会已经具有一定的规模,从事标准化各个方面的工作,以及对标准化工作的宣贯培训、咨询服务等工作,并在国际上有广泛的影响。

中国旅游标准化工作始于20世纪80年代,主要采取由政府主导、企业参与的自上而下的标准化发展模式,标准化水平居于国际先进行列。全国旅游标准化技术委员会成立于1995年,隶属于国家旅游局,是我国旅游标准化工作管理机构,负责全国旅游行业的标准化管理工作。同时,全国旅游标准化技术委员会还接受国家标准化管理委员会的业务指导。全国旅游标准化技术委员会的秘书处设在文化和旅游部政策法规司,负责全国范围旅游标准化的管理和发展工作。

2000年11月,国家旅游局发布实施了《旅游业标准体系表》。该体系表使我国旅游

---

[1] 李静. 中国标准管理体系[J]. 建筑机械,2007(4).

业标准在内容和范围上形成体系,构筑了以旅游业诸要素为基础的标准化框架。次年,国家旅游局成立了全国旅游质量认证管理委员会,其目的在于进一步加强全国旅游行业质量认证工作,进而保障旅游行业的健康有序地发展。2008年,中国制定了《全国旅游标准化发展规划(2009—2015)》,从全局的角度出发,借鉴国际先进经验,结合本国实际,建立适应中国旅游业发展的旅游标准化管理体制与工作机制,发布《旅游业标准体系表》(2009),为中国建成世界旅游强国提供了技术支撑和保障体系。

我国为有效推进旅游标准化建设,建立了法规规制—部门联动—规划指引"三位一体"的标准化管理模式。

在法规规制方面,颁布了《文化和旅游标准化工作管理办法》等规章制度,为旅游标准化工作提供法律支撑。

在部门联动方面,围绕贯彻落实《国务院关于加快发展旅游业的意见》,2009年,国家旅游局与国家标准化管理委员会签署了《国家旅游局和国家标准化管理委员会关于推动旅游标准化工作的战略合作协议》,形成部门联动机制,共同推进标准化工作开展。

在规划指引方面,出台了《全国旅游标准化发展规划(2009—2015)》,统筹规划了未来一段时期我国旅游标准化工作总体目标、推进原则、重点任务及保障措施等。"三位一体"旅游标准化管理模式的构建,创新了旅游标准化管理模式,同时为其他行业标准化管理模式的建立提供了有益的借鉴。

二、旅游标准体系

近年来,随着人们消费观念的转变,我国旅游活动、产品、产业发展迅猛。但相关国家标准缺失,使得很多消费者在旅游时经常遭遇各种无奈的情形,如强迫购物、广告宣传夸大事实,以及违反合同等各种乱象频频。为了整治这些乱象,改善消费者出游环境,相关部门加快了旅游业国家标准与行业标准的制定步伐,旅游业的国家标准体系日益完善。国家标准和行业标准在推动我国旅游产业标准化、提升旅游服务质量、推动旅游产业与国际接轨等方面有巨大作用。

(一)标准体系与旅游标准体系

《标准体系构建原则和要求》(GB/T 13016—2018)将标准体系定义为一定范围内的标准按照内在联系组成的有机整体,又称标准系统。这些标准是组成标准系统的基本单元,能够形成促使整个系统实现良性循环和组织目标的合力。旅游标准体系指在旅游行业内按照旅游业内在的作用机理制定的旅游标准的集合,是旅游标准化活动结果的集成表现形式和开展旅游标准化活动的技术支撑与保障,为旅游业标准化工作指明了方向。建立科学合理的旅游业标准体系是旅游标准化工作的坚实基础①。

---

① 王季云,姜雨璐.旅游业标准体系的思考与重构[J].旅游学刊,2013(11).

（二）旅游标准体系表

标准体系表是用图表的形式表述标准体系的一种工具,是一定范围的标准体系内的标准按一定形式排列起来的图表,包括现有的标准、应有的标准和将来应制定的标准。旅游业标准体系表是旅游业标准系统集成的表现形式,是一定时期内标准立项和编制发展计划的重要依据,是开展旅游标准化工作的指导性文件。

1995年,经国务院标准化主管部门批复,国家旅游局成立了旅游标准化专业机构——全国旅游标准化技术委员会(SAC/TC 210,简称旅游标委会),负责旅游业的标准化技术归口工作,并负责旅游标准化各个方面的研究工作和标准编制的组织工作。旅游标委会由国务院标准化主管部门(国家标准化管理委员会,简称"国家标准委")委托国家旅游局(现文化和旅游部)负责领导和管理,由旅游行政管理人员、旅游专家及旅游企业的专业人员组成。国家旅游局在2000年首次发布了以旅游六要素为基础的旅游标准体系,并在此基础上构建了《我国旅游业标准体系表(2020)》;同时紧跟旅游发展变化,于2009年发布了《全国旅游标准化发展规划(2009—2015)》,对原有的旅游标准体系进行全面修订,标准体系明细表中已制定和待制定的标准数量由55项增加到了103项。

全国旅游标准体系表,为全国旅游标准化工作的开展奠定了基础,规划了蓝图,确定了工作的主要范围和重点领域;为旅游业国家标准、行业标准的制定、修订提供了依据,并可以有效指导旅游业地方标准、企业标准的制定、修订工作;加快规范市场秩序优化竞争环境的脚步,提高了旅游服务质量和公共服务水平。

自2000年发布实施以来,《旅游业标准体系表》于2009年、2015年和2020年历经3次修订。其中,《我国旅游业标准体系表(2020)》作为标准的系统集成,其体系结构调整遵循了系统性、协调性、完整性及开发性的一般原则,除了具有布局合理、领域完整、结构清晰、体系完善、功能协调的特征外,还更加便于用户使用。

此次全国旅游业标准体系调整的总体思路具体如下:

（1）标准的实施分为靠法律法规引用、强制认证等的强制性手段和靠契约合同、自愿认证等的自愿性措施两类方法。

（2）标准化体系分为技术法规和自愿性标准两大类。相较于国际标准化组织(ISO)和国际电工委员会(IEC),《世界贸易组织贸易技术壁垒协议》(WTO/TBT协议)对"技术法规"的定义更为充实,它认为"技术法规"是指"强制执行的规定产品特性或有关加工和生产方法且包括适用的管理规定的文件。包括或专门规定用于产品、加工或生产方法的术语、符号、包装标志或标签要求"。

（3）标准体系的发展方向是行业/协会标准、团体/联盟标准逐步取代地方标准,构建由国家标准、行业/协会标准、团体/联盟标准、企业标准等组成的自愿性标准体系。其中,标准应用的强制性由法律法规赋予。

（4）未来旅游标准的研制将由以政府为主逐步过渡到以专业标准化研究机构(行

业标准化研究机构、专业研究机构、企业研究机构等)为主,全国专业标准化技术委员会(或全国旅游标准化技术委员会)归口管理。

新编的《我国旅游业标准体系表(2020)》以之前各版为基础,尤其在2015年版的基础上增加了文旅融合及适应后疫情时代的相关标准,包括已发布的旅游业及相关国家标准55项和行业标准71项,更加符合中国旅游业现代化的发展需要;总体框架结构清晰、业态全面、编码简洁(见图3-2),具有较强的科学性和实用性,有助于指导行业完善标准结构,推动旅游标准化工作进一步发展。

三、旅游标准的宣贯实施

旅游标准一旦建立,就必须严格实施。执行旅游标准不仅是旅游管理和服务的需要,更是法律的要求。只有将监督与服务充分结合起来,才能达到预期目的,才能真正树立起旅游的良好形象。旅游标准制定的进程日益加快,部分旅游标准取得了显著效果,例如,自《旅游区(点)质量等级的划分与评定》(1999年)施行以来,截至2024年2月,全国已评定出5A级景区340家,有效推动了我国旅游区(点)的保护与管理;自《旅游休闲街区等级划分》(2021年)施行以来,截至2023年11月,全国已评审出三批166家国家级旅游休闲街区,极大促进了城市休闲旅游的高质量发展。[1][2][3][4]1995年,全国旅游标准化技术委员会(SAC/TC 210)成立,主要负责国家旅游标准的制定工作;2009年,国家旅游局制定了《全国旅游标准化发展规划(2009—2015)》,提出要发挥旅游标准化在旅游业发展中的引领和规范作用,实施旅游标准化引领战略。

(一)旅游标准实施的原则

1. 系统性原则

实施旅游标准应坚持系统性原则,有计划、有步骤地进行,做到统筹兼顾。在实施过程中,应关注相关旅游标准间的相互协调,所有旅游标准应作为一个整体实施,以保证旅游标准实施的总体效果。系统性原则具体含义如下:

(1)旅游标准多项规定之间存在着相互联系、相互制约的关系,需要考虑多方面相关因素,实施旅游标准的过程中需要全面、系统地考虑,做到统筹兼顾,以期旅游标准实施效果最佳。

---

[1] 中华人民共和国文化和旅游部,《国家5A级旅游景区》,https://sjfw.mct.gov.cn/site/dataserice/rural?type=10。

[2] 中华人民共和国中央人民政府,《关于国家级旅游休闲街区名单的公示》(第一批),https://www.gov.cn/xinwen/2022-01/10/content_5667394.htm。

[3] 中华人民共和国文化和旅游部,《文化和旅游部办公厅关于国家级旅游休闲街区名单的公示》(第二批),https://zwgk.mct.gov.cn/zfxxgkml/zykf/202301/t20230116_938665.html。

[4] 中华人民共和国文化和旅游部,《文化和旅游部关于国家级旅游休闲街区名单的公示》(第三批),https://zwgk.mct.gov.cn/zfxxgkml/zykf/202311/t20231101_949473.html。

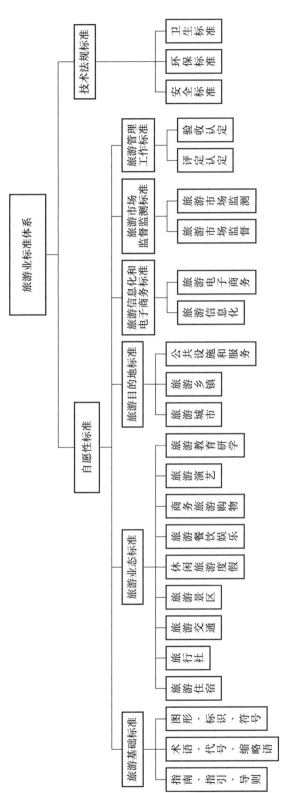

图 3-2　旅游业标准体系总体框架

(2) 旅游标准实施涉及多个环节,需要多个部门、多方面人员参与、协作,应做到有计划、有步骤地进行。

(3) 旅游标准实施一般是多项并行,把握旅游标准间的协调性非常关键。既要保证各旅游标准都能实施到位,又要保证旅游标准之间相互衔接,避免矛盾。每项旅游标准都有其特定的功能和作用,它们共同支持着服务组织的各项活动,因此,应把实施的所有旅游标准看作一个整体并加以实施,这样才能达到最佳的效果。

2. 有效性原则

旅游标准实施应坚持有效性原则,把保证安全、保护环境、促进组织作为首要目标。实施旅游标准,应因地制宜,注重实效,实现效益最大化。有效性原则包括以下三层含义:

(1) 一般在相应的法律法规和强制性旅游标准中会对"保证安全、保护环境"的内容做出明确规定,旅游服务组织应严格执行。

(2) 旅游标准实施的首要目标是促进旅游服务组织的健康发展,但旅游服务组织也要考虑整个行业健康发展。在实施旅游标准时,旅游服务组织既要考虑眼前利益,又要考虑长远利益,还要尽可能地贯彻实施国家旅游标准、行业旅游标准和地方旅游标准。

(3) 旅游标准中既要对共性问题做出规定,又要考虑不同旅游服务组织的个性需求。因此,要在保证旅游标准贯彻执行的同时,因地制宜地考虑实施过程的各个环节,合理配置资源,确保实效。当旅游标准中给出不同等级要求时,应根据旅游服务组织的实际条件,确定要实施的等级。

3. 持续性原则

实施旅游标准应坚持持续性原则。实施旅游标准应使各个工作环节符合旅游标准要求,并不断改进实施方法,提升实施效果。旅游标准实施是一个不断改进的、螺旋式的上升过程。

(二)旅游标准实施的形式

旅游标准的类别有强制性和推荐性的区分,因而在旅游标准的实施上有直接采用上级旅游标准、压缩选用上级旅游标准、补充上级旅游标准、制定配套旅游标准和制定严于上级旅游标准等多种形式。

1. 直接采用上级旅游标准

直接采用上级旅游标准就是直接引用旅游标准中所规定的全部技术内容、毫无改动地实施。对于重要的国家和行业基础标准、方法标准、安全标准、卫生标准和环境保护标准,必须完全实施。

2. 压缩选用上级旅游标准

压缩选用上级旅游标准的方式有两种:一种是对旅游标准中规定的产品品种规

格、参数等级等压缩一部分,对允许采用的产品品种规格、参数等,在正式出版发行的旅游标准上标注"选用"或"优选"标记,企业有关部门,按旅游标准中规定的标记执行。另一种是编制缩编手册,即把有关"原材料""零部件""结构要素""通用工具"等国家旅游标准、行业旅游标准内容进行压缩,将选用的部分汇编成册。

3. 补充上级旅游标准

当所实施的旅游标准中的部分内容,如通用技术条件、通用实验方法、通用零部件等,比较概括、抽象,不便于实际操作时,可在不违背旅游标准的实质内容和原则精神的条件下,做一些必要的补充规定,以利于贯彻实施。

4. 制定配套旅游标准

某些相关旅游标准本应成套制定,成套贯彻实施,但受条件限制,成套旅游标准中缺一两种或者若干种旅游标准未能及时制定出来,此时企业可根据已有的旅游标准内容,自行制定与其配套的旅游标准,以便更全面有效地实施旅游标准。

5. 制定严于上级旅游标准

企业根据市场的需要,可以制定出严于国家旅游标准或行业旅游标准的企业旅游标准,并加以实施。

(三)旅游标准实施的方法

根据旅游标准特性,一般采取过程法、要素法和符合性评价方法等方法实施旅游标准。旅游标准特性指旅游标准内容的特性及描述方法,由旅游标准化对象的特性所决定。

1. 过程法

采用过程法实施旅游标准,就是根据事件发生的时间顺序,按步骤或分阶段地贯彻旅游标准的要求。需要强调的是,采用过程法实施旅游标准要注意实施过程中各个阶段的相互衔接。上一个阶段旅游标准的实施效果,可能直接影响下一阶段的实施效果,旅游标准实施过程中的任一阶段若没有被很好地贯彻,都会使整个旅游标准的实施效果大打折扣。旅游服务行业中的服务流程标准等最适宜采用过程法实施。

2. 要素法

旅游服务行业制定的环境标准、设施设备标准等旅游标准是按其要素分别提出要求的,这些旅游标准的各要素之间并没有时间上的关联性,但也存在其他关联。因此,在按照要素法实施这些旅游标准时,除了使每个要素分别达到标准的要求外,还要注意到各个要素之间的关联性。

有些服务标准是按要素分别提出要求的,各要素之间虽有关联,但没有严格的时间上的关联性。例如,服务行业制定的环境标准、设施设备标准等,就属于这一类标准。这些标准的实施应按要素法进行,使每个要素分别达到标准的要求,并注意要素之间的关联性。

3. 符合性评价方法

符合性评价方法是旅游标准实施经常采用的方法,用于评价旅游标准实施过程或结果是否符合标准要求。

(四)旅游标准的宣贯

1. 贯标

贯标,即贯彻标准,其核心思想是以顾客为中心,以顾客满意为唯一标准,运用过程方法和系统方法,发挥领导的带动作用,全员参与持续改进工作的一种活动。旅游企业只有切实、有效地按照旅游标准建立管理服务体系并持续运行,才能够通过贯标活动强化内部质量管理。因此,在体系运行中要抓好以下控制环节:

(1)统一思想认识,树立"言必行,行必果"的工作作风。

(2)强调全员参与,使全体组织成员形成强烈的质量意识。

(3)明确组织成员个体的质量职责。

(4)制定相应的奖惩制度。

(5)协调内部质量工作,明确规定信息渠道。

2. 旅游标准宣贯工作流程

旅游标准的宣贯工作,大致分为宣传、培训、指导、执行、调整和修订六个阶段,如图3-3所示。

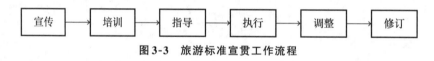

图 3-3 旅游标准宣贯工作流程

(1)宣传。旅游标准的宣传是旅游标准实施的第一步,也是最重要的一步。相关人员只有知晓旅游标准,认识到该旅游标准的重要性,才能对旅游标准进一步关注和重视。

(2)培训。培训是旅游标准实施中关键的一环。通过培训能让相关人员更好地了解旅游标准的具体内容和含义,掌握旅游标准执行的方法和技巧,保证旅游标准实施的质量和效果。

(3)指导。统一的宣传等结束后,并不能保证每个人都能很好地理解和执行旅游标准,这就要求旅游标准监督单位必须加强对旅游标准执行的个别指导,保证旅游标准在执行中不出差错和意外。

(4)执行。只有执行到位,旅游标准才能实施到位,每个环节都必须按照旅游标准行事,保质保量地完成旅游标准要求,满足旅游管理服务的要求。

(5)调整。在实际工作中,如果发现旅游标准有问题,应该及时向上级主管部门报告,由相关技术部门确定新的旅游标准,并根据新的旅游标准反馈实际工作。

(6)修订。如果旅游标准的内容难以理解且难以执行,或上级旅游标准发生改变,就需要根据实际情况对旅游标准进行修订。

四、经典案例与创新举措

(一)经典案例

上海的旅游标准化水平在国内一直处于领先定位,在标准化理论研究、研制地方标志、推动标准实施等旅游标准化领域取得了积极成效。上海的旅游标准化建设已经迈上了科学化、系统化、质量化、服务化、区域化发展轨道,对上海旅游发展、长三角地区的旅游协同发展和全国旅游业的发展起到了积极的作用。以2003年上海市地方标准化技术委员会的成立和《农家乐旅游服务质量等级划分》的发布,以及2011年上海市旅游标准化技术委员会的成立和《上海都市旅游标准体系》的完成为标志事件,将上海旅游标准化建设划分为探索发展阶段(2003年—2010年)和深化发展阶段(2011年至今),上海在标准制定修订、标准体系构建、标准试点建设、标准实施推广四个方面取得良好的建设成效[①]。

1. 因地制宜制定修订标准

旅游标准的制定是实施旅游标准化战略的基础。上海市结合市场需求与自身发展,制定了一批切实可行、行之有效的旅游标准,自2003年发布了全国第一个旅游地方标准——《农家乐旅游服务质量等级划分》,截至2014年上半年,上海旅游地方标准已达到17项,实现了旅游地方标准的质和量的飞跃。此外,上海还积极参与国家、行业旅游标准以及区域旅游标准的制定、修订工作,例如《旅游景区(点)道路交通指引标志设置规范》(2007年)、《游览船服务质量要求》(2010年)、《国际邮轮口岸旅游服务规范》(2011年)、《城市旅游公共服务基本要求》(2013年)、《旅游特色街区服务质量要求》(2013年)等。

2. 构建标准体系

在《全国旅游标准化发展规划(2009—2015)》的基础上,上海借鉴了国际标准和国外相关先进经验,综合上海都市旅游特色与发展需要,围绕世界著名旅游城市建设目标,制定了《上海都市旅游标准体系》(2011年)。该标准体系突破了传统上以吃、住、行、游、购、娱六要素为横坐标,产品、管理、服务、设施等标准为纵坐标的逻辑结构,结合上海都市旅游发展的实际,对标准体系构建、内在逻辑关系等进行了适当调整,构建出适用于上海都市旅游发展特点的标准体系,充分体现了整体系统的提升、监控与管理的动态过程和建设世界著名旅游城市的战略目标。

---

①申军波,吴国清.上海旅游标准化建设及发展创新[J].质量与标准化,2014(10).

3. 稳步推进试点

旅游标准试点是旅游标准化建设的重要环节。自2009年上海佘山国家旅游度假区被列为国家级服务业标准化试点项目之后，上海徐汇区、锦江国际(集团)有限公司、上海春秋国际旅行社有限公司(现上海春秋国际旅行社(集团)有限公司)在2010年被列为首批全国旅游标准化示范单位，宝山区、携程旅行网、上海野生动物园3家单位在2012年被列为第二批全国旅游标准化试点。

与此同时，上海市积极开展地方旅游标准试点工作，于2012年确定上海锦沧文华大酒店有限公司等10家企业为上海旅游标准化示范单位，并将上海大通之旅旅行社等20家单位列为创建2012—2013年度市级旅游标准化示范试点项目。

4. 实施成效明显

上海市的旅游标准化建设推动了上海都市旅游产品的创新、旅游服务质量的提升、旅游硬件设施的改进和旅游市场秩序的规范化。截至2021年年底，发布实施地方标准996项、培育团体标准709项、自我声明公开企业标准36048项，初步形成政府主导制定标准与市场自主制定标准协调发展的二元结构[①]。但仍然存在专题性包价产品的旅游标准缺乏、公共设施和公共空间的旅游标准仍有待补充完善、"上海礼物"等旅游纪念品的旅游标准缺乏、体现生态文明与人文关怀的价值观和生活方式的旅游标准不足等问题[②]。

为了进一步深化标准化改革和完善标准化体系建设，上海市人民政府办公厅先后发布了《关于深化标准化改革促进标准化服务科技创新中心建设工作方案》(2015年)和《上海市标准化体系建设发展规划(2016—2020年)》(2016年)。其中，《上海市标准化体系建设发展规划(2016—2020年)》(2016年)进一步提出了"标准体系更加健全、标准化效益充分显现、标准水平大幅提升、标准化基础不断夯实"的发展目标和"优化标准体系、推动标准实施、强化标准监督、提升标准化服务能力、加强国际标准化工作、夯实标准化工作基础"的主要任务，并要求旅游标准化工作：聚焦邮轮旅游、房车旅游、文化旅游等重点领域，制修订旅游公共服务、公共信息、公共管理、旅游服务质量等标准，开展上海都市旅游目的地标准体系建设；推进旅行社服务、景区服务、宾馆服务、网络服务、会议服务等标准化示范项目，支持旅游标准化专业网站建设，建立旅游标准化工作平台。

(二) 创新发展举措

《国家标准化发展纲要》(2021年)提出"推进度假休闲、乡村旅游、民宿经济、传统村落保护利用等标准化建设……提高文化旅游产品与服务、消费保障、公园建设、景区

---

① 数据来源：《上海市标准化发展行动计划》(2022年)，https://www.shanghai.gov.cn/nw12344/20220217/c5c23ecd3292492e8587c1f7ae1cc837.html。

② 翁瑾，杨明芬，苏日古嘎.上海旅游标准体系及其网络化治理研究[J].标准科学，2021(10).

管理等标准化水平"的任务和要求。旅游作为与大众生活息息相关的服务业,直接关系到大众生活质量的提升,而旅游标准化是旅游发展质量的重要保障。文化和旅游部高度重视旅游标准化工作,在国内,持续推动全国旅游标准化工作,助推旅游高质量发展,确保大众获得高品质旅游产品和服务;在国际上,积极参与国际旅游标准制定,并取得突破性进展。"旅游标准化"正与"旅游创新"携手前行,不断提高中国旅游品质。旅游标准化创新的核心是去行政化、去功利化,克服"重数量、轻质量"的问题,形成一个良性的标准制定、更新、使用、管理的体系。在现代旅游管理的活动中,旅游标准化的创新活动主要体现在旅游标准化运行管理机制方面,进而体现在旅游标准化工作的各个环节,而企业最接近市场,了解市场和顾客的需求,是各类标准中最具创新精神和活力的部分。

1. *旅游标准化体制创新*

创新旅游标准化工作的体制是旅游市场管理体系建设的主要内容,主要包括成立旅游标准化工作领导小组,成立企业引领的旅游标准化研究机构,成立公共管理组织机构等,通过试点示范和改革创新,不断发挥标准化工作的综合效能,能够推进旅游生产力的发展,使游客得实惠、企业得利益、社会得效益。

2. *旅游标准化工作机制创新*

(1)旅游标准化的制定机制创新。

旅游标准化的制定机制是以旅游企业为核心,相关主体协商制定,共同使用的旅游标准化制定机制。旅游标准化的制定机制创新可以充分发挥市场在资源配置中的引导作用,反映旅游企业作为参与者规范旅游市场竞争秩序的内在利益需求,可以满足旅游企业和行业生存发展的利益需求,旅游标准化的制定机制由旅游市场主体自主制定并进行自我规范的秩序的选择。

旅游标准体系引入企业标准示意图见图3-4。

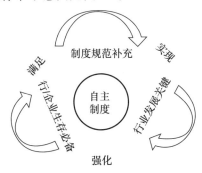

图3-4 旅游标准体系引入企业标准示意图

旅游企业既是标准的制定者,也是标准的使用者。因此,由旅游企业所参与制定的旅游标准能够较好地满足旅游企业的利益需求,促进旅游企业和旅游行业的发展。企业标准的制定机制见图3-5。

图 3-5　企业标准的制定机制示意图

（2）旅游标准化的执行机制创新。

旅游企业参与制定的旅游标准不仅满足了使用者的核心利益,还能在实现成员有效的自我约束的同时,降低执行成本,具有参与者自愿执行的内在动力。

企业标准的执行机制示意图见图3-6。

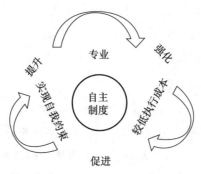

图 3-6　企业标准的执行机制示意图

（3）旅游标准化的自适应机制创新。

旅游企业参与制定的旅游标准能够快速适应行业的技术变化,在专业能力支撑、同类竞争择优和经济收益驱动三者的作用下,旅游企业标准不断自我适应行业与技术变化的利益需求,形成了旅游企业标准的自我适应机制。

社会团体标准的自我适应机制示意图见图3-7。

图3-7　社会团体标准的自我适应机制示意图

(4) 旅游标准化的管理方法创新。

为突出国家标准在顶层管理标准、通用基础标准、安全标准、环境标准和资源标准等的强制性约束作用,充分发挥企业、企业联盟、团体等的积极作用,形成具有中国特色的旅游标准体系管理结构,可采取自愿备案管理、年度注册制度、年度报告制度、旅游产品标注制度和激励制度等旅游标准化管理方法。

一是自愿备案管理。由旅游标准制定主体自愿申请备案,政府授权相关机构进行形式审查与备案,解决旅游标准公信力不足的困境,实现旅游标准的合法性,可以避免等同于政府标准的风险,充分保证旅游标准的自治性。

二是年度注册制度。通过收取年注册费用,废止不能让旅游企业使用后获得收益的"垃圾标准",将收取的注册费用于组织备案等相关事务的支出以及对优秀旅游标准制定主体的奖励。

三是年度报告制度。采用公布年度使用报告的方法,废止无人使用的旅游标准。公布备案的旅游标准在该年度的使用状况和更新状况,要求在若干时间段内将未达到最低使用量的旅游标准废止。

四是旅游产品标注制度。为推进旅游标准的使用,实行在旅游产品标志上做旅游标准的标注制度,以实现使旅游产品质量持续提升的良性循环。

五是激励制度。根据使用情况的事后激励,政府对旅游标准的激励和约束都来自对使用数量的考核,依据实际情况,给予与数量同比例的资金支持,对于在实际使用中已显示一般性和通用性特点的旅游标准,可以将其纳为政府标准。

复习思考

- 我国旅游宣传与推广的主体有哪些?有哪些模式?
- 我国旅游信息管理的主要内容及一般过程是什么?
- 我国旅游标准体系的主要内容是什么?是如何进行宣贯的?

知识链接

九寨沟——以导游为导向的标准化创新

课堂讨论

标准化重塑海口火山口公园形象

第四章 旅游公共服务管理

- 旅游公共服务的概念及特征。
- 旅游公共服务的供给体系：主体、模式及内容。
- 旅游公共服务的保障体系。

第一节 旅游公共服务概述

加强旅游公共服务建设符合我国建设服务型政府的理念和旅游业现实发展的需求。自2003年的国务院政府工作报告中指出公共服务是我国政府的主要职能之后，党的十六大报告、十七大报告等国家政策文件中都明确提出完善公共服务体系、建设服务型政府的要求，公共服务建设成为我国政府职能转变的方向和主要任务。为了满足旅游者的旅游需求、促进旅游业的可持续发展，以及加快政府职能转型，先后通过的《国务院关于加快发展旅游业的意见》(2009年)、《中国旅游公共服务"十二五"专项规划》(2011年)和《中华人民共和国旅游法》(2013年发布，2018年修正)都明确了加强旅游公共服务在我国旅游发展中的重要性。

一、旅游公共服务的概念

（一）公共服务

20世纪50年代左右，公共经济学的研究者提出了"Public Goods"（公共物品或公共产品）的概念，并认为公共服务从属于政府提供的公共产品，具有保持宏观经济稳定运行、提供各种狭义的公共产品和劳务，以及实现公共服务均等化的政府职能[①]。但随着

[①] 汉斯·范登·德尔，本·范·韦尔瑟芬.民主与福利经济学[M].陈刚，沈华珊，吴志明，等，译.北京：中国社会科学出版社，1999.

新公共管理学在19世纪80年代兴起,公共服务的内涵不断被拓展,相关研究主要从公法、公共物品,以及公共服务的主体、形态和特质等角度来界定公共服务,却忽视了公共服务判断的内在依据——公共利益[①]。因此,在现代社会公共服务需求多元化、公共服务供给主体多样化的背景下,可以认为公共服务是由政府、市场或社会等多元主体提供的可供全体社会成员使用或享受的公共产品或服务,具体包括加强城乡公共设施建设,发展社会就业、社会保障服务和教育、科技、文化、卫生、体育等公共事业,发布公共信息等,为创造社会公共生活和参与社会经济、政治、文化活动提供保障和创造条件。

（二）旅游公共服务

目前,业界对旅游公共服务的概念仍然存在分歧,但学者们都强调了政府在旅游公共服务供给中的主体地位,基本认同旅游公共服务公益性和非营利性的特征,其争论的主要焦点在旅游公共服务的供给主体和服务对象两个方面。

在旅游公共服务供给主体的研究方面,少数学者认为政府是旅游公共服务的唯一供给主体,但随着公共服务理论及实践的发展,旅游公共服务成为一个由政府主导、多元主体共同参与的过程的观点已经得到了普遍认同。

在旅游公共服务对象的研究方面,旅游公共服务对象存在广义和狭义之分,狭义的旅游公共服务对象仅为旅游者或外来旅游者,广义的旅游公共服务对象还应包括企业、本地居民,甚至是全体社会成员。实质上,旅游公共服务的对象既是普通的社会成员,也是旅游者。由于旅游的流动性,当本地居民去旅游时,则也具有了旅游者的社会身份,可以直接享受旅游公共服务。而且,我国已经步入了大众旅游时代,人人都会成为旅游者。因此,本书认为旅游公共服务的对象是旅游者。

根据上述研究,结合《中国旅游公共服务"十二五"专项规划》（2011年）中提出的旅游公共服务的概念,本书将旅游公共服务定义为由政府、市场和社会多元供给主体为满足国内外旅游者的公共需求而提供的公益性、非排他性的旅游公共产品与服务。

二、旅游公共服务的特征

（一）旅游公共服务具有非共享性和共享性的双重属性

旅游公共服务的非共享性,是指旅游公共交通设施、旅游资源的开发、旅游教育培训、旅游消费促进、旅游目的地宣传与促销、旅游扶贫等旅游公共服务的供给内容,带有一定的区域性。而旅游公共服务的共享性,则是指旅游一般性便利设施、旅游法规与政策、旅游环境保护与规划开发等旅游公共服务的供给内容,具有很强的共享性和较大的外溢效益。

---

①谢利萍.试析基本公共服务的内涵[J].中共乐山市委党校学报,2009,11(6).

(二)旅游公共服务具有营利性和非营利性的双重属性

旅游公共服务的营利性,是指一部分旅游公共服务介于纯公共产品和纯私人产品之间的准公共产品,其根本出发点是提升区域旅游供给数量和增强区域旅游吸引力,以吸引游客前来游览消费。而旅游公共服务的非营利性,则是指尽管一些旅游公共服务介于纯公共产品和纯私人产品之间,带有营利性质,但并不意味着其完全丧失公共性,不能也不应该抛弃公益性、不考虑其公共利益和社会效果,其营利性具有相对性。

(三)旅游公共服务具有生产性和消费性的双重属性

旅游公共服务的生产性,是指旅游公共服务以旅游企业为服务对象,为旅游企业提供旅游者的需求信息、为旅游企业创造良好的法治政策大环境,促进旅游企业更好地为旅游者提供旅游服务生产。而旅游公共服务的消费性,则是指旅游公共服务以广大旅游者为服务对象,既包括现实的旅游者又包括潜在的旅游者,旅游公共服务为旅游者提供旅游消费过程中的旅游消费咨询、旅游公共安全保障、消费者权益保障等,保证旅游者的旅游消费行为顺利开展。

(四)旅游公共服务具有物质消费和精神消费的双重属性

一方面,旅游公共服务以各种物质形式满足旅游者基本的物质需求,如旅游公共交通设施、旅游公共安全设施等;另一方面,旅游公共服务的作用和意义又高于一般公共服务产品。完善的旅游公共服务的提供将在极大程度上增强旅游者在旅游消费过程中的"高峰"体验、"漫溢"感受,具有不同于一般公共产品精神消费的更高层次属性。

第二节 旅游公共服务的供给与管理

一、旅游公共服务的供给主体

伴随旅游消费需求结构以及旅游公共需求偏好的多样化,传统的、由政府单一供给的旅游公共服务已无法满足旅游者的公共需要,客观上要求旅游公共服务供给主体多样化和动态化发展。从旅游业的长远发展来看,建立以政府为主导,组织、企业及个人等为补充的旅游公共服务多主体供给模式是一种趋势。根据公共服务的构成主体[①],旅游公共服务的主体可由从事旅游公共服务的各个领域以及各个层级的机构和

---

① Ostrom V, Ostrom E. Public Goods and Public Choices[M]//E S Saves. Alternatives for Delivering Public Services: Toward Improved Performance. Boulder: West View Press, 1977.

人员组成,具体包括政府(旅游主管部门为主)、市场(旅游相关企业等营利组织)及社会(公共事业机构、旅游行业协会、志愿者组织等非营利组织及社会个体)。旅游公共服务供给主体通过有效手段配置旅游公共服务资源,并向公众提供高效优质的旅游公共服务,如图4-1所示。

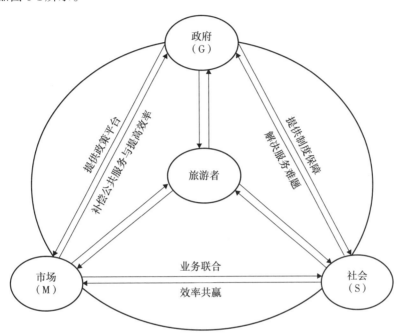

图4-1 旅游公共服务的供给主体

（一）政府

政府作为以非营利为目的的一种行政组织,可以通过强制性的方式实现公共利益的制度安排,目的在于通过有效配置公共资源来实现公共利益和社会福利最大化,其提供的旅游公共服务涵盖众多方面,包括旅游公共服务设施、旅游政策、旅游法规、旅游环境保护等。政府强调的是整体和普遍的服务,让所有服务的接受者都能承担起旅游公共服务的价格,同时享受到满意的旅游公共服务质量。

（二）市场

企业(营利组织)是现代社会中追求利益最大化的经济性组织,是以自愿性方式实现私人利益的一种制度安排,其提供旅游公共服务行为多属自愿,是为满足旅游者差异化的需求而对资源进行有效配置,以实现利益最大化。旅游公共服务的市场化提供将差异化的有形产品作为服务载体,给予不愿无差别享受旅游公共服务的部分公众以选择权利,让其可以享受更多更优质的服务。

(三)社会

1. 非营利组织

从组织目标上看,非营利组织是指包括民间协会、基金会、志愿团队及公益事业单位等以非营利为目的的非政府及非企业组织,如教育、文化艺术、环境保护慈善基金会、志愿者团体等机构。非营利组织可通过自愿、半自愿或半强制的方式实现公共利益,所提供的延展服务能够弥补政府、企业在旅游公共服务供给端的不足,在整个旅游公共服务供给体系中不可或缺。

2. 社会个体

旅游公共服务的社会个体供给更多地体现了公民强烈的主体意识和积极的进取精神,激发了公民自豪感和社会责任感,激发了公众真实参与意识,是公民自治的实现形式。其性质类似于非营利组织,却没有明确的组织形式,是个体非制度化参与,具有更大的自主适应性,属于补缺型服务。

二、旅游公共服务的供给模式

从整体体系观出发来研究旅游公共服务(产品)的供给模式具有一定的代表性,其中,以李爽为代表的研究者将体系理解成有机联系且相互制约而成的一个整体,对体系的研究不仅仅关注客体,还研究了主体、客体与对象之间的相互关系与产生作用的机制,进一步描述了旅游公共服务供给模式及不同供给主体间的关系。其中,每一个旅游公共服务供给主体都有特定的属性功能,同时在体系内部形成主体间的功能互动,产生协同效应,从而构成旅游公共服务资源配置最优化、管理工作最规范、服务效益最大化的联动系统,保障公众享有基本的旅游公共服务,进而勾勒出了旅游公共服务涉及的供给主体(政府、企业、公共事业机构、社团组织)之间的互动关系以及服务内容的结构组成,如图4-2所示。

旅游公共服务体系包含两个层面:一是以政府为主导的、由非营利性组织具体运作的公共服务体系,主要是面向公众提供旅游公共资源和公益性(无偿或低偿)旅游公共服务;二是以市场为主导的、由各种与旅游有关的企业负责操作实施的市场服务体系,面向公众提供收费性服务①,参与旅游公共服务的不同个体按其实际需要以货币的形式购买服务,但商业化经营最终不会也不应抛弃公益性质。

沿着这个思路,旅游公共服务供给一般包括四类基本模式,即政府直接提供旅游公共服务模式、政府通过市场手段提供旅游公共服务模式、政府与社会合作提供旅游公共服务模式,以及旅游公共服务多主体参与供给模式。

---

① 邰崇禧,宋亮,汪康乐,等. 太湖周边地区体育健身与休闲服务体系的发展特征[J]. 体育与科学,2006(4).

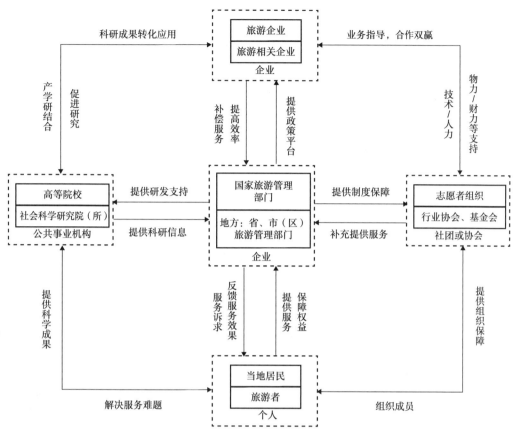

图 4-2　旅游公共服务不同供给主体间的功能互动关系

（资料来源：李爽、甘巧林、刘望保：《旅游公共服务体系：一个理论框架的构建》，载《北京第二外国语学院学报》，2010(5)。）

（一）政府直接提供旅游公共服务

由于基础设施的公共属性及其对投资的高要求，政府必须承担起投资建设基础设施的重任[①]，一些重大的旅游公共服务设施的兴建，以及基本旅游公共服务产品的生产必须依赖政府，政府提供全部的建设费用和事业发展所需要的经费，政府投资能够促使社会资本投资到旅游业中。在旅游公共服务供给中，政府扮演着资金供应者、生产安排者和具体的服务生产者的角色，直接向消费者提供服务，并且往往是无偿的或低价的。由此可见，政府既是旅游公共服务的生产者也是旅游公共服务的管理者。

（二）政府通过市场手段提供旅游公共服务

政府的旅游主管部门可以通过采购、服务外包、补贴、特许经营、授权等市场化供给方式将政府提供服务的职责转给相关旅游企业，但旅游相关部门要起到监督和保障的作用。

---

① 邹统钎. 中国旅游目的地发展年度报告 2008[M]. 北京：旅游教育出版社，2008.

（三）政府与社会合作提供旅游公共服务

社会第三部门（企业）具有显著的公益性、志愿性、非营利性及灵活性等特点，与政府相比，它又具有低成本、高效率、灵活多变等优势[①]。政府与社会合作成为提供旅游公共服务供给、满足公众旅游公共服务需求的一种新的制度安排和供给机制[②]。如我国台湾地区建立的伊甸社会福利基金会，该基金会为提升"旅游行动力"而积极努力，向残疾人、高龄老人、孕妇和幼儿等特殊群体提供公益性质的旅游公共服务，旨在宣传推广"无障碍旅游"，推动政府与旅游企业的深度合作。

（四）旅游公共服务多主体参与供给模式

建立和完善旅游公共服务体系，要正确处理政府与市场、社会的关系及公平与效率的关系，在保证政府承担公共服务主导责任的同时，充分发挥市场和社会在公共服务供给中的作用。在旅游公共服务多元化供给中，政府的责任不是减少了，而是从微观层面拓展到了中观层面或宏观层面，在普遍义务服务上加强，在差异化服务中减少，核心在于向社会全体成员提供普遍的无差别的义务性旅游公共服务。

三、旅游公共服务的供给内容

关于旅游公共服务的构成，有二分类法、三分类法和四分类法等不同观点。一般认为，旅游公共服务主要由旅游公共硬件服务和旅游公共软件服务两个部分构成，前者典型的如旅游公共基础设施，后者典型的如旅游信息服务；也有学者认为旅游公共服务应包括旅游基础设施类服务、旅游公共信息类服务、旅游行业指导类服务和旅游安全监测类服务四类[③]。

基于已有研究和旅游实践经验，本书认为，旅游公共服务的主要对象是广大旅游者，同时惠及旅游目的地居民，主要服务内容包括旅游公共信息与咨询服务、旅游交通便捷服务、旅游厕所服务与管理、旅游便民惠民服务及旅游安全救援服务。

（一）旅游公共信息与咨询服务

1. 旅游公共信息服务

1) 旅游公共信息服务的属性

从概念范畴而言，旅游信息服务应该包括所有旅游服务主体（企业、个体、目的地政府）和社会机构直接/间接向旅游者提供的各类信息服务。由于企业天生具有逐利性和竞争性，因此，企业提供的信息一般是收费的，或者最终是为单个企业盈利服务的，因而无法保证企业所提供的信息具有公平性和公正性；再者，单个企业一般没有能力和义务为所有旅游者提供免费的信息咨询服务，因此，旅游界所关注的旅游信息服

---

① 戴维·奥斯本，特德·盖布勒. 改革政府：企业家精神如何改革着公营部门[M]. 上海：上海译文出版社，2013.
② 李建中，李爽，甘巧林. 节事活动旅游公共服务第三部门供给研究[J]. 社会科学，2009(10).
③ 李爽，甘巧林，刘望保. 旅游公共服务体系：一个理论框架的构建[J]. 北京第二外国语学院学报，2010(5).

务,一般是指由目的地政府机构提供给所有到访者(尤其是自助散客)具有公平性、客观性、权威性的信息服务,也就是我们所说的旅游公共信息服务,通常也被简称为"旅游信息服务"。单纯为企业服务,或由企业向特定市场人群提供的信息服务,属于企业管理和信息技术范畴,显然不包含在公共服务范畴中。

　　由于旅游活动一般围绕一个或几个旅游目的地展开,因此,旅游公共服务信息系统的建设一般也以某一旅游目的地为载体而开展。在传统经济时代,典型的旅游公共信息是通过面对面的人工服务方式,以及无人看守的免费资料架的方式提供的,前者一般需要依托旅游咨询网点(旅游咨询中心、亭、台)进行,英文一般称为 TIC(Tourist Information Center)或 VIC(Visitor Information Center),后者一般被放置于宾馆、饭店或重要交通站点。这两种服务模式可以看作狭义的、传统的旅游公共信息服务。而广义的、现代的旅游公共信息服务,还包括目的地网络信息服务、热线电话服务、旅游标识指南等服务方式。上述各类旅游公共服务方式相互配合,共同形成一套完整的目的地旅游公共信息服务内容体系。由于传统带有人工服务的信息服务方式更具有"咨询"色彩,且历史更悠久,旅游研究界也经常用"旅游咨询服务"(Tourist Information)一词来指称传统的不包含网络信息服务在内的旅游公共信息服务。本研究关注的旅游信息服务,也以旅游咨询服务和网络信息服务两大类为主。

　　无论狭义的还是广义的旅游公共信息服务,官方提供的各种权威信息,都有别于单个企业或专业性咨询服务公司向游客提供的服务,它具有鲜明的客观性、公平性、权威性等,是游客可以信赖的"旅游者之家",代表着目的地政府和旅游部门的形象,具有典型的公益属性,属于政府公共服务范畴。政府提供旅游公共信息服务的目的,或者说,旅游公共信息服务的功能,是为了给人地生疏的外来访客(尤其是自助游散客)在目的地的旅行游览活动提供指引,使他们能够便利地游览、体验和消费,从而对目的地有美好的印象。

　　2) 旅游公共信息服务标准

　　旅游公共信息服务标准是由国家标准、行业标准和地方标准共同构成的,包含旅游资讯、旅游市场信息、境内外旅游目的地风险提示、旅游服务质量信息等在内的旅游公共信息服务标准体系。完善与相关部门的信息共享机制,强化政府和协会在标准制定和修订过程中的引导作用,积极发挥社会团体和企业的积极性,整合旅游公共信息资源,推动旅游公共信息数据库建设,形成政府引导、行业指导、企业主导、社会参与的旅游公共信息服务标准化建设格局。对硬件设施和网站建设统一标准,明确旅游公共信息服务网络建设、硬件建设、服务质量等的标准与规范,以指导旅游公共服务体系网点布局、建设和服务质量管理。注重国家标准、行业标准、地方标准等之间的协调性,秉承"以旅游者为中心"的理念,依照服务标准对信息服务内容、方式、操作和语言进行统一。

　　3) 旅游公共信息服务渠道

　　旅游公共信息服务渠道是为旅游者提供公共信息服务时所选择的途径和方式,主要目的是为旅游者提供多样化、覆盖面广的旅游公共信息。旅游公共信息服务提供方式主要有以下四种。

（1）旅游咨询中心。

在机场、火车站、汽车站、码头、高速公路服务区、商业集中区等旅游者聚集区域建设旅游者咨询中心，形成由主中心、分中心、信息亭、触摸屏等组成的旅游咨询中心网络。旅游咨询中心作为旅游目的地公共服务体系的重要组成部分，与旅游交通、旅游公厕并称为"旅游城市的三大必备设施"，在为旅游者与市民提供公益性咨询服务的同时，还承担着城市整体形象的宣传和收集、为政府决策提供依据的市场信息的职责。上海于1999年建立了我国首个旅游咨询服务中心（见图4-3）。

图4-3　上海旅游咨询服务中心

旅游咨询中心是由政府统一规划和监管的公共服务设施，各地可选择适合当地发展情况的运营模式：一是政府独立建设运营；二是与公益性服务无利益冲突的企业、非政府组织建设＋政府运营；三是委托与公益性服务无利益冲突的企业、非政府组织独立建设运营。

旅游咨询中心不仅可以提供现场接待咨询、热线电话咨询、多媒体电子设备自助查询、旅游文献阅览查询，以及互联网网络咨询等服务；还可以提供旅游线路产品信息、旅游地图信息、专题旅游指南、综合旅游指南、旅游政策服务指南等非商业性咨询服务。另外，旅游咨询中心还能受理旅游者对本市各类旅游企业和旅游景点的投诉，同时接受旅游者有关法律问题的咨询、陈列地方特色的旅游纪念品。因此，旅游咨询中心是为旅游企业提供展示和交流的场所。旅游咨询中心形成固定聘用人员、志愿服务人员和实习学生等相结合的用人模式，以及以旅游者满意度为主的绩效考核机制，构建旅游信息双向流动模式（见图4-4），确保充分发挥公益信息咨询功能。

图4-4　旅游信息双向流动模式

(2) 旅游公共信息标识。

在旅游景区建立信息标识牌(见图4-5),在景区接待中心设立旅游触摸屏、显示屏、户外广告和移动广告,在交通枢纽、城市人口集中的地方,如繁华的商业圈,加大城市观光休闲和旅游资源的宣传,宣传内容包括周边景点的详细信息,在特定区域提供娱乐和休闲活动信息、特殊主题旅游信息等,在高速公路、城市主干线设立旅游信息标识牌。通过构建内容丰富、完整统一的旅游公共信息标识,可以让旅游者方便快捷地了解当地旅游信息,掌握公共交通信息特别是关于景区的路况、客流、停车情况等信息,提升信息服务的效率。加大对旅游地图的发放和更新力度,开发具有地方特色的旅游地图或旅游指南,加强对旅游景区电子地图的开发,及时发布景区的动态地图,保证旅游公共信息服务的及时性和准确性。

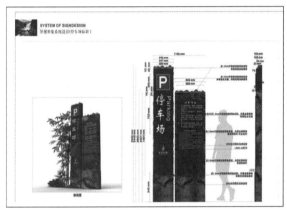

指导牌　　　　　　　　　　　　　景区概况牌

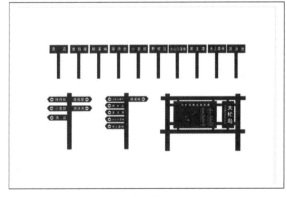

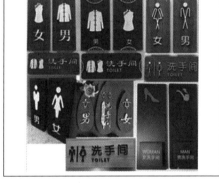

方向牌　　　　　　　　　　　　　公厕牌

图4-5　景区信息标识牌

(3) 电子解说。

电子解说是指利用电子技术、信号处理技术制造出来的各种自助式导游设备,它可以把景区(点)和景物以图文和音视频的形式呈现出来,旅游者可以方便地选择讲解的语种,自行调节讲解的音量,方便、经济地享受导游服务,从而有效提高旅游者游览的质量。电子解说的形式有无线接收、移动网络接收、数码播放等。

旅游者获取旅游公共信息标识和景区电子解说服务所提供的信息时,没有时间上的限制,他们可以根据自己的喜好、兴趣和体力自由地决定获取信息的时间长短和深度。旅游公共信息标识和电子导游设施容易受到自然和人为的破坏。

(4)旅游公共信息服务平台。

旅游目的地可以将分散的旅游政务网站、旅游资讯网站、官方微信、微博、论坛、社区与旅游相关的一切平台有效整合在一起,构建一个当地的旅游信息服务集成平台、旅游信息共享系统,进行统一的信息发布和管理,充分发挥网络全天候、广覆盖的独特优势,面向国内外广大旅游者提供全面的旅游信息服务,大大减少旅游者搜索旅游信息的时间。充分利用手机、平板电脑、手表等手持式移动终端上的信息,以及报刊、电视台、电台等传统媒体发布的信息,做到图片、文字适当搭配。另外,还可以用小视频进行补充,增加信息的吸引力。同时,整合各地12301旅游服务热线,为旅游者提供多语种的旅游咨询、投诉受理、旅游救助等服务。

2. 旅游咨询服务

1)旅游咨询服务的诞生与发展

现代旅游业诞生于1841年的英国,其标志是出现了团队包价旅行经营模式。在以团队旅游为主的时代,游客从出发到返回,一路由旅行社全面服务,旅游者只需出发前缴纳总费用即可解决行程中的所有问题,无须自己搜集信息、安排行程。然而,从20世纪60年代开始,旅游成为发达国家普通百姓日常生活的重要组成部分,而旅游者逐渐厌倦了不自由的参团旅游模式,转而追求个性化、随机性、散客化的自助旅游方式,旅游市场的主体从团队包价旅游变成了散客自助旅游。而巨大数量的散客旅游者与参团旅游者的最大不同在于他们需要依托各种公共信息和交通等要素自行安排旅游活动。因此,为了满足日益个性化的散客旅游者的需求,各大城市纷纷由政府主导,在机场、码头、著名街区等城市游客聚集区和公共场所建立了统一以"i"(Information)为标志的免费旅游信息咨询网点,主要服务于散客旅游者,满足他们对当地旅游交通、观光、购物、娱乐、住宿等的综合信息需求。

(1)国外旅游咨询服务发展。

美国是最早设立旅游咨询服务机构的国家。始建于1896年,刚开始发展并不迅速,到1920年才有28家;从20世纪60年代开始,旅游咨询服务中心在美国快速成长,到2010年已发展到1000多家。英国的旅游咨询中心,向游客提供上百种旅游单页或折页信息,大多统一尺码,便于游客携带。澳大利亚的旅游咨询服务体系非常完整,在悉尼等主要城市,不但有全国性和全州性、全市性区域旅游咨询亭、咨询台、咨询中心,还形成了旅游咨询网点"一条街",各州都在此设立咨询网点。可以说,澳大利亚的旅游信息场所星罗棋布,旅游者有需要时会发现旅游信息服务咨询亭、咨询台、咨询店就在身旁,遍布机场、车站、酒店、大街、港口、商场、公园……总体而言,发达国家已经普遍建立了完善的旅游咨询服务体系,旅游目的地的区域中心和城市道路上都有"i"字标记的路标标明旅游信息中心的方位。即使进入网络时代,有些国家的旅游者还是习惯于使用目的地免费咨询服务,从中获取各种相关信息。旅游者到了一个陌生地方,见到带有小写英文字母"i"的标识,就有一种到"家"的感觉,因为他们知道可以从这里获得所需的各种旅游信息和服务。

(2)我国旅游咨询服务发展。

我国的香港、澳门、台湾地区也建立了完善的旅游咨询服务体系,我国内地的旅游咨询服务体系的发展则相对缓慢。这与内地旅游业长期以来偏重入境旅游和团队旅游业务,相对忽视散客旅游和国内旅游业务的发展思路有关系。

1993年,国家旅游局下发了我国第一份有关旅游咨询服务的文件——《关于建设旅游者咨询中心的指导意见》,该意见指出:建设旅游者咨询中心是各地旅游部门的一项重要工作,是由各地旅游行政管理机关设立并管理的,无偿为海内外散客旅游者提供信息咨询服务的公共事业机构。旅游者咨询中心是事业单位,资金从行政事业费中拨款,财务预算规模、收支情况接受同级旅游行政管理机关的监督、审计和绩效考核。该文件虽然没有有效地推动各地修建旅游者咨询中心,但确定了旅游咨询中心的公共产品属性和事业单位的体制。1996年,桂林市率先设立了旅游者咨询中心,上海、北京也分别于2000年和2001年设立了其第一批旅游者咨询中心,但以上城市都存在选址不当、咨询中心功效低下等问题。2007年—2009年,上海、北京等地启动了新一轮旅游咨询服务中心的建设工作,除增加咨询网点数量外,还调整了部分原有的网点布局,其中,上海咨询网点数量由22个增加到60个,杭州由原来的9个增加到136个(从全市3000个免费自行车租赁网点中选取了100个兼作旅游咨询点),北京则从22个增加到364个。

2010年,《旅游信息咨询中心设置与服务规范》(GB/T 26354—2010)由国家旅游局主持制定并发布。该标准规定了"旅游信息咨询中心"(Tourist Information Centre)作为统一的机构名称,机构的性质为:政府单独或与相关地区或机构联合设立的公共服务设施,所提供的信息和咨询服务是公益性的或免费的;旅游信息咨询中心的选址应该以满足旅游者需求为原则,优先考虑旅游者最需要信息服务的地点和场所,包括机场、火车站、客运码头、中心广场、主要交通干线的入口以及景点景区等游客集散地。

2)旅游咨询服务的典型模式——旅游信息咨询中心

旅游信息咨询中心作为旅游咨询服务的典型模式,其功能和价值已经在国际上获得广泛认知。即使在网络信息高度发达的今天,旅游信息咨询中心仍然是游客获取旅游信息的主要途径之一,它不仅给自助旅游者带来便利,也很好地展示和宣传了当地的旅游资源、文化内涵和城市风貌,因此也被作为城市旅游推广的有机部分纳入地方旅游部门的工作范畴。对于重要旅游城市而言,旅游信息咨询中心还是城市基础公共服务设施。有研究者甚至将旅游信息咨询中心与城市观光车、城市旅游卡并称为国际旅游城市"三件宝"[①]。

纵观国际国内情况,旅游信息咨询中心的主要功能可以概括为以下六大方面(见表4-1)。其中,向访客"提供信息/解疑释惑"是最基本、最重要的功能(一级功能);"帮助游客排解危难"也是必备的功能(一级功能),"自动服务设备值勤"是随机而定的基本职能(在有相关设备的前提下,二级功能);"协助游客决策"是作为咨询点的提高层级服务(三级功能),因为该项服务对人员素养要求较高,无法作为统一要求提出,一般只有少数大型旅游信息咨询中心才能做到;而"相关业务代理服务"(二级功能)和"配套事务服务"(三级功能)是可选择的配套服务,具体视各国、各地、各网点的具体情况和市场需求而定,不具有强制性。

表4-1 旅游信息咨询中心的服务功能

功能分类	具体服务	备注
提供信息/ 解疑释惑 (一级功能)	(1)帮助到访者查询信息,回答常规问题(如交通、景点、住宿、餐饮、购物、旅行社、如厕信息等); (2)提供(发送)访客所需的旅游宣传材料; (3)对访客特殊问题的解答和辅助解答	(1)保证信息真实准确; (2)有限度的服务
帮助游客排解危难 (一级功能)	(1)代为接受游客投诉; (2)向游客提供急救药物、针线包等便民服务; (3)联系提供旅游救援; (4)协助游客报警	
自动服务设备值勤 (二级功能)	(1)协助游客使用旅游信息触摸机; (2)获取免费打折券; (3)引导游客观看相关宣传片等; (4)ATM取款服务	
相关业务代理服务 (二级功能)	(1)城市优惠卡/地图出售; (2)旅游纪念品展示和销售; (3)出售电话卡、照相机/胶卷、特色明信片、旅游书刊等; (4)自行车代理出租; (5)城市一日游线路(或观光车)代理报名(售票); (6)交通和演出票务预订、酒店客房预订、餐位预订	所代理的业务必须具有品质保证
协助游客决策 (三级功能)	(1)帮助游客进行旅游行程设计; (2)协助游客进行旅游事务决策	在游客有需求的情况下提供
配套事务服务 (三级功能)	行李寄存、雨伞出租(有偿或无偿)	

[①]张广瑞.国际旅游城市的三件宝——关于北京市旅游基础服务设施的建议[M]//2006北京旅游发展研究报告.北京:同心出版社,2006.

3) 旅游咨询服务的类别及表现形态

根据旅游公共服务的理论与实践经验,游客(尤其是散客)需求是旅游公共服务产生的前提,为了提高目的地在市场上的竞争力和服务水平,提高游客对目的地体验的满意度,目的地政府有责任和动力向停留于此的游客提供具有主导性和公益性的、全方位的旅游公共信息咨询服务。当一个旅游目的地吸引的散客数量超过团队游客时,它就应该建设一套完整的、广义的旅游公共信息咨询服务体系,表4-2揭示了这种体系的组成结构与表现形态,其中包括:人工咨询服务、纸媒信息服务、数字化信息服务,以及导览标识与解说服务。这一服务体系,可以同时满足游客行前收集信息以助决策、行中获得信息便利行动、行后进行评价或维权的全程需求。由于旅游者一般以一个或多个城市(或独立旅游区)作为旅游目的地,因此,提供旅游公共信息咨询服务的主体也应该是目的地城市或大型综合旅游区的相关政府部门,至于某一个国家或城市的某一个行政区(如上海的黄浦区),由于游客未将其作为具体而独立的旅游目的地看待,因此,国家和城市下属行政区政府并非旅游公共信息咨询服务的主导供给者。

表 4-2　旅游信息咨询服务的类别与表现形态

类别	组成结构	表现形态
传统咨询服务	人工咨询服务	人工旅游咨询服务中心、旅游热线电话、人工网络服务
	纸媒信息服务	免费旅游资料、旅游宣传卡、自助旅游资料架
现代咨询服务	数字化信息服务	旅游信息触摸屏、官方旅游指南网、专业旅游服务网、现代信息传播技术(短信、蓝牙、Wi-Fi等)
解说服务	导览标识与解说服务	目的地旅游交通导引、旅游接待设施标识、公共图形符号、旅游吸引物解说

知识链接

旅游地应当重视完善"1"

(二)旅游交通便捷服务

1.旅游外部公共交通服务系统

旅游外部公共交通服务主要包括城市公共交通、旅游交通节点服务、旅游交通通道服务等。城市公共交通主要以出租车、公交车、地铁等为主要表现形式;旅游交通节点服务主要指机场、火车站、旅游停车场、旅游码头等提供的服务;旅游交通通道服务包括无障碍通道、旅游专列、旅游包机、旅游大巴车、旅游绿色通道等服务。

在旅游业内一直有大交通和小交通之分。大交通指的就是从客源地到旅游目的地的交通,小交通指的是景区内或景区与景区之间近距离的交通。中远程旅游交通一般被纳入一般旅游公共基础设施范畴中考虑,经过数十年的建设和发展,我国的远程交通设施已经相当发达,绝大部分旅游目的地都有了连通主要客源地的铁路、公路或航线。近年来,民航、高铁、高速公路更为旅游者前往中远程旅游目的地游览、休闲提供了便利的旅游公共交通条件。

相比于中程、远程交通,广大旅游者尤其是散客认为我国目的地内部的短程旅公共交通尤其是从客源聚集区(宾馆或交通枢纽站)通往主要景区的连接性交通不够便利。从供给上看,问题不在于大交通滞后,而在于小交通滞后;从需求上看,不是参团旅游者感到供给不足,而是自助散客旅游者感到供给不足。换言之,中程、远程大交通团队与散客在到达目的地之前可以享同等服务,而到达目的地后,团队可以由旅游车负责每一环节点到点的接送服务,完全不存在交通上的问题,而那些需要借助当地公共交通才能完成行程的散客则会遇到很多挑战。因此,要科学规划公共交通的旅游服务网络,核心是大交通应该快捷,小交通应该畅达,进而实现旅游交通的可达性,着力解决旅游出行"最后一公里"问题,要健全交通服务设施的服务功能,推进区域间互联网售票体系建设,城市公交服务网络逐步延伸到周边主要景区和乡村旅游点,开通城市通往各旅游景区的"旅游直通车",推动主要旅游城市开通旅游观光巴士,鼓励有条件的地方发展休闲绿道。

2. 旅游集散中心系统

旅游集散中心是旅游行政主管部门为方便广大旅游者到当地旅游而设立的专门服务平台。该平台由地方旅游主管部门负责,由当地相关旅游企业负责具体运作。旅游集散中心整合地方旅游资源,集旅游咨询、旅游交通、旅游休闲、旅游购物等功能于一体。随着旅游市场的迅猛发展和旅游者出游方式的转变,旅游集散中心逐渐演变为旅游目的地综合性服务平台。

1) 旅游集散中心的功能与特征

旅游集散中心作为一种特殊的旅游公共服务模式,既聚集了散客资源,也聚集了景区资源、交通资源和其他商业服务资源,实现了交通与旅游的有机融合,能够为散客提供便利的综合服务。尽管目前全国有许多旅游集散中心,但功能较好的旅游集散中心都是当地政府为了更好地满足散客的出游需求而建立的城市旅游公共服务机构,具有鲜明的公共产品色彩。总体而言,旅游集散中心的核心功能和价值主要有以下几种:

(1)公正可靠。旅游集散中心由政府主导或授权经营,代表旅游目的地政府的信誉和形象,向公众提供可靠的、公正的有偿服务。

(2)定时定线。交通车定时发车,线路固定,具有显著的城市名片效应和广泛的代表性,深受旅游者欢迎。

(3)搭乘方便。在城市中心、交通中心等人流聚集区设立一个或多个旅游集散中心,而这些集散中心通常设有配套的交通换乘站、旅游咨询服务区、宣传展示区、商务票务区、接待区、餐饮区、购物区、停车场等,可以为旅游者提供全方位的旅游服务。

(4)直达景区。既有公交定线班车定点定线滚动发车、搭乘方便的优点,也有旅游交通(旅行社团队包车)的快捷、舒适,可从市区直通景区。

(5)价格公正。实现区域化、网络化运营,推动联网售票、异地订票,定价公正合理,与其他市场化价格相比,更加优惠,也更为公正可靠。

(6)无诱导性购物安排。建立电子监控平台、数据传输系统,与公共信息服务体系对接,可将相关信息反馈至有关部门,加强服务监控。游客集散中心所提供的任一行程都无指定性、诱导性购物安排;当日往返的行程也普遍不提供餐饮服务,由旅游者自行安排。

我国第一家旅游集散中心——上海旅游集散中心对自己的属性和功能的定位有着清晰的认识:上海旅游集散中心是为了满足迅速增长的散客和自助游客流的需要而出现的城市旅游基础设施和新兴的旅游运作方式,它的功能是在整合各旅游要素的基础上,搭建旅游销售平台,每天定点发送旅游班车,方便游客出行。游客可以在集散中心任意选择、组合旅游线路,自主安排旅游行程,使游客真正享受到自助旅游的乐趣。

关于旅游集散中心的这一功能定位,2020年修正的《上海市旅游条例》中也做出了特别规定,旅游集散站实行统一设置和规范管理。设立之初,上海市政府为此立项,专门从财政拨款1800万元。

上海旅游集散中心主要履行以下职能:收集国内外旅游信息,按需求设计、开发旅游线路;整合相关旅游环节,组合旅游线路产品;开发售票、发车网点,方便散客就近出游。

在体制与构成上,上海旅游集散中心由四大板块构成(见图4-6):其一,旅游集散场站,由1个集散总站和4个集散分站构成;其二,旅游客运车队,由与集散中心签约的招标机构构成,统一标识;其三,旅行社,由旅游委特批成立的"上海一日"旅行社构成,它与中心使用同一块牌子;其四,集散中心总部,负责中心的运营、管理和监督职能,同时,还组建了高效快捷便利的售票网络,游客可通过多种方式购买景点门票和车票合二为一的旅游票。其中,集散中心是代替政府行使职能的事业单位,场站和"上海一日"旅行社是专门为旅行社服务的国有旅游企业,而客运机构是市场化的合约机构。也就是说,上海旅游集散中心拥有"行政+事业+企业"的特殊组织结构和管理模式。

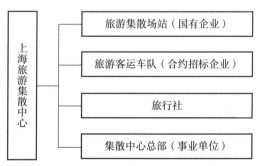

图4-6 上海旅游集散中心的体制与构成

2)旅游集散中心的经营管理模式

旅游集散中心能为旅游者带来便利。如果旅游集散中心完全由旅游企业来管理,旅游企业可能会通过恶性竞争获取收益;如果旅游集散中心完全由政府部门来管理,可能会因为垄断经营而使资源配置无效率的现象发生,也有可能会因为政府投入资金不足而出现服务质量差的现象。因此,政府要将旅游集散中心的经营权承包给旅游企业才能提高供给效率,而且要以招标的形式与经营企业签订合同,将中心所提供的旅游服务项目承包给多个经营户,并设置监督部门对其进行监督与协调,这样的经营管理模式有以下优点:

第一,将政府的决策与生产进行分离,能有效消除决策与生产的随意性,在打破行政垄断的同时促进市场化竞争,提高服务质量和效率。

第二,进行多主体经营,可以实现经营的资本多元化,使各旅游企业都能进入该领域,提高效率;同时将一家企业经营的项目分成多家企业进行经营,分散垄断化经营。

第三,为限制旅游交通服务行业的恶性竞争和垄断经营,政府要对相关企业的定价权进行限制,政府要根据不同的情况采取不同的定价方式,例如根据不同类型的消费者、旅游淡旺季、不同的旅游目的地或景区实行差别定价,这样可以在一定程度上调节市场的秩序。

总体来看,旅游集散中心这种新型散客旅游服务平台,是为了适应现代中国迅猛发展的散客潮流的需求,弥补旅行社经营和城市交通运营的不足而产生的。事实上,大多数市场化国家的旅游城市,例如巴黎、纽约、东京、首尔、布鲁塞尔,以及我国的香港地区,都有政府提供的可信赖的旅游信息咨询服务和城市短途观光综合服务系统。因此,设立旅游集散中心不等同于成立一家新的旅游企业,而是由政府直接主导构建城市散客旅游集散中心,并在人力、财力、物力、部门协调等重大问题上给予直接支持,使其公益性目标大于营利性目标。

3. 旅游交通标识系统

旅游交通标识是用来指引旅游者行车路径的道路交通指引标志。它主要提供旅游景区的中文名称、英文名称、旅游项目类别图标、前往旅游景区的方向和距离,以及景区形象图标等信息,为旅游者提供官方发布的、准确可靠的景区信息。旅游交通标识一般设置在高速公路、国道、省道、旅游专用道路出入口附近,通往旅游景区各连接道路交叉口附近,旅游景区、旅游度假区、乡村旅游点、商业步行街区等旅游者集中区域内等。

1) 旅游交通标识内容

根据《旅游景区公共信息导向系统设置规范》(GB/T 31384—2015),旅游景区交通标识包括以下要素:

(1) 导向标志。导向标志包括旅游区标志和行人导向标志,用以指示通往旅游景区、旅游景点、旅游者中心和各类公共设施的路线。

(2) 平面示意图。平面示意图包括全景图、导览图,用以显示旅游景区内旅游景点、旅游服务中心和各类公共设施的位置分布信息,以及旅游景区的咨询投诉、紧急救援(及夜间值班)电话号码等信息。

(3) 街区导向图。街区导向图包括地理信息图、周边导向图,用以提供旅游景区周边主要自然地理信息、公共设施位置分布信息和导向信息,以及旅游景区的咨询投诉、紧急救援(及夜间值班)电话号码等信息。

(4) 信息板。信息板包括景区介绍、景观说明、楼层信息,用以显示旅游景区内的特定场所或范围内旅游景点或公共设施位置索引等信息。

(5) 安全标志和劝阻标志。安全标志和劝阻标志包括禁止标志、警告标志、消防安全标志、疏散路线标志和劝阻标志,用以传递安全信息和提醒旅游者。

2) 旅游交通标识的作用

(1) 完善公共旅游服务体系。旅游交通是公共旅游服务体系的重要组成,通过旅游交通标志、标牌的规范化建设,形成完善的旅游交通标识系统,能够推进公共旅游服务设施建设。

(2) 为自驾旅游者提供便捷服务。随着汽车保有量的增加,自驾旅游者数量不断攀升。通过完善旅游交通标识系统,在高速公路及各主要干道接驳处设立旅游交通标识能够为市区内外自驾旅游者提供便捷的指引,解决旅游"寻路"问题,满足自驾旅游者的认路需求,方便旅游者自驾出游。

(3) 宣传旅游景区。通过旅游交通标识系统建设,能够向旅游者提供旅游景区的游览和公共设施信息,更好地宣传介绍精品旅游景区,提升旅游目的地景区的知名度。

3) 旅游交通标识的布局方法

(1) 景区交通标识分级。不同旅游景区的引导范围各有不同,可按其重要程度分为三类:国际知名旅游景区的引导范围从干线公路入城口、城市快速干道的出口或出口附近的交叉路口开始;国内知名旅游景区的引导范围从旅游景区附近2个干道交叉口或3千米以内的范围开始;省、市知名旅游景区的引导范围从距离旅游景区最近的干道交叉口开始。

(2) 交通标识分级引导。在旅游线路规划及景区分布的基础上,确定旅游交通标识的分级。旅游交通标识可分为三级:一级旅游交通标识主要设置在景区外围;二级旅游交通标识设置在景区周边的主次干道;三级旅游交通标识主要设置在景区内。(见表4-3)

表4-3 旅游交通标识分级表

标志分级	设置位置	指示内容
一级标识	设置在景区外围,一般设置在高速公路或高等级公路出口处	市域范围内,指示景区方向,提供距离信息
二级标识	设置在景区周边,一般设置在规划线路交叉口处	中心城区范围内,指示相对邻近景区的方向及提供距离信息
三级标识	设置在景区内,一般设置在景区及配套停车场出入口处	指示旅游者选定的景区及其停车场出入口位置

旅游交通标识布局应以集散服务场所、干线公路为骨架，以重要交通节点、换乘点、道路出入口和接驳处为重点；以交通引导、全景导览为主要功能，从预告性指示开始逐步发布具体的景区方向和距离信息，将旅游者或车辆引导至目标景区出入口或停车场出入口。旅游交通标识依照国际旅游惯例规定制作，要求规范、简洁、实用，中英文双语标识，也可根据主要的国际旅游者客源情况适当增加其他语种标识，要注意与景区导游图的标志内容保持一致，方便旅游者"按图索骥""望牌定向"，并根据道路交通建设情况及时调整，最大限度地起到提示旅游者的作用。

（三）旅游厕所服务与管理

厕所是人类文明的一部分，与人民生活密切相关，它不仅关系到人们生活环境的改善，更关系到人们生活质量和文明素质的提升、社会的发展进步。厕所服务与管理是衡量我国人民生活水平的重要指标，是事关民生的大事。我国是年接待旅游者超过50亿人次的旅游大国，提供优质服务可以增加旅游者的获得感。旅游厕所是旅游者必需的生活设施，是旅游公共服务水平高低的直接体现。2015年，我国旅游公共服务领域掀起了一场声势浩大的针对旅游景区厕所的环境卫生清洁整治行动——"厕所革命"。"厕所革命"自启动以来，在全国呈燎原之势。截至2017年年底，我国新建旅游厕所将近7万个，实现了旅游景区、交通集散点、路途沿线、旅游餐厅、旅游娱乐休闲场所等地厕所全面达标，并且达成"数量充足、干净无味、免费使用、管理有效"的目标。"厕所革命"不仅改变了长期以来旅游景区厕所脏、乱、差、少、偏的状况，改善了旅游公共卫生环境，使旅游更便利、更安全，也带动提升了旅游公共服务整体建设水平。

1. 旅游厕所建设的现代意义

1）有助于建立以旅游者为导向的服务意识

人性化强调以人为中心和尺度，以人的具体需求为基准，满足人的生理和心理需要、物质和精神需要。旅游的真正价值在于旅游者身处其境时，从视觉、嗅觉、听觉和味觉所获得的亲身感受，旅游者才是旅游价值的决定者。旅游主管部门和旅游企业在设计旅游产品时，不仅仅要考虑成本、管理的需要，更要考虑旅游者的需要。以"厕所革命"为抓手，可以使旅游从业者认识到，只有树立以旅游者为导向的服务意识，围绕旅游者的需求来提供服务、设计旅游产品，才能具有持久的竞争力。

2）有助于构建全要素旅游服务链

旅游服务的核心价值在于为旅游者创造美好体验，而旅游者的体验是全要素的，是旅游者在旅游的过程中看到、听到、接触到、感受到的所有旅游服务要素的综合结果。不完整的旅游服务只会让旅游者留下残缺或失败的体验。旅游厕所是国内旅游公共服务体系的短板，应以"厕所革命"为起点，抓认识、抓规划、抓标准、抓政策、抓示范、抓保障，带动其他公共服务设施建设，构建起旅游公共服务的多向关联、完整服务链条，使旅游者在整个旅行过程中能够感受到旅游的美好和愉悦，带动旅游公共服务的全面升级。

3）有助于创新"厕所管理"模式

旅游服务可以通过模式创新改变传统的管理和经营方式。旅游厕所具有公共服务性质,这并不意味着所有的厕所都必须由政府来建设和管理。例如,德国政府就把公厕的建设通过拍卖承包给企业;企业通过向政府免费提供公厕设施获得了厕所外墙广告的经营权,这使企业每年盈利高达几千万欧元;香奈尔、苹果等知名品牌都在与公厕有关的基础设施上做过广告,甚至还曾把广告印在手纸上。商业力量能够推动公共服务模式创新,实现旅游服务升级,从而刺激旅游经济增长。

2. 旅游厕所服务与管理面临的主要问题

现阶段,我国旅游景区的"厕所革命"依旧面临诸多挑战,具体表现为以下几个方面:

1）厕所数量不足

伴随我国旅游事业的不断发展,人们有了越来越充裕的时间去城市、乡村、郊区旅游度假,然而旅游景区的厕所数量却难以有效满足旅游者的需求。有些景区特别是乡村旅游景区,不按规划标准建设旅游厕所或故意改变规划,出现旅游厕所"当月建,下月拆"的情况。有些景区厕所因为其特殊地形而选址比较隐蔽,导致利用率较低。现有的部分厕所还存在设施不完善、环境不整洁、缺少明显的厕所标识等问题。

2）人文关怀缺失

当前时代背景下,旅游主体发生了极大的转变,旅游者携带幼儿或者长者出游已发展成一大趋势。在这种情况下,人们对旅游厕所的设计提出了更高的要求,而现阶段一些旅游景区依然缺少为特殊人群设置的"第三卫生间"。

3）重建设轻管理

现阶段,我国部分旅游景区在关注厕所设施建设的同时,往往忽视了厕所后期的管理工作。相较于旅游发达国家,我国旅游厕所的保洁人员的数量较少,尤其缺少男性保洁人员,而且保洁人员的工作质量也缺乏相应的评判标准,这造成旅游厕所卫生状况堪忧。

4）没有形成特色文化

旅游厕所是地区文化特色的体现之一,它会代表旅游目的地给旅游者留下深刻印象。现有的旅游厕所大多"千厕一律",严重缺乏特色,不能很好地展现当地文化,没有因地制宜地与周围环境协调共生。

3. 创新旅游厕所管理的途径

1）推动旅游厕所市场化

创新旅游厕所管理机制,要以政府为主导,逐步推进PPP、POT、政府购买服务等模式在旅游厕所建设、管理中应用,转变传统依靠政府投入资金和人力的模式,扩大厕所的盈利空间,结合旅游景区厕所发展的实际情况,完善"以商管厕,以商养厕"的商务模式,放宽企业、社会团体的准入条件,进一步增加旅游厕所特别是乡村旅游景区的厕所的数量,积极促进旅游景区"厕所革命"的有序、健康发展。

2) 应用"互联网+"理念

2017年11月19日,我国发布《全国旅游厕所建设管理新三年行动计划(2018—2020)》,提出要应用"互联网+"等信息技术创新厕所人性化服务手段。2018年1月5日,由国家旅游局与高德地图合作开发的中国"全域旅游厕所导航系统"正式上线,无论是景区还是公共场所,旅游者都可以通过手机App"一键查找"周边的公共厕所,实现公共厕所的精准定位和动态导航,既方便又省时。浙江省开发了"厕所智慧管理系统",旅游者通过手机可找到附近的厕所,旅游厕所管理部门可以随时监测旅游厕所的臭味是否超标,以及旅游厕所内洗手液、厕纸的使用情况等。湖南省长沙市建成智能厕所,可实时检测厕位使用,以及温度、湿度、用水量、用电量等情况。高科技的普遍应用标志着旅游厕所信息化建设水平的提高,同时能够更好地支持和完善人性化服务。

3) 提高管理水平

细化厕所管理标准,对厕所管理企业实行考核和监督,同时对执行情况进行动态监管,纳入景区工作水平评估范围;制定厕所管理配套制度、专项工作计划、使厕所管理工作的推进有制度保障。建立将旅游景区厕所建设管理效果与景区审核及一系列登记评定相结合的制度,在招聘保洁人员方面,要在上岗前加强对保洁人员的教育培训,为"厕所革命"的顺利开展提供可靠的人员保障。创新旅游厕所管理机制,重视旅游厕所在建设管理方面的创新工作,推动管理经验、先进技术的交流与推广。定期收集旅游者对旅游厕所的各方面的建议和意见,鼓励旅游者参与旅游厕所的建设和监督管理,让旅游者参与旅游厕所创新机制的全过程。加强对旅游者的素质教育,增强旅游者自觉意识,提高如厕文明水平。

4) 积极应用新技术

旅游厕所智能化是发展趋势,将互联网技术、感应技术、循环利用技术、专利技术、废物处理技术、节能环保材料运用到旅游厕所建设的全过程,使旅游厕所向自动化、智能化方向发展,在充分发挥功能的前提下,提升其服务能力。要强化旅游厕所的功能性,加强旅游厕所的人性化设计,加大"第三卫生间"的建设力度,有条件的景区在建设旅游厕所时,可适当增加老年专用厕位,提升旅游厕所的文化性,增加旅游厕所的功能性,体现人文关怀,提高节能环保效率,体现地方特色,提升使用感受。

(四)旅游便民惠民服务

1. 旅游休憩服务

旅游休憩服务是以为旅游者和居民谋得更多福利为宗旨而推出的惠民服务,包括休憩环境、导引服务、便捷支付等。

1) 休憩环境

旅游惠民休憩环境也称为城市旅游休闲服务,包括完善城镇旅游功能,加强生态培育和环境保护,建设和开放街心公园、休闲街区、城市绿道、观光步道、环城休憩带等旅游休闲设施,拓展城市旅游休闲空间,健全文化机构、体育场馆、商务场所等社会公共服务设施的旅游休闲功能,推动城市环城休憩带的形成。

按照全球休闲和旅游业发展的一般规律,当人均GDP达到3000美元时,休闲消费会将成为普通百姓生活的重要内容;当人均GDP超过5000美元时,休闲消费将进入快速增长期。当今中国已经步入一个崭新的时代,旅游休闲化、社会化、大众化的特征日趋凸显。随着城市化水平的不断提高,旅游活动越来越强调人与自然的和谐统一,既关注景观空间的文化内涵和异质性,又关注生活质量的提升。这样的旅游活动得到越来越多旅游者的青睐。良好的旅游惠民休憩环境能为旅游者和居民开辟畅通的自助旅行休闲通道,提供旅游休憩的合适场所和绿化环境,提高旅游的文化层次,满足旅游者的旅游需求,带动旅游者的深度旅游和多次旅游,从而实现持续循环的旅游效益。图4-7所示为上海休闲生活的典型写照——南京路步行街,其以旅游休闲为主,具有鲜明的地域特色和浓郁的文化氛围。

图4-7 上海休闲生活的典型写照——南京路步行街

2) 导引服务

导引服务是指引导旅游者自主满足吃、住、行、游、购、娱等方面需求的服务。在网络环境下,导引服务主要由手机客户端和自助导览系统组成,其中手机客户端主要用于吃、住、游、购、娱方面的导引,自助导览系统主要用于行方面的导引。

3) 便捷支付

便捷支付主要由无障碍刷卡系统和在线支付系统构成,是旅游者实现便捷支付消费的平台,是一个将银行、景区、旅行社、酒店、纪念品商店等目的地各个系统互联的便捷支付系统。随着移动通信网络、无线网络、供水供电、邮政通信等与旅游相关的公共服务设施的逐步配套完善,旅游者和当地居民能够使用智能手机,通过实现对国内外银行卡、微信、E支付等各种支付方式的整合,可受理移动支付"闪付"通关,实现"一机在手,游遍景区"。

2. 便民惠民措施

1) 旅游资源优惠或免费开放

旅游资源优惠包括旅游景区免费开放、降低门票价格,对未成年人、在校学生、老年人、残疾人、现役军人等特定消费群体实行票价优惠政策,城市公园、博物馆、纪念馆、爱国主义教育示范基地对外免费开放。旅游景区是重要的公共资源,减免旅游景区的门票能降低旅游者的旅游成本,为旅游者减负,更好地发挥旅游在普惠民生中的作用,激发大众出游的兴趣和热情,大幅增加旅游者的数量,带动景区周边消费。旅游景区门票减免政策的推广也将倒逼景区由传统的"门票经济"向产业经济转型,创建以景区为中心的、涵盖周边的全域旅游经济带,扩大旅游市场的覆盖面,推动地方旅游业获得更大的发展。城市公园博物馆、纪念馆、爱国主义教育示范基地作为公共文化设施,本身也具有一定的旅游价值,实施免费开放,可以更好地发挥旅游的社会教育功能,推动优秀文化的普及和传承。

2) 旅游消费便利化

旅游消费便利化,即通过发行旅游一卡通、旅游年票(卡)、旅游消费券等形式,为旅游者和市民提供旅游消费便利服务,进而刺激旅游者和市民的旅游消费,带动地方旅游经济发展。

旅游一卡通是由政府部门或企业发行的,整合一定区域内的旅游资源,运用现代科技手段,以IC卡或手机客户端为载体的多功能电子门票。旅游一卡通的持有者可以在一定期限内,持个人有效证件和旅游一卡通,在一定区域内的旅游景区享受门票减免和其他消费优惠服务。

旅游消费券是由政府或企业为了刺激旅游消费,向市民发放的具有一定金额,有限时期内可以在一定区域内的景区、酒店、商场等旅游企业使用的票证。

旅游年票(卡)是由政府部门或企业发行的,整合一定区域内的旅游资源,运用现代科技手段,以IC卡或手机客户端为载体的多功能电子门票。旅游年票的持有者可以在一年之内,在一定区域内的旅游景区享受门票减免和其他消费优惠服务。与旅游一卡通相比,旅游年票的使用期限以一个自然年为限。

3) 特殊旅游者群体旅游服务保障

特殊旅游者群体旅游保障主要指为老年人和残障人士旅游提供的保障性服务,包括特殊旅游者群体的旅游产品开发与设计、旅游公共服务设施建设、旅游优惠措施等。为保证旅游公共服务的均等化,也应向低收入群体提供适当的优惠措施,保障低收入群体的旅游休闲权。

中国正步入老龄化社会,未来30年将是中国老龄化人口高发阶段,中国60岁以上的老龄人口将增加到4亿。旅游养老可以丰富老年人的晚年生活,有利于其身心健康,

知识链接

《中华人民共和国旅游法》相关规定

能提高其生活质量。国内老年旅游市场份额已占到整个旅游市场的20%左右,在旅游淡季,这一份额能达到50%以上。开发老年旅游市场,有利于弘扬尊老、敬老的传统文化,切实保障老年人的旅游权益,增强老年群体的获得感和幸福感。国务院印发的《"十三五"旅游业发展规划》(2016年)中强调,要制定老年旅游专项规划和服务标准,开发多样化老年旅游产品,完善景区无障碍旅游设施。

残障人士属于社会弱势群体,保障他们的旅游休闲权能更好地体现旅游公共服务的平等性。调查结果显示,在选择一个旅游目的地的时候,残障旅游者考虑较多的是三个因素:首先是抵达目的地的方式;其次是目的地的无障碍设施;最后才是旅游景点和当地的特色。这里所说的无障碍设施是系统化的服务设施,它包含了旅游景区及周边的各种硬件设施,也包含了诸如手语导游、盲文导览等为残障旅游者提供的服务性保障。优化无障碍措施,让残障人士旅游更方便,能有效提升残障旅游者的旅游幸福指数。

(五) 旅游安全救援服务

旅游安全救援服务就是对在旅游过程中对遇到紧急情况的旅游者提供救护援助。在旅游事故发生后,要及时快速地启动救援机制,这需要建立完整的旅游安全救援系统。旅游安全救援服务工作需要形成旅游主管部门与医疗卫生、公安、消防、保险、专业救援组织及人员等部门间的联动机制。

1. 旅游安全救援相关政策

《国务院关于加快发展旅游业的意见》(2009年)中指出,旅游业是战略性产业,要建立健全旅游安全保障机制,国家旅游管理部门和行政部门也从行业管理和法制建设方面制定了旅游安全的相关政策和法规,如《旅游安全管理办法》(2016年)、《重大旅游安全事故报告制度试行办法》(1993年)等。此外,2010年6月17日,国家旅游局与国际SOS联合制定的国家标准合作协议《旅游紧急救援服务规范》,是落实《国务院关于加快发展旅游业的意见》(2009年)的具体举措之一。这一规范旨在规范旅游接待单位和专业救援机构在旅游紧急救援工作中的人员、设施、服务等,这对于构建中国旅游的紧急救援体系、提高旅游业的安全保障水平起着重要作用。

在地方旅游条例方面,《上海市旅游条例》(2020年)的内容分别对旅游安全的政府责任和旅游安全的经营者责任进行了规定:

1) 旅游安全的政府责任

市和区人民政府应当加强对旅游安全工作的领导,将旅游安全作为突发事件监测和评估的重要内容,建立旅游安全联动机制,组织相关行政管理部门编制旅游突发事件应急预案、开展应急演练。突发事件发生地的区人民政府及其有关部门应当及时处理旅游突发事件。

上海市建立假日旅游预报制度和旅游警示信息发布制度。市旅游行政管理部门应当在春节、国际劳动节、国庆节假日期间及放假前一周,通过大众传媒逐日向社会发布主要景区(点)的住宿、交通等旅游设施接待状况的信息。相关旅游区域发生自然灾害、疾病流行或者其他可能危及旅游者人身和财产安全情形的,市旅游行政管理部门应当依据相关部门发布的通告,及时向旅游经营者和旅游者发布旅游警示信息。

市和区人民政府应当加强对旅游安全工作的领导,将旅游安全作为突发事件监测和评估的重要内容,建立旅游安全联动机制,组织相关行政管理部门编制旅游突发事件应急预案、开展应急演练。突发事件发生地的区人民政府及其有关部门应当及时处理旅游突发事件。公安、消防、卫生健康、市场监管、交通、绿化市容、旅游、商务、文化、体育等依法负有审批、处罚等职责的行政管理部门,应当严格按照有关规定实施旅游安全监督管理,逢重大节庆、赛事、会展等活动开展重点安全检查。

2) 旅游安全的经营者责任

旅游经营者应当严格执行国家有关安全和卫生管理的规定,健全相关的管理制度,配备必要的设施设备并加强对其的维护和保养。旅游经营者对旅游活动中可能危及旅游者人身、财产安全的情况,应当事先向旅游者做出说明或者明确警示,并采取相应措施防止危害的发生。发生旅游突发事件的,旅游经营者应当及时向事故发生地的相关机构和上海市的旅游行政管理部门报告。

旅行社、住宿、旅游交通以及高空、高速、水上、潜水、探险等高风险旅游项目的经营者应当根据国家有关规定投保相关责任险。驾驶员、船员、乘务员及导游人员应当让乘客知晓安全注意事项。乘客应当提高安全意识,遵守安全警示规定,按要求使用座位安全带等安全设施设备。

2. 我国旅游安全救援现状

旅游救援的内容主要分为医疗救援和非医疗救援两大类。

医疗救援包括:建立医疗呼救系统,及时将伤病员送往医疗单位,担保住院押金,垫付医疗费、住院费,完善医疗追踪服务,运送药品,安排亲友探访,火化或转运尸体等。

非医疗救援包括:旅游咨询,查找丢失行李、证件,信用卡挂失,代办车船机票,贷款及诉讼帮助等[①]。

旅游安全救援操作方式是旅游者在旅行途中如遇意外,领队或旅游者可以凭事前办理的类似于保单的急难救助服务卡寻求救助。由于事先已经完成缴费,此时不必再缴费,操作十分便利。一般来说,实施一次紧急救援所涉及的地域、机构、人员很多,各种关系的处理也很复杂,因此费用不菲,靠个人或个人所在单位很难负担,所以救援服务的推广和普及,必须与保险公司联合起来,由保险公司开设相应的险种,才能把救援变成国人所接受的服务。

我国国际旅行社接待的外国旅游者大部分都持有急难救助服务卡,有的海外旅行

---

① 郑向敏. 旅游安全学[M]. 北京:中国旅游出版社,2008.

社为旅游者投了海外平安险或其他险种,领队持有海外急难救助服务卡,卡上印有海外救援公司和保险公司的名称、电话和传真号。持急难救助服务的旅游者一旦发生事故需要援助,接待社的陪同就可以与服务卡上的海外救援公司和保险公司取得联系,请求实施救援。服务卡上可以备注旅游者的健康情况,在遇到突发事件需要救援时,就可以及时了解旅游者的健康状况,避免因不清楚旅游者的血型、过敏史、既往病史等信息而耽误救助。

3. 旅游安全救援系统

旅游安全救援系统,是为实施旅游救援服务而建立的,由紧急呼叫中心、救援指挥中心、救援实施系统和外围助救系统所组成。

(1) 紧急呼叫中心:紧急呼叫中心随时待命,一旦事件发生,迅速启动应急机制,通过自动感应设备将旅游者所处的位置、状态等实时信息,迅速准确地传达至救援指挥中心,将相关的应急处理方法发给旅游者,并给以安慰和鼓励,同时把呼救信息通知到各有关救援单位,以缩短救援时间。例如,我国香港地区于1999年设置了"香港入境事务处协助在外香港居民小组",该小组就起到了紧急呼叫中心的作用。

(2) 救援指挥中心:救援指挥中心接到信息后立即部署救援工作,并对救援工作进行统筹和协调。救援指挥中心应该从法律上确定其享有的权利及其地位,以确保危急关头其指挥与调遣的有效、快速和准确。

(3) 救援实施系统:救援实施系统按照救援指挥中心的部署,制定具体的救援实施方案并加以执行与落实,同时把救援过程、救援结果实时反馈给救援指挥中心,以便救援指挥中心根据具体情况对救援方案进行修改。

(4) 外围助救系统:外围助救系统主要包括新闻媒体和保险机构。外围助救系统不在旅游安全事件发生的现场,不直接参与安全救援工作,而是通过信息报道、舆论宣传、客观评价等方式将旅游安全事件的发生、进展、所遇困难、所需帮助等信息及时告知社会公众。

案例分析

敲响旅游安全警钟!上海"外滩"踩踏事件的回顾与反思

第三节 旅游公共服务的保障政策

一、旅游公共服务机构或组织保障

一个具有权威并能充分发挥协调作用的政府职能机构是实现旅游公共服务复核供给的必要组织保障。① 一是建立健全的旅游公共服务领导机构和工作机构。如广西

---

① 李树民,陈实. 论西部旅游业实施政府主导型战略的宏观分析[J]. 人文杂志,2002(5).

自治区桂林市在旅游管理部门下设旅游公共服务管理处,向游客、旅游企业等提供旅游公益性服务并行使旅游公共服务管理的职能。其职责主要为:统筹和指导旅游公共服务体系建设,搭建旅游公共服务平台。二是完善"大旅游"公共服务格局。旅游部门要积极推动各级政府及相关部门利用各自资源、资金推进旅游公共服务体系建设,协调发改、民政、工信、财政、国土、工商、广电等相关部门推进旅游公共信息服务体系建设;协调外交、发改、公安、财政、国土、交通、卫生、质检、气象等相关部门推进旅游安全保障体系建设;协调公安、财政、交通、铁路、民航等相关部门推进旅游交通便捷服务体系建设;协调发改、工信、财政、建设、交通、文化、卫生、金融等相关部门推进旅游惠民便民服务体系建设。

二、财政与地方旅游发展资金保障

旅游公共服务的建设需要大量的资金投入,这就需要政府部门确保资金来源,使项目得以落实。旅游公共服务的资金投入计划要根据当地经济发展水平、公共服务需要以及财政计划等来制定。

一是将重点旅游公共服务项目建设纳入城市总体规划、政府投资的土地利用规划、基础设施规划、村镇规划、扶贫计划等,在用地、融资方面,对重点旅游公共服务项目给予优惠和支持。

二是将旅游公共服务列入政府财政预算,设立固定科目,采取全额拨款、贷款财政贴息、重大旅游项目补助、以奖代补等方式,建立稳定的财政资金渠道并不断加大支持和投入力度,尤其是加大在旅游安全保障、信息服务、惠民便民服务等方面的投入。

三是对于旅游集散中心、旅游信息网站等具有盈利能力的服务,政府可借助社会资金等形式,拓展筹集资金的渠道。

四是鼓励公益机构、企事业单位和个人通过捐赠等多种渠道支持旅游公共服务发展。

五是整合相关渠道建设资金,加快旅游公共服务建设。抓住"三农"投入、新农村建设、生态建设、城市基础设施建设、环境保护、交通建设、文物保护、文化发展等机遇,加快旅游公共服务建设。

六是加大财政转移支付对旅游资源丰富但经济落后区域的旅游服务体系建设的支持力度。

三、旅游公共服务规划及标准保障

一是旅游公共服务规划保障。2009年12月,《国务院关于加快发展旅游业的意见》(2009年)正式出台,随后发布的《"十二五"旅游业发展规划》(2011年)、《"十三五"旅游业发展规划》(2016年)和《"十四五"旅游业发展规划》(2022年)都对旅游公共服务提出了相应的规划建设要求,既明确了旅游业发展的重要性与旅游公共服务提升的要求,也推动了各级旅游管理部门对旅游公共服务体系的建立和完善,保障了旅游业的高质量发展。

二是旅游公共服务标准保障。1995年,国务院标准化主管部门——国家技术监督局批复国家旅游局成立了旅游标准化专业机构——全国旅游标准化技术委员会(SAC/TC 210),负责旅游行业标准技术归口和标准解释工作,这是世界上第一个专门以旅游业作为标准化对象的全国性标准化技术委员会。为了推动旅游产业的持续健康发展,国家旅游局在2009年制定并颁布了《全国旅游标准化发展规划(2009—2015)》,提出要提高旅游产品的服务质量,提升旅游公共服务的水平,强化行业监督管理,提升旅游业总体素质和国际竞争力。在之后的全国旅游标准化试点工作中,国家旅游局选定1个试点省(四川省)、5个试点城市(区)(青岛市、苏州市、咸宁市、丽江市、上海徐汇区)、5个试点县和67家试点企业(单位)为第一批全国旅游标准化试点单位;而后进一步扩大试点范围,选定20个试点城市(区)、10个试点县和20家试点企业(单位)为第二批全国旅游标准化试点单位。

课堂讨论
▼

上海11号线地铁直达迪士尼站很给力

复习思考

- 旅游公共服务的概念和特征是什么?
- 旅游公共服务的供给主体有哪些?
- 旅游公共服务的供给内容有哪些?

第五章 旅游公共政策

- 假日旅游政策。
- 国民休闲与旅游投资消费促进政策。
- 出入境旅游政策。
- 旅游安全政策。

第一节 假日旅游政策与重大活动管理

一、假日旅游政策

（一）假日政策的演变历程

新中国成立以来，我国的假日政策经过了数次大的调整，共发布了《全国年节及纪念日放假办法》(1949年)、《中共中央、国务院关于职工休假问题的通知》(1991年)、《国务院关于职工工作时间的规定》(1995年)、《国务院关于修改〈全国年节及纪念日放假办法〉的决定》(1999年)、《国务院关于修改〈全国年节及纪念日放假办法〉的决定》(2007年)、《国务院办公厅关于2008年部分节假日安排的通知》(2007年)、《国务院关于修改〈全国年节及纪念日放假办法〉的决定》(2013年)、《国务院办公厅关于2015年部分节假日安排的通知》(2014年)、《国务院办公厅关于2024年部分节假日安排的通知》(2023年)等重要相关政策文件。假日政策的具体演变过程可分为五个阶段。

1. 假日"无保障"阶段（1949年—1977年）

新中国成立以后，政务院于1949年12月23日颁布了《全国年节及纪念日放假办法》，该办法是我国第一个假日制度文件，由此我国正式形成了"1+2+1+1+52，一共是57天"的假日结构，即"元旦""春节""五一劳动节""十一国庆节"，再加上52个周末，共计57天假日。但在改革开放以前,由于种种原因,57天的假日没有得到基本上的保障。

2. 假日"初步保障"阶段(1978年—1994年)

改革开放以后,由于国家经济迅速发展、国民收入稳步提高,以及人们思想观念快速转变,人们的"假日权"开始真正实现。人们的旅游热情日益高涨,这使得国内旅游市场不断壮大,我国57天的假日中产生了旅游拥挤现象。20世纪80年代初,各大公园在"五一""十一"期间开始实行免票等政策,这导致节日拥挤达到高潮,也充分反映了人民群众对于休假的旺盛需求。从此,我国假日制度也开始面临新的形势,《中共中央、国务院关于职工休假问题的通知》(1991年)中明确规定:党中央、国务院决定,从今年起,各级党政机关、人民团体和企事业单位,可根据实际情况适当安排职工休假……确定职工休假天数时……不得超过两周。

3. 假日"调整"阶段(1995年—1998年)

为了适应国家经济社会发展的全新形势,切实保障人民的休息权利,1994年3月,国家对职工休息日进行了改革,在之前每周休息一个星期日的基础上,变成每两周再休息一个星期六,即有"大礼拜"和"小礼拜"。经过一年多的试行,1995年5月1日起,在全国范围内正式实行了一周双休制。1995年,国务院制定了《国务院关于职工工作时间的规定》,并开始实施。

《国务院关于职工工作时间的规定》是我国第二次节假日制度改革,由此形成了"元旦一天,春节3天,'五一'1天,'十一'2天,再加上52个大周末104天,假日的总量达到111天"的全新假日结构。双休制起到了很好的效果,适应了社会的发展,尤其适应了我国当时劳动力急剧增加、大批员工下岗的国情。可以说,双休制在提供部分劳动岗位上产生了积极作用,同时改变了中国的国际形象,双休制是中国保障公民休息权的有力措施。此外,《中华人民共和国劳动法》(1995年)规定的"国家实行带薪年休假制度。劳动者连续工作一年以上的,享受带薪年休假"有关公民休假的内容,成为节假日制度的有益补充。

4. 假日"制度创新"阶段(1999年—2006年)

进入21世纪后,中国经济进入新一轮的蓬勃发展,为"黄金周"的产生创造了条件。而双休制的实行,为"黄金周"的诞生提供了便利。

1999年"春节"和"五一"期间,国家旅游局对有关休假制度进行研究,先后提出两份研究报告,考察了假期制度在拉动内需方面的作用,并会同国务院体改办向国务院提出建议。1999年9月18日,国务院对《全国年节及纪念日放假办法》(1949年)进行修订,发布《国务院关于修改〈全国年节及纪念日放假办法〉的决定》(1999年修订版)。该办法规定全体公民放假的节日为新年放假1天(1月1日),春节放假3天(农历正月初一、初二、初三),劳动节放假3天(5月1日、2日、3日),国庆节放假3天(10月1日、2日、3日),并且规定全体公民放假的假日,如果适逢周六、周日,应当在工作日补假。该办法的施行使得我国的公共假日从7天增加到10天,形成了1+3+3+3+52×2=114的假日结构。"黄金周"也随之产生。从本质上来说,"黄金周"不仅是旅游黄金周,也是消费黄金周。我国通过调整假日制度,增加了三个公共假日,极大地拉动了社会消费。"黄金周"从2000年"五一"到现在一直呈现火爆的景象,尽管也存在若干问题,但经过数年的发展,我国的"黄金周"已经形成了一定的规律、特有的现象和发展模式。

5. 假日"更加和谐"阶段(2007年至今)

《国务院关于修改〈全国年节及纪念日放假办法〉的决定》(2007年)进一步体现了"以人为本"的核心理念,这与之前假日制度存在根本不同。从假日时间上看,增加了一个公共假日,形成了1+3+1+1+1+1+3+52×2=115天的假日结构,构造了一个"两大五小"的局面。其中,"两大"指"春节"和"十一"假期,"五小"指包括元旦节、清明节、五一劳动节、端午节和中秋节在内的五个节日。具体来看,这次节假日制度的出台有以下几个特点。

一是强调带薪休假。《国务院关于修改〈全国年节及纪念日放假办法〉的决定》(2007年)和《职工带薪年休假条例》(2007年)的同时出台,标志着我国节假日制度开始向多元化发展。而且,文件的内容比较具体,更具操作性和可行性,有利于贯彻落实,对公民的休息权有多方面的保障。

二是注重传统文化。在保留了春节的基础上,进一步将清明节、端午节和中秋节等传统节日纳入法定假日。对中华民族传统节日的重视,有利于中华民族传统文化的传承与弘扬。

三是注重产生程序。《国务院关于修改〈全国年节及纪念日放假办法〉的决定》(2007年)不是直接发布的,而是经过了两会代表对休假制度的具体提案、专家的具体论证,以及听取了互联网上全体公民的意见等相关程序之后逐步推出的。

四是存在广泛争论。争论的焦点在于《国务院关于修改〈全国年节及纪念日放假办法〉的决定》(2007年)规定的五一劳动节假期为1天。争论的核心从是否以民生为重转变为怎样才能做到真正以民生为重。

总体来说,从新中国成立之初无保障的57天节假日,发展演变到今天保障体系日益健全的115天节假日,展现了我国国家假日制度不断发展、逐步完善的过程。

(二) 假日旅游的发展趋势

1. 假日经济和假日旅游

假日经济是在1999年节假日时间调整的基础上,通过上移下借的方法所形成的"春节""五一"和"十一"3个长假期之后才出现的新概念,指人们在假日期间集中购物、旅游等消费的行为带动了供给增加、市场繁荣、经济发展的一种综合性经济模式,是消费在特定时段内的集中,本质上仍是一种消费现象①。假日经济是一种综合经济,是集旅游消费、商品消费、服务消费、文化消费等于一体的综合消费。

假日旅游有广义和狭义之分,广义上的假日旅游指人们在各种年节、纪念日、公休假日以及寒(暑)假期间的旅游活动;而狭义的假日旅游则特指我国公民在春节、"五一"和"十一"等长假期间的旅游活动。

假日旅游是假日经济的一种重要形式,也是目前假日经济最主要的收入来源,二者相互联系又相互区别。假日旅游虽然在假日经济消费行为中占主导地位,但不能等同于假日经济。目前,"黄金周"期间出现"票难买、车难坐、门难进"的"人满为患"现象,使得许多消费者的选择渐趋理性,放弃外出旅游,选择在家度假。这些消费者在家度假的购物消费、餐饮消费等消费行为属于假日经济消费。

2. 中国假日旅游发展阶段及特点

自1999年国庆节第一个长假实施以来,经过多年的发展,我国假日旅游发展取得了无可取代的成绩,但也出现了众多不容忽视的经济、社会和环境问题。根据我国假日旅游发展的情况,现将我国假日旅游的发展分为快速发展阶段(1999年—2007年)和趋向理性阶段(2008年至今)。

1) 快速发展阶段(1999年—2007年)

《国务院关于修改〈全国年节及纪念日放假办法〉的决定》于1999年9月颁布,通过上移下借,将春节、"五一""十一"三个中国公民生活中很重要的节假日的休息时间调整为7天。因此,1999年的"十一"成了我国实行长假制度以来的第一个长假。能够满足不同层次、不同类型人群的需求的旅游消费市场,有着广泛的消费群体和群众基础,休闲时间的增加极大地刺激了渴望出游的人们。因此,长假制度一启动,就形成了一股滚滚洪流,势不可当。1999年,我国出游量达71900万人次,实现旅游收入2831.92亿元②;2000年的"五一"长假也出现了旅游"井喷"现象;"黄金周"的概念在《关于进一步发展假日旅游的若干意见》(2000年)中被正式提出,并逐渐深入人心。

本阶段又可分为以下三个阶段:

(1) 2000年至2002年是我国假日旅游全面快速发展时期。

受世界经济复苏缓慢、国际政治局势不稳定和美国"9·11"恐怖事件的影响,世界旅游业整体进入了一个迅速收缩和缓慢恢复的时期,但是我国旅游业却在这种不利的国际环境中逆流而上,取得了良好的发展成绩。2001年,我国入境旅游量达8901.29万人次,比上年增长6.7%;国内旅游量达7.84亿人次,比上年增长5.3%;国内旅游收入3522.36亿元人民币,比上年增长10.9%。2002年,我国入境旅游量达9791万人次,比上年增长9.99%;国内旅游量达8.78亿人次,比上年增长12.01%;国内旅游收入为

---

① 仓平,王维工.假日经济的成因、存在问题及对策[J].东华大学学报(社会科学版),2002(2).
② 国家统计局,http://www.stats.gov.cn/sj/ndsj/zgnj/mulur.html。

3878亿元,比上年增长10.11%①。我国假日旅游在2000年至2002年取得这些成绩得益于我国政府及相关部门在这一阶段所做的努力。

首先,《国务院关于进一步加快旅游业发展的通知》(2001年)提出"把我国建设成为世界旅游强国"的目标,为政府推进旅游业发展奠定了政策基础。

其次,全国性的旅游市场整顿在2001年拉开了序幕,《国务院办公厅关于开展旅游市场打假打非专项整治工作的通知》、导游人员记分卡管理制度等旅游市场治理举措实施后收获了良好效果。

再者,旅游行业协会起到了强有力的作用。如我国旅游饭店业协会制定了《中国旅游饭店行业规范》,倡导诚信、维护市场秩序、保护消费者利益,促进了旅游饭店行业的健康发展,提升了行业的总体竞争力。

最后,旅游国债极大地推动了旅游基础设施和旅游重点项目建设。旅游基础设施建设项目从2000年开始纳入国债范围,至2002年共下达5期42亿元的国债,支持了379个重点项目②;重点投入在旅游区的基础设施建设上,截止到2002年年底,新建了7500公里旅游支线公路、2500公里游览区人行步道③,为我国假日旅游的长远发展夯实了基础。

(2)2003年是我国假日旅游发展遭受重创的一年。

2003年,为避免"非典"的扩散,国务院决定取消当年"五一"黄金周。"非典"的侵袭使得我国旅游业基本处于停滞状态,直接导致旅行社的全面亏损,中小旅行社面临歇业、倒闭,饭店基本停业状态,营业收入遭到严重损失,波及300多万旅游及相关行业的从业人员,导致2003年预计增长的400多万旅游及相关行业就业岗位消失④。到2003年10月,我国旅游业开始慢慢恢复,但与去年同期相比仍略有下降⑤。

(3)2004年至2007年我国假日旅游恢复快速发展。

我国假日旅游发展于2004年进入了快速恢复和发展时期。我国旅游业的发展因2003年的"非典"而受到了沉重的打击,但2004年的恢复情况出乎预料。2004年,我国国内旅游量已达11.02亿人次,比上年增长26.6%⑥。

2005年我国假日旅游继续保持良好的发展势头。国家旅游局有关数据显示,2005年全国国内旅游量为12.12亿人次,比上年增长10.0%,其中城镇居民旅游量4.96亿人次,农村居民旅游量7.16亿人次;全国国内旅游收入为5286亿元人民币。

2006年,我国旅游业依旧保持较快增长,出境旅游、入境旅游和国内旅游三大旅游

---

① 中华人民共和国文化和旅游部, https://zwgk.mct.gov.cn/zfxxgkml/tjxx/202012/t20201215_919568.html, https://zwgk.mct.gov.cn/zfxxgkml/tjxx/202012/t20201215_919570.html。
② 张广瑞,魏小安,刘德谦.2001~2003年 中国旅游发展:分析与预测[M].北京:社会科学文献出版社,2002.
③ 张广瑞,魏小安,刘德谦.2001~2003年 中国旅游发展:分析与预测[M].北京:社会科学文献出版社,2002.
④《"非典"的影响及对策思考》,https://www.cas.cn/xw/zjsd/200906/t20090608_642660.shtml。
⑤《2003年10月份我国入境旅游继续恢复发展》,http://lianghui.china.com.cn/chinese/TR-c/445235.htm。
⑥ 张广瑞,魏小安,刘德谦.2001~2003年 中国旅游发展:分析与预测[M].北京:社会科学文献出版社,2002.

市场全面发展。中国公民出境游量达到3452.36万人次,比上年增长11.3%;全年入境量为12494.21万人次,实现国际旅游外汇收入339.49亿美元,分别比上年增长3.9%和15.9%;全国国内旅游量达13.94亿人次,比上年增长15.0%。旅游业总收入8935亿元人民币,比上年增长16.3%,相当于国内生产总值比重的4.27%。

2) 趋向理性阶段(2008年至今)

此阶段也被称为"后黄金周时代",主要是因为国家放假办法的改革——《国务院关于修改〈全国年节及纪念日放假办法〉的决定》(2007年)和《职工带薪年休假条例》(2007年)于2008年正式施行。

新的节假日制度的一大特色在于增加了清明、端午、中秋三个法定节假日,可能会促进民族民俗旅游的发展,而且假期设置较为分散,客观上会使旅游流分散,有利于缓解"黄金周"期间的旅游拥挤现象。

3. 中国假日旅游的重要转型

1) 假日旅游价值取向的转型

假日旅游价值取向正在从经济型向福利型转变[①]。

我国于1999年开始实行"黄金周"假日制度,核心目的是通过"黄金周"旅游扩大内需,促进经济繁荣发展,以突破休假时长对国内旅游发展所形成的制约。时至今日,"黄金周"旅游在促进国内旅游发展、扩大内需、带动相关产业发展方面一直发挥着极为重要的作用。而且,随着科学发展观的确立和人们对假日旅游现象认识的不断深入,人们对假日旅游的价值取向不再局限于单纯的经济上的取向,假日旅游的非经济功能日益受到重视。

随着福利经济学理论的广泛传播,人们逐渐认识到收入和财富只有转化为大众所希望消费的产品和劳务后,才能最终转化为国民福利,具体体现在国家统计局将国民幸福指数纳入法定的统计指标体系。在小康社会阶段,旅游消费需求日益成为人们的基本生活需求,发展旅游的目的也逐渐从获取经济利益升华为提高国民福利。公众假期以及假日旅游,既是人民群众基本生活之需,也是国民福利的具体体现,在实现人的全面发展、提高社会总体福利水平、建设和谐社会等方面,发挥着越来越重要的作用,成为全面建成小康社会的重要内容和标志。

2) 假日经济形态的转型

假日经济形态正在从单一的旅游度假经济形态向多元化的休闲度假经济形态转型。

以观光旅游为主的度假模式虽然带来了大量的旅游流量,促进了旅游发展,但也带来了假日旅游质量降低、供求矛盾等突出问题,给旅游业发展带来了巨大压力,不利于假日旅游的长期健康发展,而且,单一的观光旅游度假模式将内涵丰富的假日经济

[①] 张俐俐,蔡利平.旅游公共管理[M].北京:中国人民大学出版社,2009.

形态变为单一的旅游经济形态。然而,随着国民休闲理念的确立、消费结构的升级和假日旅游的理性回归,假日经济形态由以旅游度假经济为主体向以多元化的休闲度假经济为主体转变。

随着社会经济的全面进步,休闲度假逐渐成为人们重要的生活消费需求,未来学家格雷厄姆·T.莫利托曾经指出:"休闲是新千年全球经济发展的五大推动力中的第一引擎。"事实表明,旅游是休闲度假的重要方式,但不是人们休闲度假的唯一选择。去图书馆"充电"、到体育馆健身、参加各种短期培训班等多样化和理性化的休闲度假方式越来越受到人们的青睐。休闲度假需求及方式的多样化必然会导致旅游度假结构向休闲度假结构调整,引发出游方式、时空结构、供给方式、组织体系等方面的一系列变化,并最终转变为以休闲度假为主的多元化假日经济形态。

3) 假日旅游模式的转型

假日旅游模式正在从线性旅游向非线性旅游转型。

传统的以观光为主的线性旅游主要是一种多点组合型旅游,它追求一次出游目的地和游览景点的数量,被戏称为"牧羊式"旅游或"赶场式"旅游。新兴的以休闲为主的非线性旅游是一种单点游憩型旅游,追求在一个点上的深度体验与身心的彻底放松。近年来,在"黄金周"期间,国内许多旅游目的地出现了出游人数上升而旅游团数量下降的现象,这说明传统的团队观光旅游方式逐步被个性化休闲度假旅游方式所替代,各种形式的自驾游、乡村游、探险游、度假游、自助游等个性化的休闲旅游方式日趋火爆。由此可见,假日旅游模式的转型与旅游活动的发展变化息息相关:一是由于人们消费观念、度假观念与旅游观念的不断成熟和理性化;二是由于人们对传统"黄金周"旅游模式的扬弃。

目前,假日旅游的主要特征如下:

一是散客市场不断扩大。以散客为主的"一日游"旅游者已成为假日旅游的主力,他们促使假日旅游的组织方式发生变化。

二是旅游动机趋于多元化。除传统的观光游外,乡村游、探险游、体验游、休闲游和出境游等多样化的旅游活动形式备受青睐,促进假日旅游产品的结构趋于多样化。

三是供给方式灵活多样。"机票+酒店""车票+酒店"等"自由行"产品、汽车租赁、旅游代理、订房中心、旅游电子商务和野营俱乐部等旅游新业态蓬勃发展,旅游业与相关产业的相互渗透更加明显、互动更加频繁,推动假日旅游的产业结构趋于多元化。

四是出行频率大幅提高。随着假日制度的改革和带薪度假制度的落实,"黄金周"对人们出游次数的约束力下降,提高了人们假日旅游的出行频率。

二、地方重大旅游活动管理

地方重大旅游活动是地方旅游资源深度开发的产物,其发展的水平体现了地方旅游产业发展的综合实力。地方重大旅游活动对地方旅游资源整合、地方传统文化的传承、地方旅游产品结构的调整、地方旅游产业整体竞争力的提升和产业结构的调整与优化,以及地方旅游品牌形象的塑造能够起到有效的促进作用。此外,地方重大旅游活动具有类型多样、产品丰富和管理模式多元等特点。

由上海市文化和旅游局、上海市商务委员会共同主办的上海旅游节,起源于上海黄浦旅游节,创办于1990年,是目前国内规模最大、最具城市影响力的大型旅游节庆活动。上海旅游节以"人民大众的节日"为定位,以"走进美好与欢乐"为主题,通过丰富多彩、各具特色的上海各区县节庆活动推进旅游业的发展,吸引社会各界的大力支持和广泛参与。上海旅游节已成为节庆盛典,集观光、休闲、娱乐、文体、会展、美食、购物于一体,是市民、游客共同参与的大型旅游节庆活动,向海内外集中展现了上海都市风光、都市文化的无穷魅力。

截止到2022年10月6日,上海旅游节共成功举办了33届。2022年的上海旅游节以"乐游上海"为主题,特别推出了"最上海 苏州河"年度主题,聚焦苏州河水上航线开通试航,主要安排了"最上海 苏州河"12小时全媒体大直播、"乐游云购9·17"旅游消费季、"十大惠民游"主题活动和"最上海"指数发布四个方面的系列节目,重点突出了"最上海 苏州河""数字化、融合化"和"游上海、烟火气"三大特点,充分展现出现代旅游具有的促进社会、经济和文化发展的复合功能。根据中国经济网相关报道,在2022年9月17日至10月6日的上海旅游节期间,上海市各大旅游景区接待游客1067万人次,宾馆、酒店客房出租率达到54%,环比上升7个百分点,并已恢复至2019年同期水平;上海地区文旅消费类交易总金额为743.42亿元,消费合计2.45亿笔,同比增长22.8%。

第二节 国民休闲与旅游投资消费促进政策

一、国民休闲政策

2006年,在杭州举办的杭州世界休闲产业博览会揭开了这一巨大产业的冰山一角,2007年,我国国务院政府工作报告中提出要"积极培育旅游、文化、休闲、健身等消费热点,扩大居民消费",其中出现了"休闲"一词,标志着与人民生活紧密相关的休闲生活、与扩大内需紧密相连的休闲经济开始受到国家重视。"休闲"在中国的热度不断提高,实际上是与中国经济的快速发展、人民生活的不断改善、人民闲暇时间的明显增多密切相关,也说明了我们的改革开放取得了巨大成就。随着我国旅游休闲产业的迅速发展,我国旅游行业的一个重要的文件——《国民旅游休闲纲要(2013—2020年)》出台。

《国民旅游休闲纲要(2013—2020年)》围绕"职工带薪年休假制度基本得到落实,

城乡居民旅游休闲消费水平大幅增长,健康、文明、环保的旅游休闲理念成为全社会的共识,国民旅游休闲质量显著提高,与小康社会相适应的现代国民旅游休闲体系基本建成"的发展目标,从保障国民旅游休闲时间、改善国民旅游休闲环境、推进国民旅游休闲基础设施建设、加强国民旅游休闲产品开发与活动组织、完善国民旅游休闲公共服务和提升国民旅游休闲服务质量几个方面提出了具体的任务和举措。

二、旅游投资消费促进政策

旅游业是我国经济社会发展的综合性产业,是国民经济和现代服务业的重要组成部分。通过改革创新促进旅游投资和消费,对于推动现代服务业发展、增加就业和居民收入、提升人民生活品质具有重要意义。为进一步促进旅游投资和消费,国务院办公厅从完善旅游基础设施和改善旅游消费环境、促进旅游投资和开辟旅游消费新市场、促进旅游消费和培育旅游消费新热点、提升乡村旅游和拓展旅游消费空间、优化休假安排和刺激旅游消费需求,以及加大改革创新力度和促进旅游投资消费持续增长几个方面提出了促进旅游投资和消费的具体实施计划。

第三节　出境旅游与入境旅游政策

一、出境旅游管理政策

(一)出境旅游的概念及特征

出境旅游指某国公民跨越国境前往另一国家或地区所进行的旅游活动。我国出境旅游源于1983年的港澳探亲游,1997年国家旅游局、公安部发布的《中国公民自费出国旅游管理暂行办法》标志着其正式实施,主要包括港澳台游、边境游和出国游三种形式。

2002年7月1日,为了规范旅行社组织中国公民出国旅游活动,保障出国旅游者和出国旅游经营者的合法权益,《中国公民出国旅游管理办法》开始施行,国务院1997年3月17日批准,国家旅游局、公安部1997年7月1日发布的《中国公民自费出国旅游管理暂行办法》同时废止。

如图5-1所示,我国出境旅游人次于2014年首次突破1亿,至2019年整体处于上升趋势;2020年至2022年数据受疫情影响严重,2023年数据上升趋势明显,并表现出如下特征。

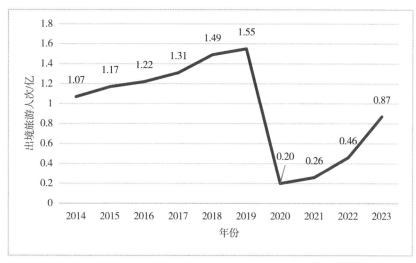

图 5-1　2014—2023 年我国出境旅游人次[1]

从目的地层面来看,出境游客在单个目的地的平均停留时间为 2.72 天,主要出游国家集中在亚太地区,占比超过 60%(东南亚国家占比约为 40%,东亚国家占比约为 20%)。整体来看,泰国、日本位于第一梯队,出境游客占比超过 10%;新加坡、韩国位于第二梯队,出境游客占比为 5% 至 10%;缅甸、美国、澳大利亚、马来西亚、越南位于第三梯队,出境游客占比为 3% 至 5%。

从客源地层面来看,首先,广东、上海、北京、江苏、浙江、福建等经济较发达省市的出境游客成为出境游的主力军,广东省的出境游客占比为 67.56%;其次,出境游客超过 80% 为 22 至 41 岁的中青年,大专或本科学历的出境游客占比高达 74.36%,呈现出高学历、年轻化的特征;再次,出境游客多为自由职业者、企事业单位人员、专业技术人员和学生,职业分布广泛;最后,出境游客主要通过网络获取相关信息,他们更为关注目的地的交通便利性与物价水平,同时追求新奇体验[2]。

(二)出境旅游及其政策演变过程

出境旅游政策与出境旅游发展历程密不可分,按照出境旅游的市场政策,可将出境旅游的发展划分为探索发展阶段(1983 年—1997 年)、适度发展阶段(1998 年—2005 年)、规范发展阶段(2006 年—2009 年)和有序发展阶段(2010 年至今)四个阶段[3]。

1. 探索发展阶段(1983 年—1997 年)

在 1983 年 11 月,广东省作为试点率先开放本省居民赴中国香港旅游探亲之前,我国出境旅游基本上以外事活动为主,不是真正意义的出境旅游。次年,《关于拟组织归

---

[1] 根据中国出境旅游发展相关年度报告及中国旅游服务贸易发展相关报告整理。
[2] 资料来源:《中国出境旅游发展年度报告(2023—2024)》。
[3] 刘倩倩,刘祥艳,周功梅. 中国出境旅游研究:一个文献综述[J]. 旅游论坛,2021(3).

侨、侨眷和港澳台眷属赴港澳地区探亲旅行团的请示》得到国务院的批准,由此揭开了我国公民出境旅游的序幕。为了满足国民的探亲需要和方便与友好邻国边境城市开展互访活动,国家批准了中国大陆居民赴港澳地区和新马泰菲四国探亲访友,以及辽宁省丹东市等边境地区居民到邻国边境城市进行短期旅游活动。例如,《国家旅游局关于组织我国公民赴东南亚三国旅游的暂行管理办法》(1990年)、《边境旅游暂行管理办法》(1997年)等相关政策文件都有明确规定。此阶段的出境旅游市场以探亲游和边境游为主,市场规模较小。

2. 适度发展阶段(1998年—2005年)

这一阶段的出境旅游活动受到政府部门的严格管制和主动引导,国家确立了"有组织、有计划、有控制"的发展原则和"适度发展出境旅游"的总方针。我国从1997年开始实施ADS(Approved Destination Status)签证政策,这是一项针对出境旅游目的地审批的制度安排,以双边旅游协定为基础,准许中国自费游客以团队的形式,凭借特殊签证赴对方国家或地区旅游,随着我国陆续与各旅游目的地国家签署ADS签证协定,我国出境旅游规模迅速扩大,出境旅游量从1997年的532万人次增至2005年的3103万人次,年均增幅高达24.6%。为了规范旅行社组织的我国公民的出国旅游活动,我国于2002年正式出台《中国公民出国旅游管理办法》。

3. 规范发展阶段(2006年—2009年)

为解决我国出境旅游市场的快速发展和行政垄断导致的供需矛盾突出、市场竞争无序、产品质量低下和旅行社违规操作严重等问题,国家旅游局在2005年的全国旅游工作会议上,以及《中国旅游业发展"十一五"规划纲要》(2006年)中都明确提出"规范发展出境旅游"的要求。由此可见,在2005年之后,我国的出境旅游市场政策已由"适度发展"转为"规范发展"。

4. 有序发展阶段(2010年至今)

随着我国旅游业服务国家战略的功能发生转变,政府部门扭转了出境旅游服务于经济的狭隘观点,开始强调出境旅游的综合效应。《国务院关于印发"十四五"旅游业发展规划的通知》(2021年)在新冠疫情特殊时期提出了"分步有序促进入境旅游,稳步发展出境旅游"的发展目标,主要是为了恢复出入境旅游市场,但强调出境旅游综合效应的观点没有改变,所以可以认为我国出境旅游管理政策仍处于有序发展阶段。因此,在2009年之后,"有序发展出境旅游"成为我国出境旅游市场政策的发展战略。

二、入境旅游管理政策

(一)入境旅游的概念及特征

入境旅游指其他国家或地区的居民跨越国境前往某一国家或地区进行旅游活动,是旅游业的重要组成部分,也是衡量国际旅游竞争力的重要指标。自改革开放以来,我国的入境旅游市场不断发展壮大,并表现出鲜明的发展特征。

从需求端(入境游客)来看,我国的主要入境旅游市场为美国、日本、西班牙、意大利、英国、法国、韩国、意大利、澳大利亚、新加坡等国家,以及我国港澳台地区,丰富的人文体验和自然景观是吸引入境游客来华旅游的主要因素。1978年至今,我国的入境旅游人数总体呈上升趋势,但受特殊事件的影响出现较大波动。1978年,我国的入境旅游量约为180万人次,至2019年,我国共计接待入境游客1.45亿人次,位于世界前列。例如,2020年受新冠疫情的严重冲击,我国的入境旅游市场十分萧条,全年共计接待入境游客2747万人次。受旅游业的波动性及突发事件的影响,我国入境旅游外汇收入亦呈现波动上升趋势[①]。

从供给端(入境旅游目的地)来看,我国入境旅游呈现出明显的地域集中性,并形成了空间梯级结构,以及"东入西渐"等时空演化特征[②]。我国的入境旅游主要形成了"环渤海"典型区(以北京、山东、辽宁为代表)、"长三角"典型区(以上海、江苏、浙江为代表)、"珠三角"典型区(以广东、广西为代表)、"彩云之南"典型区(以云南为代表)、"川蜀天府"典型区(以四川为代表)、"丝路三秦"典型区(以陕西为代表)、"白山黑水"典型区(以黑龙江为代表)、"大漠草原"典型区(以内蒙古为代表)、"荆楚余韵"典型区(以湖北为代表)等典型区域,是我国入境旅游的主要增长极。而且,这些主要的典型区已形成空间梯级结构。其中,"环渤海""长三角""珠三角"等典型区处于我国入境旅游的第一梯队;"彩云之南""丝路三秦""川蜀天府"等典型区处于我国入境旅游的第二梯队;"白山黑水""大漠草原""荆楚余韵"等典型区处于我国入境旅游的第三梯队。此外,入境游客在我国东部地区规模化集聚现象尤为明显,集聚效应也在持续增强,进而决定了我国入境旅游时空格局动态演进的发展方向。

(二)我国入境旅游政策演变过程

结合不同时期我国政治外交任务与经济社会发展的主要目标,从20世纪50年代开始,我国先后出台了《外国侨民旅行暂行办法》(1954年)、《外国人入境出境过境居留旅行管理条例》(1964年)、《关于大力发展入境旅游的指导意见》(2007年)、《关于全面实施外国旅游团乘坐邮轮入境免签政策的公告》(2024年)等一系列发展入境旅游的相关政策文件,有力地促进了入境旅游的健康、持续、快速发展。

我国入境旅游政策演变大致可分为旅游服务于政治外交事业阶段(1949年—1977年)、以创汇为核心目标的旅游优先发展阶段(1978年—1999年)、入境旅游全面发展阶段(2000年至今)三个阶段。

---

① 任晓玲.中国入境旅游市场时空演变及其发展态势研究[D].昆明:云南师范大学,2018.
② 李创新,马耀峰,王永明.1993—2012年中国入境旅游时空地域格局分异与动态演进——基于全局K-Means谱聚类法的"典型区域"实证研究[J].资源科学,2015(11).

1. 旅游服务于政治外交事业阶段(1949年—1977年)

从1949年新中国成立到1977年,我国制定的入境旅游政策主要是配合当时国家政治外交的工作需要,本质上是国家政治外交政策的补充政策内容。于1964年成立的中国旅行游览事业管理局也明确提出,将扩大对外政治影响和为国家吸取自由外汇作为我国发展旅游事业的主要目标和政策方针。这一阶段与入境旅游有关的重要政策法规文件有20多个,从多个方面对我国的入境旅游进行了规定、规范和引导。

2. 以创汇为核心目标的旅游优先发展阶段(1978年—1999年)

中国自1978年开始全面实施对外开放政策,旅游从我国政治外交的隶属事业逐步转变为国民经济产业,提出了"积极发展,量力而行,稳步前进"的旅游发展政策,但由于当时我国亟须赚取外汇进行社会主义建设,在较长一段时间内仍然倾向于发挥旅游"为国家吸取自由外汇"的作用。在此期间的相关旅游政策也以创汇为核心,明显向入境旅游倾斜。

3. 入境旅游全面发展阶段(2000年至今)

进入21世纪后,我国经济实力迅速提升、外汇储备不断增加,赚取外汇已不再是国家建设最急迫和最重要的任务,相关入境旅游的发展政策从以创汇为核心转变为以创汇为目标,而且更加注重通过旅游产业的自身发展、国家旅游形象的树立和国家"软实力"的打造等来推动入境旅游的全面发展。例如,《国务院关于进一步加快旅游业发展的通知》(2001年)提出要"积极采取措施大力发展入境旅游……进一步搞好旅游市场宣传促销,强化在国际市场上的形象宣传,采用新方式,开拓新渠道,不断增强我国旅游业在国际市场的吸引力";《中国旅游业发展"十一五"规划纲要》(2006年)指出"大力发展入境旅游、规范发展出境旅游、全面发展国内旅游"是"十一五"期间我国旅游市场发展思路和方向;《关于大力发展入境旅游的指导意见》(2007年)是我国新时期进一步促进入境旅游发展的纲领性文件,明确了"大力发展入境旅游是我国旅游业发展的基本方针"。

第四节　旅游安全政策

我国历来十分重视旅游安全工作,国家旅游管理部门曾多次召开旅游安全管理工作会议,要求旅游安全工作人员齐心协力、忠于职守,认真做好旅游安全工作,并相继出台了一系列旅游安全管理办法和条例,有力地促进了我国旅游安全管理工作的规范化、制度化,并联合公安部等部门多次发出通知,要求各地、各企业采取有力措施保障旅游者的安全。

一、旅游者人身、财物安全保障政策

随着我国旅游事业的迅速发展,来华旅游者日益增多,为了进一步加强旅游安全保卫工作,维护我国的政治声誉,保证我国旅游事业的健康发展,国家旅游局联合公安部发布了《国家旅游局、公安部关于进一步加强旅游安全保卫工作的通知》(1989年)等旅游安全管理通知,并联合国家安全监督总局等部门,针对特定时期的旅游安全工作发布了一系列的旅游安全管理通知。此外,为加强旅游安全的管理工作,保障旅游者人身、财物安全,《旅游安全管理暂行办法》(1990年)明确了旅游安全管理"安全第一、预防为主"的方针,"遵循统一指导、分级管理、以基层为主"的原则,并对安全管理、事故处理、奖励与惩罚作出了明确规定。《旅游安全管理暂行办法实施细则》(1994年)对旅游安全事故做出界定,认为"凡涉及旅游者人身、财物安全的事故均为旅游安全事故"。

为了建立健全国家处置中国公民出境旅游突发事件应急机制,规范出境旅游突发事件应急工作,维护国家利益,保障中国游客的生命财产安全及其合法权益,国家旅游局和外交部联合发布了《中国公民出境旅游突发事件应急预案》(2006年),规范了中国公民出境旅游过程中生命财产受到损害或严重威胁的重大和较大突发事件的应急处置工作。同时,考虑到我国出境旅游中团队比例较高的现实,为了切实有效地保障我国出境旅游团队的安全,迅速有效地处置我国出境旅游团队在境外所遇到的各种突发公共事件、事故灾难和自然灾害,尽可能地为出境旅游者提供救援和帮助,保护出境旅游者的生命和财产安全,维护中国旅游形象,又专门制定了出境旅游团队安全保障工作方案。

二、旅游重大安全事故管理政策

为及时了解和妥善处理好重大旅游安全事故,国家旅游局发布的《重大旅游安全事故报告制度试行办法》(1993年)、《重大旅游安全事故处理程序试行办法》(1993年),其中指出各省、自治区、直辖市、计划单列市旅游行政管理部门和加入"中国旅游紧急救援协调机构"联络网的单位,都有责任将重大旅游安全事故上报中国旅游紧急救援协调机构。《旅游安全管理暂行办法实施细则》(1994年)将旅游安全事故分为轻微、一般、重大和特大事故四个等级。在1994年3月的浙江"海瑞号"游船事件发生之后,国家旅游局紧急发布《关于进一步加强旅游安全工作的紧急通知》(1994年),要求各地旅游主管部门高度重视旅游安全管理工作。

在春节假日期间,为了有效防范和坚决遏制因旅游接待压力过大而造成的"12·31上海外滩踩踏事件"(2014年12月31日)、"宁波雅戈尔动物园老虎咬人事件"(2017年1月29日)和"10·16荆州客车侧翻事故"(2011年10月16日)等旅游安全事故,确保人民群众过一个安定祥和的新春佳节,国家先后发布了《国务院办公厅关于做好2015年春节元宵节期间旅游安全工作的通知》(2015年)、《国家旅游局办公室关于进一步加强旅游安全工作的通知》(2017年)等相关旅游安全管理通知。

为快速、有效地处置因自然灾害、事故灾难、突发公共卫生事件和突发社会安全事件等旅游突发公共事件而造成的重大游客伤亡事件,国家旅游局专门制定了《旅游突发公共事件应急预案》(2005年),预案中明确了"以人为本、救援第一、属地救护、就近处置、及时报告、信息畅通"的原则,要求建立健全旅游行业警告、警示通报机制,制定了各种突发公共事件下的救援机制和响应程序。

综上,我国旅游安全政策在管理对象上,从关注境外来华旅游者的旅游安全管理到关注国内旅游的旅游安全管理,从关注国民在国内旅游的安全到关注国民境外旅游的安全;在管理方式上,我国在旅游安全管理方式上也从普遍的旅游安全管理转为专项的旅游安全管理;在管理思路上,从事后的"善后"处理转为事前"预防",这一系列的转变体现了我国旅游安全管理正在走向成熟,并逐渐与国际接轨①。

复习思考

- 简述我国假日旅游政策的演变历程。
- 简述我国出境旅游的特征及政策演变过程。
- 简述我国入境旅游的特征及政策演变过程。
- 分析我国出境旅游、入境旅游政策演变的原因。

---

① 魏小安,曾博伟.旅游政策与法规[M].北京:北京师范大学出版社,2009.

第六章 旅游产业政策

- 我国旅游产业政策的分类结构及特点。
- 旅游产业扶持与保障政策的基本内容。
- 旅游市场信用管理与服务质量提升政策。

第一节 旅游产业政策的概念、类型与特点

一、旅游产业政策的概念

产业政策是指政府为了实现一定经济目标和社会目标而系统设计的有关产业形成和发展，特别是产业结构演变的政策措施的总和。旅游产业政策也是产业政策的一种，即政府针对旅游产业而制定的政策措施。因此，旅游产业政策是政府为了实现一定的经济和社会目标而制定的针对旅游产业的各种政策措施的总和。

二、旅游产业政策的类型

旅游产业政策是政府围绕促进旅游产业发展的目标，主要针对旅游企业发展和经营投资等方面进行旅游经济运行干预的一种重要途径。旅游产业政策表现形式较为广泛，不仅包含常见的国家的战略方针、法规制度、办法措施等，还常常以决议、建议、通知等形式出台，其内容可分为基本政策和特殊政策两部分。根据政策的整体趋向，可将旅游产业政策分为激励性政策和保障性政策两大类，再遵循产业经济学的基本分类，增加旅游产业配套政策形成3级分类，最后对每一个细化到功能的分类进行归纳，形成一个层次分明的4级分类结构（见图6-1）①。

---

① 李锋，唐晨. 中国旅游产业政策研究：进展、争议与展望[J]. 北京第二外国语学院学报，2015(3).

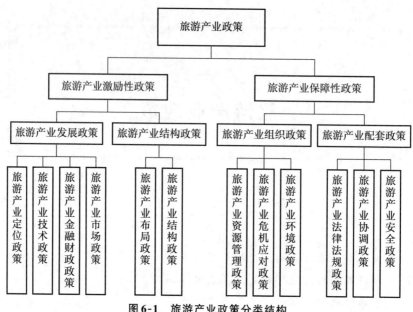

图6-1 旅游产业政策分类结构

三、旅游产业政策的特点

在我国,旅游产业政策具有导向性、阶段性、相对稳定性、系统性和针对性。

(一)导向性

旅游产业政策是政府为了实现特定的社会经济目标而制定的,因此,旅游产业政策具有产业发展目标、重点、实施步骤和保障措施。旅游产业政策强调对旅游经济主体的行为进行引导,以使其经济活动符合产业发展规律及宏观调控的要求等。

(二)阶段性

在不同时期,政府对社会经济的发展有不同的目标和要求,在不同的社会经济发展阶段,旅游产业面临的发展环境也会出现差异和变化。因此,旅游产业政策应根据不同发展阶段起步阶段的目标任务来确定具体的产业发展目标和要求。比如,在我国旅游业发展起步阶段,面临薄弱的旅游基础,当时的旅游产业政策是优先发展入境旅游,广泛吸纳各种资金用于旅游设施建设。而随着我国社会经济的发展,旅游供给相对过剩,旅游产业政策又侧重于缓解恶性竞争,刺激国内旅游需求等方面。也就是说,旅游产业政策体系呈现出一种动态性。

(三)相对稳定性

旅游产业政策虽然应随着社会经济的发展而做出调整,但过于频繁的变动,将会使产业内的经济主体无所适从,丧失对政策的预见性,给旅游产业的发展带来不利的影响。旅游政策在具体的社会经济发展阶段内，为了保证其导向功能得以正常发挥，必须要保持相对的稳定性。

（四）系统性

旅游产业是一个关联性很强的产业，旅游产业政策的制定，还应兼顾与其他产业的协调问题。旅游产业政策必须与其他产业政策相融合、相协调，必须正确处理好产业之间的各种投入产出关系，避免失衡形成瓶颈问题。同时，旅游产业政策也有各种子政策，即产业内各行业部门的特定政策。解决特定的子政策和产业政策之间的配合问题，使它们形成一个运作高效的系统。

（五）针对性

旅游产业政策具有阶段性，旅游产业政策推行的主要目的是解决旅游产业发展中遇到的一系列问题和矛盾，通过必要的引导和干预来提升产业的素质。因此，旅游产业政策的内容应针对当前的具体情况和特点而制定。例如，在旅游产业起步阶段，政策的导向主要集中于鼓励与扶持旅游基础设施的建设，而在旅游产业转型进入持续快速发展阶段，旅游产业政策的重点是规范旅游经济的运行，提升旅游业的国际竞争力，促进旅游产业可持续发展等。

第二节 旅游产业促进与投资政策

一、旅游产业促进政策

（一）旅游产业结构优化及新业态促进政策

旅游产业结构是指直接或间接为旅游者提供产品和服务的各个行业部门之前的经济技术联系和比例关系，通常涉及"吃、住、行、游、购、娱"六个行业或部门。这六个行业或部门既相互促进又相互制约，共同构成一个国家或地区的旅游产业结构。中共十九大后，我国经济发展进入经济结构调整的新常态，尤其是文旅部门的融合促使旅游产业新业态出现，旅游产业结构也亟须向合理、优化的状态转变。为此，以文旅部门为主的中央政府部门出台了一系列关于促进文旅新业态发展的指导意见，具体见表6-1。

表 6-1　文旅部门等出台的系列指导意见

年份	名称	发布机构
2018年	《关于在旅游领域推广政府和社会资本合作模式的指导意见》	文化和旅游部、财政部
2018年	《关于促进乡村旅游可持续发展的指导意见》	文化和旅游部、发展改革委、工业和信息化部、财政部、自然资源部、生态环境部等
2019年	《关于促进旅游演艺发展的指导意见》	文化和旅游部
2019年	《关于实施旅游服务质量提升计划的指导意见》	文化和旅游部
2020年	《关于推动数字文化产业高质量发展的意见》	文化和旅游部
2020年	《关于深化"互联网＋旅游"推动旅游业高质量发展的意见》	文化和旅游部、国家发展改革委等十部门
2021年	《关于推进博物馆改革发展的指导意见》	中央宣传部、国家发展改革委、教育部、科技部、民政部、财政部、文化和旅游部等
2022年	《关于推动文化产业赋能乡村振兴的意见》	文化和旅游部、教育部、自然资源部、农业农村部、国家乡村振兴局、国家开发银行

此外,各级文旅部门也出台了系列指导意见。如随着消费的不断升级,乡村民宿从农家乐为主的1.0版本升级发展,作为一种利用农村房屋、借用乡土环境、提供以住宿为主的休闲旅游度假服务的接待设施,快速成为乡村旅游发展多元化业态的组成部分。面对民宿发展新形势、新要求,上海市旅游局、上海市农委出台《关于进一步促进上海乡村民宿健康发展的指导意见》,文件指出乡村民宿可以利用农村依法建造的宅基地农民房屋、村集体用房、农房、集体建设用地等资源,同时明确单体建筑内的房间数量不超过14个标准间(或单间)、最高4层且建筑面积不超过800平方米,还厘清了民宿发展的基本原则、设立条件、保障措施等,在发挥乡村民宿在推动城乡和产业融合互动、促进休闲农业和乡村旅游创新转型等方面产生了积极作用。

2022年北京冬季奥运会的举办为我国冰雪运动繁荣发展带来了重大机遇,加大冰雪旅游产品供给,推动冰雪旅游高质量发展,更好地满足人民群众冰雪旅游的消费需求,助力构建新发展格局,各省市相继出台了关于冰雪旅游发展的政策意见,如北京市出台了《关于加快冰雪运动发展的意见(2016—2022年)》及七项配套规划、河北省出台了《关于支持冰雪运动和冰雪产业发展的实施意见》、福建省出台了《关于抢抓机遇发展冰雪运动的若干措施》,相关内容如表6-2所示。

表6-2　各省市关于冰雪旅游发展的指导意见

目标	主要任务
普及群众性冰雪运动	丰富群众冰雪活动,通过冰雪运动进机关、进企业、进农村、进社区、进家庭的形式,营造浓厚的冰雪运动氛围,传播冰雪运动正能量
	推进冰雪运动进校园工作,举办青少年冰雪运动赛事
加快推动冰雪健身休闲业	统筹推进冰雪旅游、健身休闲、场馆服务等产业发展,指导冰雪资源大省做好冰雪旅游专项规划,建设一批复合型冰雪旅游基地和冰雪运动中心
	鼓励冰雪运动场地开发大众化冰雪旅游项目,建设一批集滑雪、登山、徒步、露营等多种健身休闲运动于一体的体育旅游度假区或度假地
积极培育冰雪竞赛表演业	大力拓展冰雪竞赛表演市场,促进办赛主体多元化,推进冰雪赛事活动
	有计划地举办冰雪运动国际高水平专业赛事,培育花样滑冰、冰球等冰雪运动品牌赛事
加大场地设施供给	科学规划、布局冰雪运动场地。各地要根据人口规模、自然资源、经济社会发展水平,科学规划冰雪运动场地设施
	推进现有场地提升改造,支持利用公共体育场地、城市广场和学校,搭建可拆装仿真冰雪设施。支持利用自然资源建设室外冰雪场地,利用商场、旧厂房、仓库改建滑冰场地,全部配备无障碍设施

(二)旅游创新创业政策

当前,我国旅游产业正在从传统的景点、景区旅游模式向观光、休闲、度假、体验一体化等发展模式转变,由市场驱动和要素驱动型向创新驱动型转变,引发了旅游行业的思维变革、经营变革、管理变革和观念创新,倒逼旅游产业不断创造新的生产要素,形成新的要素组合。

近年来我国"大众创业,万众创新"政策持续向更大范围、更高层次和更深程度推进,对于旅游业来说,发挥"双创"推动行业转型升级作用,让"双创"成为旅游业发展的重要引擎是当前一大课题。同时,旅游业也已成为我国创业创新活跃的领域,"旅游+"正成为"大众创业、万众创新"国家政策的助推器。

其一,旅游"双创"门槛具有多层次性。促进就业规划鼓励发展现代服务业,特别是发展就业容量大、门槛低的服务业,旅游业在吸纳就业方面有其他行业难以比拟的优势,且旅游业态的多样性与市场细分的多元性特征决定了旅游业"双创"门槛的多层次性。

其二,旅游业有"逆自动化"的特点。传统制造业自动化水平提高与人力需求呈反方向变化,而旅游服务业的消费升级,不仅能够带动更多就业,也能促进产业创新升级。

我国政府同步颁发了系列鼓励旅游产业"双创"的政策文件,如国家发展和改革委员会办公厅印发《国家发展改革委办公厅关于开展社会服务领域双创带动就业示范工作的通知》(2020年),聚焦"互联网平台＋创业单元"等新模式,启动社会服务领域"双创"带动就业示范工作。又如《关于推动创新创业高质量发展打造"双创"升级版的意见》(2018年)从鼓励和支持科研人员积极投身科技创业、强化大学生创新创业教育培训、健全农民工返乡创业服务体系、推动更多群体投身创新创业等方面带动创业就业能力升级。可见,我国"双创"政策在旅游方面的应用主要体现在旅游发展带动就业方面。

二、旅游产业投资政策

旅游产业结构较为繁荣,并且其在新时期不断变化、重组的结构状态使得旅游项目投资情况更加复杂。同时,旅游投资周期长、资金需求量大、资金回笼慢、运营过程复杂等增加了投资风险,但旅游投资在引领和刺激旅游消费、推动旅游业发展等方面具有积极作用。为解决上述问题并使旅游产业投资拥有宽松的政策环境,中央政府出台了《国务院关于加快发展旅游业的意见》(2009年)、《关于金融支持旅游业加快发展的若干意见》(2012年)、《关于鼓励和引导民间资本投资旅游业的实施意见》(2012年)、《国务院办公厅关于进一步促进旅游投资和消费的若干意见》(2015年)等政策,期望通过宏观调控和投资引导功能向旅游行业倾斜。

具体来看,中央政府主要在以下两个方面发挥作用:一是发挥政策引导作用,通过制定旅游发展投资政策,对旅游项目投资给予鼓励、限制或禁止,并对旅游项目的开展进行控制等;二是政府利用财政手段,加大资金投入,设立各种政策性资金,用于旅游基础设施和重点项目等方面的投资。

同时,各地方政府也出台了加大旅游产业投资的意见或办法、旅游项目招商引资优惠政策等,主要内容包括以下四个方面:一是加大政策扶持力度,积极推动地方旅游投资建设;二是鼓励多元主体参与旅游投资,并在拓宽民营企业融资渠道、给予贷款支持、帮助企业争取相关资金等方面进行扶持;三是设立奖励机制,以奖代补进行旅游项目招商引资;四是在办事流程、用地、税收等方面提供优惠保障政策等。

第三节　旅游产业扶持与保障政策

一、旅游土地利用政策

土地是旅游产业发展的基础性资源。由于历史原因,在我国传统的土地利用和城乡规划体系中,用地类别一直没有"旅游用地"这一专项。2012年1月1日实施的国家标准《城市用地分类与规划建设用地标准》(GB 50137—2011)中,将"城乡用地分类"划分为"建设用地"和"非建设用地"2个大类9个中类14个小类。其中"建设用地"中包括城乡居民点建设用地、区域交通设施用地、区域公用设施用地、特殊用地、采矿用地、其他建设用地6个中类及11个小类。无论在哪一级类别中都找不到"旅游用地"这一项。只有在个别类别中涉及"商业服务业设施以及风景名胜区、森林公园等的管理及服务设施用地""餐饮、旅馆等服务业用地""单独设置的高尔夫练习场、赛马场、溜冰场、跳伞场、摩托车场、射击场,以及水上运动的陆域部分等用地"等与旅游业相关的单项用地类别。这些用地类别与发展旅游或多或少有一些关联,但都不是真正意义上的"旅游用地"。也就是说,旅游项目建设用地在土地利用和城乡规划体系中连个正式的"名分"都没有。正因为如此,长期以来,各地大大小小的旅游项目建设要么是在传统体制的夹缝中艰难地"挤进",一直处于尴尬甚至是违法违规的境地。

早在2009年,国务院发布的《国务院关于加快发展旅游业的意见》中就明确提出,要把"旅游用地"纳入土地利用和城乡规划,为旅游业快速、健康和可持续发展提供了有力的政策支撑。2014年,《国务院关于促进旅游业改革发展的若干意见》从我国旅游业发展的实际需要出发,再一次强调要把"旅游用地"供给作为土地利用和城乡规划体系的重要内容,充分体现了政策创新的新理念和改革发展的新导向。2022年,文化和旅游部等联合印发的《关于推动文化产业赋能乡村振兴的意见》中指出,在用地供应方式上鼓励乡村文化和旅游项目经营实行长期租赁或先租后让,并探索农村集体经营性建设用地入市方案,这是促进乡村旅游产业发展、缩小城乡差距的重要举措。

我国目前正处在社会经济的快速发展期,土地越来越成为最紧缺的资源。旅游业的快速、健康和可持续发展同样离不开土地这一基础性资源的有效供给。而且,旅游业是一个综合性产业,餐饮、旅馆、民宿、风景名胜区、森林公园等只是旅游产业要素的具体类别,"旅游用地"应该对这些类别具有统领和涵盖作用。最新政策,提出的"农村集体经营性建设用地入市"探索方案对于我国传统的土地利用和城乡规划体系是一大突破。另外,相关政策中提出的"文化和旅游产业用地保障"举措,是我国旅游业发展处在提升转型的关键时期出台的一个具有改革和创新意义的政策措施,它将对我国旅游产业的提升转型和质量文化发展产生深远的影响。当然,这一政策的落实,还需要通过一系列的基础性工作来实现,规划和旅游等相关部门需要联合探究,明确"文化和旅游产业"所包含的具体内容和范围,也需要各级政府和相关部门提高认识,切实把这一政策落到实处。

二、旅游财政政策

政府通过财政预算、税收征缴、财政转移支付和国家信用财政等,对旅游经济运行进行宏观调控和管理。如通过财政预算调节旅游总供求平衡;通过税收政策和税率变化调节旅游收入分配;通过合理安排财政转移支付以扶持不同地区的旅游发展;通过发行旅游国债来加快旅游开发等。以减免旅游企业税收的相关优惠政策为例,通过减免旅游基础设施建设项目的固定资产投资方向调节税、减免新投资开发兴办的旅游项目或旅游企业的所得税、对旅游车船公司更新车辆实行税赋减免、对进口旅游大型车船适当减免关税、对国内汽车厂商生产销售旅游汽车减免增值税、按照国际惯例实行海外游客购物退税制度等税收优惠政策促进旅游行业的发展。

2022年,国家发展和改革委员会等部门联合印发的《关于促进服务业领域困难行业恢复发展的若干政策》(2022年)对餐饮业、零售业、旅游业、公路水路铁路运输业、民航业等推出一系列有针对性的纾困帮扶措施。此次纾困政策的覆盖范围从先前的旅行社行业扩大到了酒店业、旅游度假区、旅游景区、旅游演艺业等受疫情冲击较严重的多个细分行业,几乎涵盖了旅游产业链的每一个环节,对缓解旅游企业的资金压力起到直接作用。

从当前形势来看,财税扶持政策解决了多数文旅企业最为紧迫的现金流缺口问题,尤其缓解了旅游小、微企业的成本和收益严重倒挂现象,对稳定旅游行业产业链具有重大意义。

三、旅游人才政策

人力资源是旅游业的核心资源和重要竞争力。旅游者的体验感很大程度上取决于从业人员的服务水平,这对旅游人力资源的发展提出了要求。同时,旅游资源整合、业态创新、"互联网+"等无疑对旅游人力资源提出了更高的要求,这使得未来旅游发展更依赖于旅游人才。旅游人才是指发展旅游业所需要的具有某种工作特长的人员,尤其是指各级旅游管理部门和旅游企业中的各类管理人员及技术工人、服务人员。旅游人才队伍建设需要有效的激励和保障机制,因此旅游人才扶持政策包含以下四个方面的重要内容。

一是改革旅游行业薪酬和福利体系,切实提高普通员工的薪酬和福利水平是关系到旅游业长远发展的问题。

二是落实社会保障体制,建立完善的人才政策法规体系和人事争议仲裁制度,维护各类人才的合法权益。

三是建立完善的人才奖励机制,定期对在经济社会发展中作出突出贡献的各类人才给予奖励。

四是建立合理的人才流动机制,加快建立法制化、规范化的旅游人才市场,推动旅游人才市场从集市化向信息化、网络化发展。

以国家层面具体的旅游人才扶持政策为例,《文化和旅游部市场管理司关于实施2020年"金牌导游"培养项目的通知》(2020年)中指出,"金牌导游"培养项目是文化和旅游部加强导游队伍建设的重要举措,旨在通过加大对一线优秀导游的培养与支持,鼓励入选对象开展业务研究和实践,以点带面,示范引领,为提高导游队伍专业素养、提升旅游服务质量发挥积极作用。相关政策的出台为解决旅游行业人才需求缺口、高级管理人才匮乏等提供了保障。

四、旅游科技政策

科技教育司是文化和旅游部的内设机构,主要职责为:拟订文化和旅游科技创新发展规划和艺术科研规划,并组织实施;组织开展文化和旅游科研工作及成果推广;组织协调文化和旅游行业信息化、标准化工作;指导文化和旅游装备技术提升;指导文化和旅游高等学校共建,以及行业职业教育工作。

我国科技教育司等部门对旅游产业的促进扶持政策体现在以下三个方面:

第一,文化和旅游科技创新方面。科技教育司、经信部门等联合印发的《"十四五"文化和旅游科技创新规划》(2021年)提出应通过科技促进文化和旅游生产方式、体验方式、服务方式、管理模式的创新,提升文化产业和旅游业的供给质量。

第二,国家旅游科技示范园区管理方面。文旅部科技教育司发布的《国家旅游科技示范园区管理办法(暂行)》(2021年)首次提出开展国家旅游科技示范园区的试点工作。与此前建设的文化和旅游部重点实验室相比,国家旅游科技示范园区定位为中观、宏观层面,以拓展旅游产品、丰富旅游业态、优化旅游服务、提升游客体验和满意度为目标。

第三,文化和旅游社科研究与教育管理方面。基于产学研深度融合、完善科技创新体制机制的要求,高校、科研机构应以创新资源共享、优势互补为基础,共同推进科技创新与科技成果转化。

可见,持续深化科技创新、完善文化和旅游标准体系、丰富国家旅游科技示范园区、深化产学研融合能够引领旅游业态服务发生便利化、智能化、品质化的变革,支撑旅游业高质量发展。未来,更需关注跟踪前沿技术,开展信息技术应用示范,推动技术在文化和旅游典型场景中的应用和创新。

案例分析

旅游职业教育:要上一个新台阶

五、旅游市场政策

(一)旅游市场管理

近年,随着我国旅游业的蓬勃发展,诸如旅游虚假广告、欺客宰客、非法"一日游"等市场顽疾也随之出现,"天价虾""天价鱼",导游人员强迫购物及辱骂、殴打游客等事件频发,使我国旅游产业在大众心中的形象受损严重[①]。为此,我国文化和旅游部内设市场管理司负责拟订文化和旅游市场政策及发展规划并组织实施;监管文化和旅游市场服务质量,监管文化和旅游市场服务质量,指导服务质量提升;承担旅游经济运行监

---

① 姚延波,刘亦雪.旅游市场秩序概念模型与运行机理:基于扎根理论的探索性研究[J].旅游学刊,2019(5).

测及假日旅游市场、旅游安全综合协调和监督管理等。

文化和旅游部针对旅游市场秩序的新情况、新问题和市场监管的新要求,印发了《旅游市场黑名单管理办法(试行)》(2018年),结合先前制定的《关于对旅游领域严重失信相关责任主体实施联合惩戒的合作备忘录》,我国旅游市场形成了"黑名单+备忘录"的市场监管机制,这有助于推动旅游市场秩序持续向好。与先前的政策文件相比,《旅游市场黑名单管理办法(试行)》(2018年)具有以下四个特点:

第一,线上线下同步纳入管理。该政策适用主体既包括传统的旅行社、景区、旅游住宿等从事旅游经营服务的企业、个体工商户及导游等从业人员,也包括通过互联网等信息网络提供在线旅游服务或者产品的经营者(在线旅游企业和平台)及从业人员,还包括人民法院认定的失信被执行人。

第二,实行分级管理。明确了文化和旅游部以及省级、地市级文化和旅游行政部门的职责分工,有助于实现对旅游领域严重失信行为的精准打击,避免监管盲区。

第三,与"备忘录"实现有效衔接。不仅对被纳入黑名单的旅游市场主体和从业人员实施联合惩戒,还对被纳入黑名单的失信被执行人实行限制高消费旅游惩戒,即限制失信被执行人及其法定代表人等四类人员参加旅行社组织的团队出境旅游。

第四,明确了标准化的管理体系。提出建立包括列入、告知、发布、惩戒、信用修复、移出等在内的一整套管理流程,实行动态管理,使黑名单管理程序更加规范,让惩戒真正达到"惩前毖后,治病救人"的目的。

相关市场监管政策的出台有利于旅游行业提高管理水平,提升旅游服务品质,不断满足广大人民群众的美好生活需要,进一步提升获得感和幸福感。

(二)旅游市场信用管理

构建以信用监管为基础的新型监管机制,是实现国家治理体系和治理能力现代化的重要内容。文化和旅游部印发的《文化和旅游市场信用管理规定》(2021年)是在文化和旅游市场"黑名单"制度的基础上,专门针对文化和旅游市场信用监管做出的新规定,是开展文化和旅游市场信用管理工作的重要依据和法治保障,有利于引导市场主体增强诚信经营意识,进一步降低市场交易成本,优化营商环境,进而激发市场主体活力并推动行业全面恢复和高质量发展。

上海市根据《国务院办公厅关于加快推进社会信用体系建设构建以信用为基础的新型监管机制的指导意见》(2019年)、《上海市社会信用条例》(2017年)等文件精神,建设形成了"顶层设计+配套制度+重点领域嵌入+配套管理规范"的社会信用体系框架。上海市文化和旅游局积极探索以信用为基础的新型监管机制,初步形成了"信息共享、分类监管、诚信宣传、区域联动"四位一体的旅游市场信用监管体系,具体内容包括:

(1)完善配套制度体系,强化信息融合共享。上海探索制定了旅游市场守信激励和严重失信名单管理相关工作指引,进一步促进了长三角旅游领域守信激励和严重失信名单认定标准和联合奖惩措施的落地,并紧紧依托市信用平台,通过数据共享、数据对接等方式,为旅游市场信用监管提供支撑保障和数据基础。

(2)深化多个场景应用,为旅游市场信用监管提供经验积累。通过"信用长三角"平台,鼓励第三方信用服务机构积极参与旅游信用监管工作,向平台型旅游企业、传统旅行社、信用服务机构、金融机构以及其他企事业单位、行业协会,依法依规开放守信激励和严重失信名单数据库信息,形成社会力量广泛参与信用工作的联动格局。

(3)开展诚信宣传教育,为旅游市场信用监管提供良好环境。通过举办形式丰富的系统性宣传活动,与各街道、各单位联合开展信用培训等,将诚信理念逐步渗透行业从业人员和游客的意识当中。

上海市文化和旅游局信用制度体系的建设实现了监管业务的资源共享,协同联动,从落实信用信息与资源共享、业务协同、分类监管、区域联动的角度,有效解决了信用信息采集、共享及应用的问题,有助于推动"信用长三角"体系建设,"放大"监管效果,为地方信用监管体系建设提供了有益借鉴。

(三)旅游服务质量提升计划

服务质量的高低取决于顾客满意的程度,表现为实际感受到的服务与期望得到的服务之间的差异[①]。旅游服务质量是旅游业作为现代服务业的内在属性,是企业的核心竞争力,是衡量行业发展水平的重要指标。近年来,旅游行业服务质量意识和管理水平不断提升,监管能力进一步增强,为维护旅游者的合法权益、规范市场秩序提供了有力保障。但是,从高质量发展阶段的新要求来看,旅游服务质量意识不强、管理水平不高、品牌知名度和美誉度不强、质量基础设施不完善、高质量人才匮乏、监管手段不硬、质量持续提升动力不足等问题依然突出,旅游服务质量仍是旅游业高质量发展的制约性因素。因此,必须制订旅游服务质量提升计划。

文化和旅游部印发了《文化和旅游部关于加强旅游服务质量监管提升旅游服务质量的指导意见》(2021年),该意见提出:落实旅游服务质量主体责任,培育优质旅游服务品牌,夯实旅游服务质量基础等重点任务,并针对服务质量难以测量的问题,指出旅游服务质量评价体系构建应从四个方面入手:一是建立以游客为中心的服务质量评价基本制度,明确评价主体、对象、周期、方法、数据获取和分析、反馈机制和应用场景等内容;二是根据市场运行规律和行业特点建立运行规则,开发建设旅游服务质量评价系统,制定完善评价模型、指标、流程和标准;三是要做好组织机构、人员、经费和设备等方面的保障,进一步完善纵向协同、横向联动的工作机制;四是加强流程动态监督与管理,坚持依法合规实施旅游服务质量评价。

为了贯彻落实《文化和旅游部关于加强旅游服务质量监管 提升旅游服务质量的指

---

① Churchill C A, Surprenant C. An Investigation into the Determinants of Customer Satisfaction [J]. Journal of Marketing Research,1982(17).

导意见》(2021年)的精神,上海市文化和旅游局印发了《上海市加强旅游服务质量监管提升旅游服务质量实施方案》(2021年),主动对标国际最高标准,提出落实旅游服务质量主体责任、培育优质旅游服务品牌、夯实旅游服务质量基础、加强旅游人才队伍建设、加快推进旅游信用体系建设、增强旅游市场秩序治理能力等六大方面任务共27条具体措施,以着力解决影响广大游客旅游体验的重点问题和主要矛盾,提高市民和旅游者的满意度、获得感、幸福感,推动上海旅游优化发展方式、提升质量效益。

复习思考

- 简述当前旅游产业结构优化的发展背景。
- 简述新时期我国旅游产业扶持与保障政策的主要领域和内容。
- 阐述旅游市场信用体系构建与旅游服务质量提升之间的关系结构。

第七章 促进地方旅游发展政策

内容提要

- 中国旅游城市及旅游强县的发展政策。
- 国家全域旅游示范区的发展政策。
- 国家旅游主体功能区域的发展政策。

第一节 中国旅游城市相关政策解读

一、旅游城市相关政策演变

创建中国优秀旅游城市旨在促进我国城市旅游业发展,进而带动整个旅游业的快速发展,其正式启动于1998年,标志是《中国优秀旅游城市检查标准(试行)》(1998年)和《中国优秀旅游城市验收办法》(1998年)的出台。同年,经国务院、中央文明办同意,国家旅游局创建中国优秀旅游城市指导委员会,负责指导全国创优工作,同时需要接受中央精神文明建设指导委员会的指导,并吸收相关部门加入。与此同时,各省、市应设立相应机构负责本辖区内创建中国优秀旅游城市工作的开展。随后,国家旅游局出台了《创建中国优秀旅游城市工作管理暂行办法》(2000年),规定了创建中国优秀旅游城市的一般程序为"申报—创建—自检—初审—验收—批准和命名—复核",并先后颁布了《中国优秀旅游城市检查标准》(2003年修订版)、《中国优秀旅游城市检查标准》(2007年修订本),进一步确立了创建中国优秀旅游城市的科学依据。

《中国优秀旅游城市检查标准》(2007年修订本)设定了20大项183个评分点,其中的20大项的标准(括号内为该项目的最高得分)为:①城市经济发展水平(60分);②城市旅游产业定位与规模(35分);③城市旅游业政策支持和资金投入(35分);④城市旅游业发展的政府主导机制(35分);⑤城市旅游业的管理体系(70分);⑥城市旅游行业精神文明建设(60分);⑦城市的生态自然环境(45分);⑧城市的现代旅游功能(100

分)；⑨城市的旅游教育培训(40分)；⑩城市的旅游交通(60分)；⑪城市的旅游景区的开发与管理(40分)；⑫城市的旅游促销与产品开发(60分)；⑬城市的旅游住宿(50分)；⑭城市的旅行社(40分)；⑮城市的旅游餐饮(40分)；⑯城市的旅游购物(40分)；⑰城市的旅游文化娱乐(40分)；⑱城市的旅游厕所(40分)；⑲城市的旅游市场秩序(70分)；⑳城市的旅游安全与保险(40分)。

2009年，国家旅游局局长工作会议研究决定，在没有接到国务院评比达标表彰工作协调小组正式通知前，国家旅游局将不再组织创建中国优秀旅游城市、中国旅游强县的验收和命名工作。备受关注的中国优秀旅游城市创建工作转入具体的旅游目的地体系建设中，更加体现了"以人为本"的理念。截至2010年，全国共有339个城市入选中国优秀旅游城市名单，极大地促进了我国城市旅游业的发展，推动了旅游环境的改善。

2015年，国家旅游局又启动了中国旅游休闲示范城市的创建工作，同年全国旅游标准化技术委员会出台了《旅游休闲示范城市》(LB/T047—2015)。2018年，中国旅游休闲示范城市创建工作暂停，但《旅游休闲示范城市》(LB/T047—2015)仍是一个有效标准。

在高质量发展的新时代，为顺应文化和旅游消费提质、转型、升级的新趋势，以及深化文化和旅游领域供给侧结构性改革，国务院办公厅于2019年发布了《国务院办公厅关于进一步激发文化和旅游消费潜力的意见》。次年，为贯彻落实《国务院办公厅关于进一步激发文化和旅游消费潜力的意见》中的工作要求，文化和旅游部、国家发展改革委、财政部共同发布了《文化和旅游部 国家发展改革委 财政部关于开展文化和旅游消费试点示范工作的通知》(2020年)、《文化和旅游部 国家发展改革委 财政部关于公布第一批国家文化和旅游消费示范城市、国家文化和旅游消费试点城市名单的通知》(2020年)，开启了文化和旅游消费试点/示范城市的申报工作。

二、文化和旅游消费城市的相关政策解读

《文化和旅游部 国家发展改革委 财政部关于公布第一批国家文化和旅游消费示范城市、国家文化和旅游消费试点城市名单的通知》(2020年)中要求各地区文化和旅游部门会同本地区的发展改革部门及财政部门"统筹推动本地区示范城市、试点城市建设工作，督促示范城市、试点城市加强对文化和旅游消费工作的组织领导，认真落实工作方案，因地制宜、改革创新、特色发展，积极培育壮大文化和旅游消费新业态新模式，全面提升文化和旅游消费质量和水平，推动文化产业和旅游产业高质量发展"。而《文化和旅游部 国家发展改革委 财政部关于开展文化和旅游消费试点示范工作的通知》(2020年)则明确了四大重点任务：①强化政策保障，构建文化和旅游消费良好政策环境；②增强供给能力，提高文化和旅游产品、服务供给质量；③优化消费环境，提高文化和旅游消费便捷程度；④创新业态模式，拓展文化和旅游消费新空间新时间。该通

知明确了文化和旅游消费试点/示范城市均施行申报制,并发布了国家文化和旅游消费示范/试点城市的名单(详见附录三),以及具体评价内容①。

该评价内容主要包含以下七个方面:

(1) 政策保障情况。

1.地方政府印发关于进一步激发文化和旅游消费的配套文件;
2.组织保障(地方政府建立文化和旅游消费工作领导机制、运行机制,成立专门工作机构,将文化和旅游消费工作纳入政府年度考核指标体系等);
3.建立文化和旅游消费数据监测体系;
4.地方政府制定落实支持利用老旧厂房开设文化和旅游消费场所的土地支持政策,完善相关优惠政策▲;
5.新建居民小区合理配置文化服务设施;
6.交通一卡通互联互通;
7.其他涉及文化和旅游消费的政策保障措施。

(2) 消费惠民措施。

1.制定实施文化和旅游消费惠民政策▲(如景区门票减免、景区淡季免费、演出门票打折、消费补贴、积分奖励、高速通行费减免等);
2.举办文化和旅游消费季、消费月、数字文化和旅游消费体验等活动;
3.金融支持文化和旅游消费(文旅消费联名信用卡、信贷产品、消费折扣等);
4.其他文化和旅游消费惠民措施。

(3) 产业融合发展。

1.文化和旅游融合发展业态;
2.数字文化和旅游消费业态。

(4) 消费便捷程度。

1.文化和旅游消费场所支付便利化(支持银行卡、移动支付情况);
2.文化消费网点建设★(依托社区综合服务中心、城乡便民消费服务中

---

① 评价内容详见《文化和旅游部 国家发展改革委 财政部关于开展文化和旅游消费试点示范工作的通知》(2020年)附件4《文化和旅游消费试点示范工作评价参考》。

心等丰富文化消费业态）；

  3.博物馆、美术馆、演出场所等场所的消费设施配套▲；

  4.演出、文化娱乐、景区景点支持互联网售票、二维码验票▲；

  5.文化和旅游消费场所4G/5G覆盖率★。

（5）产品供给能力。

  1.省级以上文化产业示范园区、国家文化产业示范基地数量及经营状况▲；

  2.人均剧场数及座位数★；

  3.高品质步行街、文体商旅综合体发展状况★；

  4.文化娱乐场所数量及发展状况▲；

  5.4A级以上景区、省级以上旅游休闲度假区数量★；

  6.四星级以上及高品质酒店、高品质旅游民宿数量及发展状况★；

  7.乡村旅游、红色旅游等旅游业态发展状况；

  8.文创产品及旅游商品开发；

  9.智慧景区建设及国有5A级旅游景区实行门票预约▲。

（6）假日和夜间经济。

  1.夜间文化和旅游消费▲（景区夜游、夜间演出、24小时书店等）；

  2.博物馆、美术馆优化开放时间或延时开放▲；

  3.夜间餐饮、购物（场所数量）及公交、地铁（班次）配套服务▲；

  4.地方政府制定出台带薪休假实施细则及推动落实；

  5.节假日及高峰期旅游交通服务。

（7）入境旅游环境。

  1.入境旅游产品开发及宣介；

  2.景区景点、餐饮住宿、购物娱乐、机场车站等场所多语种服务水平；

  3.银行业金融机构在文化和旅游消费集中区域设立分支机构（营业网点）▲；

  4.入境游客人次增长率★。

注：①标注★的需在相应表格填写定量数据，标注▲的需在相应表格填写定性内容和定量数据，不带标识的需在相应表格填写定性内容。

②申报示范城市的地方政府应全面推进文化和旅游消费、落实促进文化和旅游消费财政资金、建立文化和旅游消费工作领导机制。

③申报试点城市的地方政府可结合自身经济社会发展实际,确定重点试点方向和范围。

第二节 中国旅游强县相关政策解读

一、中国旅游强县的提出

创建中国旅游强县工作,是中国优秀旅游城市创建工作的延伸和扩展,同时也是政府主导旅游业发展战略纵深推进的重要举措[①]。县域经济是国民经济的基本单元,在国民经济中有着举足轻重的地位[②]。旅游业在县域经济中发挥了积极作用,已成为吸引投资,增加就业岗位,调整县域经济结构,促进县域产业转型升级的重要引擎[③]。为适应我国旅游业迅速发展的新形势,提高县域旅游业的发展能力和旅游服务质量,促进县域经济发展和社会进步,国家旅游局开始在各地开展创建旅游强县的工作。依据《关于启动中国旅游强县创建试点工作的通知》(2007年)和《中国旅游强县标准》(2007年),国家旅游局委托省级旅游部门派出验收组,对17个试点县进行了检查、验收,将桓仁满族自治县等17个县命名为第一批"中国旅游强县"(详见附录四)。

二、中国旅游强县的评定标准

基于《创建旅游强县工作指导意见》(2003年)和《创建旅游强县工作导则》(2003年),国家旅游局结合县域旅游发展的实际情况制定了《中国旅游强县标准(试行)》(2007年),从旅游经济发展水平(150分)、旅游产业定位与政府主导机制(130分)、旅游产业综合功能和效益(160分)、旅游开发与环境保护(180分)、旅游设施与服务功能(160分)、旅游市场监管与游客满意度(100分)、旅游行业精神文明和教育培训(70分)和旅游安全(50分)八个方面,以及年接待入境游客人数、旅游经营单位年上缴税收和设置旅游资源一体化的旅游管理机构等附加项目(200分)设定了具体的评分细则和标准,总分1200分。

---

①张庆,邹永广,黄远水.我国旅游强县旅游发展态势与动力因素研究[J].乐山师范学院学报,2011(12).
②何小芊,郭芸.中国旅游百强县空间分布特征及影响因素研究[J].干旱区资源与环境,2021(9).
③邹永广,郑向敏.中国旅游强县规模发展特征及影响因素研究[J].华东经济管理,2014(1).

第三节　国家全域旅游示范区相关政策解读

为全面迎接大众旅游时代，推动旅游产业更好地服务于经济转型发展，国家旅游局于2015年正式提出全域旅游战略，并正式启动全域旅游示范区创建工作[①]。

《关于开展"国家全域旅游示范区"创建工作的通知》(2015年)中提出：全域旅游是指在一定的行政区域内，以旅游业为优势主导产业，实现区域资源有机整合、产业深度融合发展和全社会共同参与，通过旅游业带动乃至统领经济社会全面发展的一种新的区域旅游发展理念和模式。该通知为各地全域旅游的发展明确了方向。随后发布的《全域旅游示范区创建工作导则》(2017年)、《国家全域旅游示范区验收、认定和管理实施办法(试行)》(2020年修订)和《国家全域旅游示范区验收标准(试行)》(2020年修订)明确了各省、市全域旅游示范区的创建目标和方向、验收标准，以及具体的创建任务。

全域旅游的创建工作受到了国家的重视，十二届全国人大五次会议上明确提出"大力发展乡村、休闲、全域旅游"的要求。2018年，国务院办公厅出台《关于促进全域旅游发展的指导意见》，进一步明确了全域旅游的工作部署和总体要求。

一、国家全域旅游示范区的创建对象及主体

《文化和旅游部办公厅关于修订印发〈国家全域旅游示范区验收、认定和管理实施办法(试行)〉和〈国家全域旅游示范区验收标准(试行)〉的通知》(2020年)明确地界定了国家全域旅游示范区的创建对象，此次修订的《国家全域旅游示范区验收、认定和管理实施办法(试行)》中明确指出"示范区是指将一定行政区划作为完整旅游目的地，以旅游业为优势产业，统一规划布局，创新体制机制，优化公共服务，推进融合发展，提升服务品质，实施整体营销，具有较强示范作用，发展经验具备复制推广价值，且经文化和旅游部认定的区域"。

全域旅游示范区的创建对象可分为全域旅游示范县(含县级市)和全域旅游示范市(州)。对于各地首批申报全域旅游示范区，原则上各市(州)申报1个县(市、区)，有条件的可视情申报市(州)为创建对象。创建主体为县、市(州)人民政府，成熟一批公布一批。国家旅游局先后公布了2批国家全域旅游示范区创建名单：2016年2月，国家旅游局公布了首批国家全域旅游示范区创建名录，共计262个；2016年11月，国家旅游局公布了第二批国家全域旅游示范区创建名录，共计238个。

截至2020年12月，文化和旅游部在确定500家国家全域旅游示范区试点单位的基

---

①石培华,张毓利,徐楠,等.全域旅游示范区创建的经济发展效应评估研究——基于中国重点旅游城市的实证检验[J].贵州社会科学,2020(5).

础上,于2019年9月25日公布了首批国家全域旅游示范区名单,共71个区县和单位,于2020年11月18日公布了第二批国家全域旅游示范区名单,共97个创建单位,两批共168个创建成功的国家全域旅游示范基地。这也带动了一批省级全域旅游示范区的建设,对不断提高旅游目的地品质、提升旅游业发展水平、更好地满足广大人民群众的旅游需求起到了重要的促进作用。

二、国家全域旅游示范区主要考核指标及申报程序

为进一步发挥旅游业在转方式、调结构、惠民生中的作用,实现旅游业与其他行业产业的深度融合,国家旅游局发布了《关于开展"国家全域旅游示范区"创建工作的通知》(2015年)、《国家全域旅游示范区验收、认定和管理实施办法(试行)》(2020年)和《国家全域旅游示范区验收标准(试行)》(2020年),规定了国家全域旅游示范区创建的申报程序、考核指标和验收标准,这些文件不仅是全域旅游从理念向实践落实的重要推动,也是地方践行全域旅游的重要指引。

在申请流程上,《关于开展"国家全域旅游示范区"创建工作的通知》(2015年)中规定了国家全域旅游示范区申报程序为"申报—推荐—确定创建名单—组织验收",共四个环节。首先,由申报单位按照自愿申报的原则,根据相关条件进行自检后,由县、市(州)人民政府向省旅游主管部门提交全域旅游示范区申报材料及不少于一年的创建工作计划;然后,省旅游主管部门对收到的申报材料进行审核,合格后择优向国家旅游局推荐;而后,国家旅游局根据各地申报情况,组织专家对申报材料进行审核、检查,确定同意创建的县、市州名单后对外公布;最后,创建单位应开展不少于一年的创建工作,创建工作完成后,市(州)旅游主管部门初检,省旅游主管部门复检合格后,向国家旅游局提出正式验收申请,国家旅游局组织专家验收合格、公示无异议后,正式确定为"国家全域旅游示范区"。

在考核指标上,《关于开展"国家全域旅游示范区"创建工作的通知》(2015年)中规定:①旅游业增加值占本地GDP比重15%以上;②旅游从业人数占本地就业总数的比重20%以上;③年游客接待量达到本地常住人口数量10倍以上;④当地农民年纯收入20%以上来源于旅游收入;⑤旅游税收占地方财政税收10%左右;⑥区域内有明确的主打产品,丰度高,覆盖度广。以上即全域旅游示范区创建的六大考核指标。

在验收标准上,《国家全域旅游示范区验收、认定和管理实施办法(试行)》(2020年)和《国家全域旅游示范区验收标准(试行)》(2020年)规定,文化和旅游部以省级文化和旅游行政部门上报的县级、地级创建单位的初审验收报告等材料为认定参考依据,并组织召开专家评审会从体制机制(90分)、政策保障(140分)、公共服务(230分)、供给体系(240分)、秩序与安全(140分)、资源与环境(100分)、品牌影响(60分)和创新示范(200分)共八个方面进行评分,并针对安全生产事故(35分)、市场秩序问题(30分)和生态环境破坏(35分)等问题进行扣分;若近三年存在重大安全事故、重大市场秩序问题和重大生态环境破坏,以及"厕所革命"不达标的情况,则不予审核。

第四节　国家旅游主体功能区域发展政策

一、世界级旅游景区与国家旅游景区发展政策解读

（一）世界级旅游景区发展政策

《中共中央关于制定国民经济和社会发展第十四个五年规划和二〇三五年远景目标的建议》（以下简称《建议》）强调：要推动文化和旅游融合发展，建设一批富有文化底蕴的世界级旅游景区和度假区。这一战略决策，必将对推动我国文化要素和旅游资源的深度融合、强化中国文旅产业的国际竞争力产生重大而深远的影响。

目前，针对世界级旅游景区和度假区，并没有形成统一的概念和标准，也未形成如国家A级景区或国家级（省级）旅游度假区一样的打分标准和审核流程。《建议》提出培育世界级旅游景区和度假区，是在充分结合我国文旅产业发展的实际情况和特殊阶段，以及吸收旅游发达国家成功发展经验的基础上，做出的正确战略部署，是文旅深度融合和高质量发展的又一风向标。世界级旅游景区和度假区的培育，对我国独特的自然环境和厚重的文化内涵优势的充分发挥有着深远的意义，对自然资源和文化资源的充分融合有着强有力的推动作用，也是我国从旅游资源大国向旅游资源强国转型的必由之路。

世界级旅游景区和度假区应该在一定程度上完成"目的地"的功能转换，"一站式"的品质配套服务，具备"世界级的品质"。项目无国界，在文旅消费升级和构建国内国际双循环相互促进发展的新格局下，世界级的文旅项目必将在围绕满足国人美好生活和国际休闲游客需求的要求下双向推进，因此，智慧化、多元化、国际化、创新化的体验模式也是项目的重要内涵。

伴随着《建议》的出台，多地以此为契机制定了各方面的目标和发展方向。但是现阶段，世界级旅游景区和度假区的培育是有门槛的，并不是"来者不拒"。第一批世界级旅游景区项目应该围绕具有一定文化价值和文化属性的国家5A级景区和国家级旅游度假区开展，而不是遍地开花。一方面是因为此类项目在硬件发展上都有了一定的基础，另一方面在知名度、文化创新性上也有很多的发展契机。此类项目，应注重对文化内涵和底蕴的再挖掘以及对现有产品的梳理调整，同时对于国际性IP的塑造和传播需要多下功夫。

另外，在新项目的发展中，要特别关注那些具有世界级传播价值的文化元素。截至2023年，我国共有世界遗产57项。其中，世界文化遗产39项，世界自然遗产14项，

世界自然与文化双遗产4项。①这些宝贵的文化遗产,为我们瞄准世界目标,提供了深厚的基础,各地政府和有实力的开发商应在这些自然遗产、文化遗产的开发和发展上下功夫。

(二)国家级旅游景区发展政策

根据《旅游景区质量等级划分》(GB/T 17775—2024),我国的旅游景区质量等级划分为五级,从高到低依次为AAAAA、AAAA、AAA、AA、A级旅游景区。为了加强旅游景区质量等级的评定和管理,提升旅游景区服务质量和管理水平,树立旅游景区行业良好形象,促进旅游业可持续发展,国家旅游局将《旅游景区质量等级评定管理办法》(2005年)予以废止,《旅游景区质量等级管理办法》自2012年5月1日起施行,进一步规范国家A级以上旅游景区的评定程序,严格国家级旅游景区质量要求,建立和完善国家A级以上景区退出机制和社会监督体系。

1. 景区质量等级评定

《旅游景区质量等级管理办法》(2012年)详细规定了景区质量等级的评定办法。

第五条规定:"国务院旅游行政主管部门负责旅游景区质量等级评定标准、评定细则等的编制和修订工作,负责对全国旅游景区质量等级评定标准的实施进行管理和监督。各省、自治区、直辖市人民政府旅游行政主管部门负责对本行政区域内旅游景区质量等级评定标准的实施进行管理和监督。"

第六条规定:"国务院旅游行政主管部门组织设立全国旅游景区质量等级评定委员会,负责全国旅游景区质量等级评定工作的组织和实施,授权并督导省级及以下旅游景区质量等级评定机构开展评定工作。各省、自治区、直辖市人民政府旅游行政主管部门组织设立本地区旅游景区质量等级评定委员会,按照全国旅游景区质量等级评定委员会授权,负责本行政区域内旅游景区质量等级评定工作的组织和实施。"

第十二条规定:"3A级及以下等级旅游景区由全国旅游景区质量等级评定委员会授权各省级旅游景区质量等级评定委员会负责评定,省级旅游景区评定委员会可向条件成熟的地市级旅游景区评定委员会再行授权。4A级旅游景区由省级旅游景区质量等级评定委员会推荐,全国旅游景区质量等级评定委员会组织评定。5A级旅游景区从4A级旅游景区中产生。被公告为4A级三年以上的旅游景区可申报5A级旅游景区。5A级旅游景区由省级旅游景区质量等级评定委员会推荐,全国旅游景区质量等级评定委员会组织评定。"

2. 景区质量等级评价标准

2024年8月,国家市场监督管理总局、国家标准化管理委员会发布《旅游景区质量等级划分》(GB/T 17775—2024),旅游景区质量等级的划分依据与方法是:根据旅游景

---

① 数据来源:联合国教科文组织,https://whc.unesco.org/en/statesparties/cn。

区质量等级划分条件确定旅游景区质量等级,按照《服务质量与环境质量评分细则》(细则一)、《景观质量评分细则》(细则二)的评价得分,再结合《游客意见评分细则》(细则三)的得分。各等级景区需要达到的分值条件详见表7-1。

表7-1　各等级景区需要达到的分值条件

等级	细则一	细则二	细则三
5A	950分	90分	90分
4A	850分	85分	80分
3A	750分	75分	70分
2A	600分	60分	60分
1A	500分	50分	50分

其中,国家5A级景区秉承以人为本理念,更注重景区的人性化和细节化,其标准包含许多细则,主要有:导游员持证上岗,普通话达标率100%;导游员(讲解员)均应具有大专以上文化程度,其中本科以上不少于30%;景区消防、防盗、救护等设备齐全完好,环境整洁,卫生符合国家规定,公共厕所、垃圾箱布局合理,造型景观化;通信方便,线路畅通,收费合理;旅游购物场所集中,管理有序,旅游产品本地特色突出;景区经营管理体制健全,有正式批准的旅游总体规划,投诉制度健全,处理及时;景区空气质量达一级标准,噪声质量达到一类标准,污水排放达到规定标准。同时,还有多条硬性标准,如旅游景区年接待海内外旅游量必须在60万人次以上(其中海外游客5万人次以上);景区必须达到国家4A级景区标准并运营一年以上。

根据《旅游景区质量等级管理办法》(2012年)第十七条规定:"各质量等级旅游景区必须按照国家统计部门和旅游行政主管部门要求,履行《旅游统计调查制度》,按时报送旅游景区各项相关统计数据和信息,确保数据的真实性和准确性。"

3. 景区质量等级评定程序

1)申报5A级旅游景区的评定程序

5A级旅游景区从4A级旅游景区中产生。被公告为4A级旅游景区三年以上的可申报5A级旅游景区。5A级旅游景区由省级旅游景区质量等级评定委员会推荐,全国旅游景区质量等级评定委员会组织评定。申报5A级旅游景区,由所在地旅游景区评定机构逐级提交申请报告、旅游景区质量等级评定报告书和创建资料(含电子版),省级旅游景区评定机构组织初评。初评合格的景区,由省级旅游景区评定机构向全国旅游景区质量等级评定委员会提交推荐意见。

申报5A级旅游景区的评定程序如下:

(1)资料审核。全国旅游景区质量等级评定委员会依据景区评定标准和细则规定,对景区申报资料进行全面审核,审核内容包括景区名称、范围、管理机构、规章制度及发展状况等。通过审核的景区,进入景观评估程序,未通过审核的景区,一年后方可申请重审。

（2）景观价值评价。全国旅游景区质量等级评定委员会组建由相关方面专家组成的评议组，听取申报景区的陈述，采取差额投票方式，对景区资源吸引力和市场影响力进行评价，评价内容包括景区观赏游憩价值、历史文化科学价值、知名度、美誉度与市场辐射力等。通过景观评价的景区，进入现场检查环节，未通过景观评价的景区，两年后方可再次申请重审。

（3）现场检查。全国旅游景区质量等级评定委员会组织国家级检查员成立评定小组，采取暗访方式对景区服务质量与环境质量进行现场检查，检查内容包括景区交通等基础服务设施，安全、卫生等公共服务设施，导游导览、购物等游览服务设施，电子商务等网络服务体系，对历史文化、自然环境进行保护，引导游客文明旅游等方面。现场检查达标的景区，进入社会公示程序，未达标的景区，一年后方可再次申请现场检查。

（4）社会公示。全国旅游景区质量等级评定委员会在中国旅游网上对达到标准的申报景区进行七个工作日的社会公示。公示阶段无重大异议或重大投诉的旅游景区通过公示；若出现重大异议或重大投诉的情况，将由全国旅游景区质量等级评定委员会进行核实和调查，做出相应决定。

（5）发布公告。经公示无重大异议或重大投诉的景区，由全国旅游景区质量等级评定委员会发布质量等级认定公告，颁发证书和标牌。

2）申报4A级旅游景区的评定程序

4A级旅游景区由省级旅游景区质量等级评定委员会推荐，全国旅游景区质量等级评定委员会组织评定。申报4A级的旅游景区，由所在地旅游景区评定机构逐级提交申请报告、旅游景区质量等级评定报告书和创建资料，省级旅游景区评定机构组织初评。初评合格的景区，由省级旅游景区评定机构向全国旅游景区质量等级评定委员会提交推荐意见，全国旅游景区质量等级评定委员会通过明查、暗访等方式进行检查，对外公告达标景区，颁发证书和标牌。

3）申报3A级及以下等级旅游景区的评定程序

3A级及以下等级旅游景区由全国旅游景区质量等级评定委员会授权各省级旅游景区质量等级评定委员会负责评定，省级旅游景区评定委员会可向条件成熟的地市级旅游景区评定委员会再行授权。

申报3A级及以下等级旅游景区，由所在地旅游景区评定机构逐级提交评定申请报告、旅游景区质量等级评定报告书和创建资料，创建资料包括景区创建工作汇报、服务质量和环境质量具体达标说明和图片、景区资源价值和市场价值具体达标说明及图片。省级或经授权的地市级旅游景区评定机构组织评定，直接对外公告达标景区，颁发证书和标牌，并报全国旅游景区质量等级评定委员会备案。

4. 景区质量等级降级与取消

《旅游景区质量等级管理办法》第二十九条规定，旅游景区质量等级评定委员会签发警告通知书、通报批评、降低或取消等级的处理权限如下：

3A级及以下等级旅游景区如达不到标准规定，省、自治区、直辖市旅游景区质量等级评定委员会有权对其签发警告通知书、通报批评、降低或取消等级，并报全国旅游景区质量等级评定委员会备案。

4A级旅游景区如达不到标准规定，省、自治区、直辖市旅游景区质量等级评定委员会有权对其签发警告通知书、通报批评，并报全国旅游景区质量等级评定委员会备案。如需对4A级旅游景区作出降低或取消等级的处理，须报全国旅游景区质量等级评定委员会审批，由全国旅游景区质量等级评定委员会对外公告。

全国旅游景区质量等级评定委员会对达不到标准规定的5A级旅游景区作出相应处理。

全国旅游景区质量等级评定委员会有权对达不到标准规定的各级旅游景区，作出签发警告通知书、通报批评、降低或取消等级通知的处理。

二、国家级旅游度假区发展政策解读

（一）国家级旅游度假区发展政策及发展现状

1. 国家级旅游度假区的发展政策

《旅游度假区等级划分》（GB/T 26358—2022）将旅游度假区定义为"以提供住宿、餐饮、购物、康养、休闲、娱乐等度假旅游服务为主要功能，有明确空间边界和独立管理运营机构的集聚区"。我国国家级旅游度假区发展经历了"先批后建"的国家旅游度假区和"先建后评"的国家级旅游度假区两个阶段，逐渐从早期吸引外汇、发展国际旅游市场转向以"满足国内休闲度假旅游需求、培育世界级度假旅游胜地"为目标，在完善度假区管理制度建设、促进旅游度假区高质量发展、推动旅游业转型升级方面发挥了重要作用①。

（1）"先批后建"的国家旅游度假区（1992年—2009年）。

为进一步扩大对外开放，开发利用中国丰富的旅游资源，促进我国由旅游观光型向观光度假型转变，加快旅游事业发展。1992年8月，国务院发布《国务院关于试办国家旅游度假区有关问题的通知》，开始批准在旅游度假资源丰富、客源基础良好、交通便捷、对外开放工作已经有较好基础的地区建设国家旅游度假区，并于同年10月公布了首批11个国家旅游度假区。国家旅游度假区是由国务院批准建设的以度假旅游为主导功能的综合型土地开发区，其设立初衷是以接待海外旅游者为主，以创汇经济发展为目标。建设国家旅游度假区是提升国内旅游业竞争力的重要举措，同时也开创了中国度假区"先批后建"的发展模式。

---

①高彩霞，刘家明，李凤娇，等. 国家级旅游度假区的空间分异及影响因素[J]. 中国生态旅游，2022(3).

(2)"先建后评"的国家级旅游度假区(2010年至今)。

经过10余年发展,旅游度假区在发展旅游产业、增强区域经济和促进社会发展的积极效应方面得到各级政府的认可和重视,同时,带动各省市批准建设了上百家省、市级旅游度假区,但总体发展仍较为缓慢,主要原因有彼时度假旅游市场发育不成熟,资源开发与市场需求不匹配等①。同时,在开发建设及服务配置中缺乏对度假旅游理念与内涵、服务与品质等内容的认识和理解,发展参差不齐,亟待规范引导。

国家旅游局于2010年制定的《旅游度假区等级划分》(GB/T 26358—2010)国家标准,成为旅游度假区规范发展的引领性文件。

2015年,国家旅游局发布了《旅游度假区等级划分细则》《旅游度假区等级管理办法》和《关于开展国家级旅游度假区评定工作的通知》,确定了国家级旅游度假区评选机制,同年10月公布了首批17家国家级旅游度假区,助推了全国省级旅游度假区创建工作的启动。

2019年,文化和旅游部印发了《国家级旅游度假区管理办法》,对国家级旅游度假区的创建提出了更高的要求:在申报条件上,除需满足"符合国家标准《旅游度假区等级划分》(GB/T 26358)及相关细则要求""符合社会主义核心价值观要求""度假设施相对集聚,经营状况良好"外,还从游客角度出发要求满足"旅游公共信息服务体系健全""游客综合满意度较高""在全国具有较高的知名度和品牌影响力"等条件。在认定程序上,不设创建环节,以是否达到标准和细则要求为依据,按照"材料审核—基础评价—现场检查—审议—公示—公告"的程序进行,其中的现场检查以暗访的形式进行。在管理机制上,强调建立有进有出的动态管理机制,采取重点复核与随机抽查相结合、明查与暗访相结合,或者委托第三方机构开展社会调查、游客意见反馈等方式,对国家级旅游度假区进行管理和复核。原则上每三年进行一次全面复核;对于"经检查或者复核,部分达不到国家标准《旅游度假区等级划分》(GB/T26358)及相关细则要求的""旅游公共信息服务体系不健全""游客投诉较多或者旅游市场秩序混乱,且未及时有效处理的""因管理失当,造成严重不良社会影响的""发生较大旅游安全责任事故的""变更名称、管理机构或者调整空间边界未及时备案的",以及文化和旅游部认定的其他情形给予通报批评处理,并要求限期整改;对于"经检查或者复核,与国家标准《旅游度假区等级划分》(GB/T26358)及相关细则要求差距较大的""存在严重违背社会主义核心价值观行为的""资源环境遭到严重破坏的""发生重大旅游安全责任事故的""发生重大违法违规行为的""申报过程中弄虚作假的",以及文化和旅游部认定的其他情形,文化和旅游部给予取消等级处理。国家级旅游度假区受到通报批评处理的,应当及时认真进行整改,整改期限原则上不超过1年。整改期限届满后,经省级文化和旅游行政部门报文化和旅游部检查验收。通过检查验收的,下达整改合格通知;未通过检查验收的,文化和旅游部给予取消等级处理。

---

①刘爱荣,帖英.对国家旅游度假区开发建设的若干思考[J].地域研究与开发,1995(4).

《中华人民共和国国民经济和社会发展第十四个五年规划和2035年远景目标纲要》(2021年)、《国务院关于印发"十四五"旅游业发展规划的通知》(2022年)分别提出了"建设一批富有文化底蕴的世界级旅游景区和度假区"和"推动中国旅游业高质量发展,建设世界级度假区"的目标,推动了我国旅游度假区建设和度假旅游发展的新热潮。

2. 国家级旅游度假区的发展现状

文化和旅游部(国家旅游局)分别于2015年、2017年、2019年、2020年、2022年、2023年及2024年公布了第一至第七批国家级旅游度假区名单。截至2024年7月,我国共有国家级旅游度假区86个(详见附录七),有河湖湿地类、山林类、温泉类、海洋类、冰雪类、主题公园类、古城古镇类、沙漠草原类等多种类型,广泛分布于华东、西南、华中、华南、西北、东北、华北七大地理区域(见表7-2)。其中,华东地区34个,占总数的39.53%;西南地区16个,占总数的18.60%;华中地区10个,占总数的11.63%;华南地区10个,占总数的11.63%;西北地区6个,占总数的6.98%;东北地区5个,占总数的5.81%;华北地区5个,占总数的5.81%,在全国层面呈现出显著的东多西少、南多北少的空间分布差异格局。总体来看,国家级旅游度假区在长三角地区有小范围集聚,但总体数量较少,且空间分布不均匀。

表7-2 国家级旅游度假区在七大地理区域中的数量分布及占比

区域	分省数量	合计/个	占比
华东	浙江省(9个)、江苏省(8个)、山东省(7个)、江西省(5个)、上海市(2个)、安徽省(2个)、福建省(1个)	34	39.53%
西南	云南省(5个)、四川省(5个)、重庆市(3个)、贵州省(2个)、西藏自治区(1个)	16	18.60%
华中	湖南省(4个)、湖北省(3个)、河南省(3个)	10	11.63%
华南	广西壮族自治区(4个)、广东省(3个)、海南省(3个)	10	11.63%
西北	陕西省(2个)、甘肃省(1个)、宁夏回族自治区(1个)、新疆维吾尔自治区(1个)、新疆生产建设兵团(1个)	6	6.98%
东北	黑龙江省(2个)、吉林省(2个)、辽宁省(1个)	5	5.81%
华北	河北省(2个)、北京市(1个)、山西省(1个)、内蒙古自治区(1个)	5	5.81%

(二)国家级旅游度假区类型

旅游度假区类型丰富多样,海滨旅游度假区、温泉旅游度假区、滑雪旅游度假区、山地旅游度假区和水域风光旅游度假区等比较常见。

1. 海滨旅游度假区

海滨旅游度假区是旅游度假区中最常见的一种,位于海滨,有宜人的气候和迷人沙滩,空气清新。海滨旅游度假区主要依托"3S"(大海、沙滩和阳光)资源及良好的区位条件,适合开展各种海岸型、近海型旅游活动,修建多种多样的康体休闲设施。

2. 温泉旅游度假区

在世界流行的以水为主的休闲度假三大主题(温泉、海水和冰雪)中,温泉旅游度假区是最大的内陆休闲度假主题,也是最古老的旅游方式。其主要以度假旅游为核心,开发休闲、保健、会议相关旅游设施。温泉旅游度假区以一个大中城市为依托,塑造明确的主题和活动,建设文化浓郁的特色露天温泉和高档度假酒店,主要面向高消费游客。

3. 滑雪旅游度假区

滑雪旅游度假区通常需要具备四个条件:一是适宜的气候、覆雪和山地(至少是坡地);二是带有供暖设备的旅游住宿接待设施;三是备有机动运送设备、造雪机和扫雪机;四是配备夜间文化娱乐活动设施和餐饮设施。

滑雪旅游产品与其他旅游产品相比,具有参与性强、回归自然、旅游者滞留时间长、消费层次高、客源市场稳定等特点。滑雪旅游与观光旅游、度假旅游相结合,可提高旅游地利用率。

4. 山地旅游度假区

山地旅游度假区往往群山环抱,拥有大面积森林,空气清新、氧气充足、负氧离子含量高,是良好的休闲运动场所,符合当代人"回归自然"的思潮,因而受到广大游人的喜爱。山地度假区可向旅游者提供度假、疗养、休闲运动,以及康体与娱乐服务。

5. 水域风光旅游度假区

水域风光旅游度假区是指在河流和湖泊建设的旅游度假区,有迷人的水上风景,适合开展水上运动、水上观光等水上旅游活动。

(三)国家级旅游度假区等级划分的条件

根据《旅游度假区等级划分》(GB/T 26358—2022)国际标准,国家级(或省级)旅游度假区均应具备如下基本条件:①应具备良好的度假资源条件,且无多发性不可规避的自然灾害。度假资源类型参见 GB/T 36309 和 GB/T 18972。②度假环境质量应符合相关国家标准的要求。全年环境空气污染物基本项目浓度符合 GB 3095—2012 的二类区标准;住宿客房声环境质量达到 GB3096—2008 的 1 类标准;与人体接触的地表水质量达到 GB 3838—2002 的 Ⅲ 类标准;土壤质量符合 GB 15618 和 GB 36600 的要求。③面积范围应合理、空间边界应明确。④应具有统一独立有效的运营管理机构。⑤应具有经过环境影响评价和批复的总体规划,与国土空间规划相衔接,符合相应管控要求。⑥度假住宿设施应品质优良,规模和种类应满足旅游接待需求。⑦旅游度假区内用于产权出售的房地产项目总建筑面积与旅游接待设施总建筑面积的比例应不大于1:2。⑧应满足老幼、母婴、残障等旅游者的需求,配置相应的专用设施和服务。⑨应品牌影响力强,市场知名度、品牌美誉度和游客满意度高。⑩近3年应未发生重大环保事故、重大旅游安全责任事故和重大负面舆情。

《文化和旅游部办公厅关于开展新一批国家级旅游度假区申报工作的通知》(2023年)进一步规定了申请国家级旅游度假区应具备的条件:①符合《旅游度假区等级划分》国家标准(GB/T 26358—2022)及相关细则要求;②符合社会主义核心价值观要求;③度假设施相对集聚,经营状况良好;④旅游公共信息服务体系健全;⑤游客综合满意度较高;⑥在全国具有较高的知名度和品牌影响力;⑦土地使用符合法律法规有关规定;⑧主要经营主体近3年无严重违法违规等行为记录;⑨近3年未发生重大环保事故、重大旅游安全责任事故和重大负面舆情;⑩被认定为省级旅游度假区1年以上。

三、国家级旅游休闲街区政策解读

根据《旅游休闲街区等级划分》(LB/T082—2021),旅游休闲街区等级划分为两个等级,由高到低依次为国家级旅游休闲街区和省级旅游休闲街区。其中,国家级旅游休闲街区应为步行街,总占地面积不小于5万平方米或主街长度不小于500米,年接待访客量应不少于80万人次;省级旅游休闲街区应在每日主要营业时段期间采取主街限制车辆通行的措施,总占地面积不小于3万平方米或主街长度不小于300米,年接待访客量应不少于50万人次。

为贯彻落实关于"打造一批文化特色鲜明的国家级旅游休闲城市和街区"的部署,更好地满足人民群众游览和休闲需求,国家发展改革委联合文化和旅游部印发了《关于开展旅游休闲街区有关工作的通知》(2021年),并于2021年11月正式启动国家级旅游休闲街区的认定工作,在各省(区、市)和新疆生产建设兵团文化和旅游行政部门推荐的基础上,文化和旅游部会同国家发展改革委,依据中华人民共和国旅游行业标准《旅游休闲街区等级划分》(LB/T 082—2021),认定了首批54家国家级旅游休闲街区。(详见附录八)。

首批评选出的国家级旅游休闲街区在地域上覆盖了全国的31个省、自治区、直辖市以及新疆生产建设兵团,是在各地300多家省级旅游休闲街区中优中选优评出的,它们代表本地鲜明的文化主题和地域特色,具备旅游休闲、文化体验和旅游公共服务等功能,融合观光、餐饮、娱乐、购物、住宿、休闲等业态,能够满足游客和本地居民游览、休闲等需求。街区旅游公共设施与信息服务体系健全,在全国具有较高的知名度和品牌影响力。

首批国家级街区的推出,有力推动了全国旅游休闲街区的建设,促进了旅游休闲产品和服务的集聚,强化了文化特色展示,促进了基础设施、服务设施完善,美化了城市形象,助力了城市更新,更充分地满足了旅游者和当地居民的旅游休闲需要。文化和旅游部将会同国家发展改革委,不断推动全国各地提高旅游休闲街区建设、管理、服务和推广水平,更好地满足人民日益增长的美好生活需要。

四、国家公园及国家文化公园政策解读

(一)国家公园发展政策

1. 国家公园概念演变

国家公园(National Park)的概念起源于美国,其逐步从单一的空间概念演变为一套完整的理念体系,进而形成了一种管理制度模式。但在国家公园的具体实践上,各国的国家公园发展理念各有不同[①]。从使用功能和范围来看,美国国家公园特指可为人们提供游览服务的保护区;澳大利亚国家公园指的是被保护起来的陆地区域,且该区域的人类活动受到限制[②];英国国家公园内有大量居民居住,且可进行适当的经济性活动[③]。由于不同国家对国家公园的定义和理解有所不同,国家公园在实际管理与运营过程中存在一定的困难。因此,为方便各国间沟通交流,加强国家公园的统一规范化管理,世界自然保护联盟(IUCN)将国家公园列为保护地管理类别,并指出国家公园是一个集科学、教育、娱乐和游览等功能于一体且拥有完整生态系统的保护区域。

与其他国家相比,国家公园的概念在我国出现较晚,是随着自然保护区的兴起而逐渐出现、演变和发展起来的,也是我国自然保护地的重要类型。自1956年鼎湖山自然保护区建立以来,我国建立了许多不同类型的自然保护地,颁布了一系列的相关政策文件和条例,这在一定程度上反映了我国国家公园概念的演变历程。其中,2009年云南省制定的国家公园地方标准将国家公园定义为:由政府划定和管理且具有一定的国家或国际意义的保护地。《云南省国家公园管理条例》(2015年)结合中国国家公园的实践和IUCN的国家公园定义,对该国家公园的概念进行了补充,指出国家公园具有科研、科普教育、游憩等多重功能。此外,《建立国家公园体制总体方案》(2017年)中指出国家公园必须由国家批准设立,明确了国家在国家公园管理中占据主导地位。《关于建立以国家公园为主体的自然保护地体系的指导意见》(2019年)中进一步强调了国家公园是"具有全球价值、国家象征"和"实行最严格的生态环境保护制度"的自然保护地类型。

随着我国国家公园建设实践的不断深入发展,我国国家公园的概念体系不断完善,逐渐走出了一条中国特色的国家公园建设发展道路,成为国家生态文明体制改革

---

①钟林生,肖练练.中国国家公园体制试点建设路径选择与研究议题[J].资源科学,2017(1).
②唐芳林.国家公园属性分析和建立国家公园体制的路径初探[J].林业建设,2014(3).
③徐菲菲,Dorothy Fox.英美国家公园体制比较及启示[J].旅游学刊,2015(6).

中整体进展最快、制度改革最系统的领域①。

2. 中国国家公园的相关政策

建立以国家公园为主体的自然保护地体系,是我国生态文明建设的重要内容。党的十八大以来,国家公园建设上升为国家战略,各地纷纷探索国家公园建设之路②。

2015年5月,国务院批转《关于2015年深化经济体制改革重点工作的意见》,该意见中提出:在9个省份开展国家公园体制试点。2017年9月,中共中央办公厅、国务院办公厅印发《建立国家公园体制总体方案》,为我国国家公园体制建设指明了方向,明确了"构建统一规范高效的中国特色国家公园体制"和"确保全民所有的自然资源资产占主体地位"的要求。2019年6月,中共中央办公厅、国务院办公厅印发《关于建立以国家公园为主体的自然保护地体系的指导意见》,明确了国家公园的主体地位,标志着我国国家公园建设迈上一个新台阶。

上述政策文件的颁布,对我国国家公园建设和发展具有一定的推动作用。而在发展实践方面,我国国家公园的建设开始于2006年的云南省普达措国家公园,经过十多年的发展,已取得阶段性的成效。2021年10月,习近平在《生物多样性公约》第十五次缔约方大会领导人峰会上正式宣布我国正式设立了第一批国家公园,国家公园的建设从试点阶段步入快速推进阶段。

3. 国家公园体制试点建设的推进机制

1)部门协调机制

国家公园体制试点打破原有保护地部门交叉管理的现状,牵涉利益广、部门多,因此,需要各部门大力协调配合。在国家层面,13个相关部门应从自身行业管理经验以及对国家公园体制的深刻认识基础出发,对各试点方案进行审核,配合国家发改委各项试点法规、方案的制定和实施;在省级层面,试点区应联合国土、水利、环保、农业、林业、旅游、文物、海洋等多个主管部门,厘清部门权责,明确其职责,对试点区范围内的管理和运营进行有效监管和指导,跟踪分析试点工作进展情况,制定完善的配套政策。

2)规划引领机制

国家公园体制试点是一个系统而复杂的工程,关系到未来中国国家公园的建设进程,必须以科学规划为先导。目前中国保护地属地管理导致同一个区域出现多层次、多部门、多标准的规划体系,甚至不同规划体系间存在矛盾冲突,缺乏衔接和协调。因此,国家公园体制试点有必要在全国层面制定一套完整的规划体系,根据国家公园试点区的发展目标,分层制定总体规划、详细规划和专项规划等形式,保证规划的统一性和规范性。

---

①蔡晓梅,苏杨.从冲突到共生——生态文明建设中国国家公园的制度逻辑[J].管理世界,2022(11).
②耿松涛,唐洁,杜彦君.中国国家公园发展的内在逻辑与路径选择[J].学习与探索,2021(5).

3) 资金保障机制

在试点阶段,中央政府通过整合现有各项保护地补偿资金、加大重点生态功能区转移支付,安排国家公园体制建设专项资金。地方政府可通过调整地方各类专项资金结构和专项补贴的方式,弥补国家公园资金的不足。此外,还可通过特许经营权收费、接收社会捐赠、PPP融资等方式,有效吸收社会资金参与国家公园建设。

4) 公众参与机制

国家公园的性质决定了其"全民发展、全民共享"的特征,公众参与发挥着民主决策、民主监督、提高公众满意度的作用,在试点阶段,有必要探索科学、合理的公众参与机制以保障公众的知情权及参与权。公众参与的内容主要包括社会投资与捐赠、志愿者招募、科研合作与交流,以及公众对国家公园管理的参与和知情。公众参与机制构建要多途径协同发展,如法律制度的保障、多样化的参与渠道与沟通机制、基于多方参与的规划指导、针对特殊事项的公众参与技术规程等。

(二)国家文化公园发展政策

《国家"十三五"时期文化发展改革规划纲要》(2017年)首次提出依托长城、大运河等重大历史文化遗产,规划建设一批国家文化公园,形成中华文化重要标识的设想。2019年,中央全面深化改革委员会第九次会议审议通过了《长城、大运河、长征国家文化公园建设方案》,由此,国家文化公园建设进入实质性推进阶段。以国家文化公园为载体,在全国范围内保护传承与彰显国家精神的文化遗产,并通过展示、传播和体验,增强全民对中华文化、中华文明和中国精神的认同感和归属感,进一步坚定文化自信,增强国民的精神力量,是新时期文化建设的重要内容。

国家文化公园建设,是深入贯彻落实习近平总书记关于发掘好、利用好丰富文物和文化资源,让文物说话、让历史说话、让文化说话,推动中华优秀传统文化创造性转化创新性发展、弘扬革命文化、发展先进文化等一系列重要指示精神的重大举措。根据《长城、大运河、长征国家文化公园建设方案》(2019年)要求,国家文化公园建设工作领导小组先后印发了《长城国家文化公园建设保护规划》(2021年)、《大运河国家文化公园建设保护规划》(2021年)。

其中,《长城国家文化公园建设保护规划》充分考虑各时代长城文物和文化资源地域的空间分布特征、历史文化科学价值、景观游览价值、保存完整性和规模丰度以及开放利用程度等要素,按照"核心点段支撑、线性廊道牵引、区域连片整合、形象整体展示"的原则,以山西明长城为主线,串联沿线各类长城文物和文化、自然生态资源点,营造差异化的特色主题,全面展示长城的文化景观和文化生态价值,形成"一带、三段、六区、多点"的总体空间格局。

《大运河国家文化公园建设保护规划》立足新形势、新阶段、新任务、新要求,明确了六项重点任务和五类重点工程。按照"河为线,城为珠,珠串线,线带面"的思路,整合大运河沿线8省市文物和文化资源,优化形成一条主轴凸显文化引领、四类分区构筑空间形态、六大高地彰显特色底蕴的大运河国家文化公园总体功能布局。

《长征国家文化公园建设保护规划》聚焦六大关键建设领域,明确了长征沿线15个省(区、市)的重点项目。在建设范围方面,长征国家文化公园的主体建设范围原则上包括1934年10月至1936年10月,红一方面军(中央红军)、红二方面军(红二、红六军团)、红四方面军和红二十五军长征途经的地区,涉及福建、江西、河南、湖北、湖南、广东、广西、重庆、四川、贵州、云南、陕西、甘肃、青海、宁夏15个省(区、市),共计72个市(州)和381个县(市、区)。在空间布局方面,《长征国家文化公园建设保护规划》根据红军长征历程和行军线路,以红一方面军(中央红军)长征路线为轴,以红二十五军、红四方面军、红二方面军(红二、红六军团)长征路线和三军会师路线为四线,构建了"一轴四线十四篇章"的整体空间框架和叙事体系[①]。

复习思考

- 简述红色旅游的内涵。
- 简述国家旅游度假区概念、特征、类型。
- 简述国家旅游融合发展领域的主要内容和政策。
- 简述国家旅游主体功能区域发展的主要区域和政策。

---

①《建设中华民族共有的精神家园 科学绘制长征国家文化公园建设蓝图——国家文化公园建设工作领导小组办公室负责人就〈长征国家文化公园建设保护规划〉答记者问》,中国政府网。

第八章 促进旅游融合发展政策

- 国家红色旅游发展政策。
- 国家乡村旅游发展政策。
- 中医药健康旅游、研学旅游、体育旅游、交通旅游等旅游融合发展政策。

第一节 国家红色旅游发展政策

一、红色旅游的内涵

在中国,红色旅游的形成和发展与爱国主义、思想政治和革命传统教育活动密不可分,是一种集参观、体验、学习和教育于一体的专项旅游活动[①]。新中国成立后,大部分革命圣地、纪念地和革命遗址等红色旅游资源被作为爱国主义教育、革命传统教育以及思想政治教育阵地得以有计划开发与建设。但新中国成立后至改革开放前这段时期的红色旅游活动具有明显政治接待特征,缺少现代旅游活动的主要元素,并不是真正意义上的红色旅游。

"红色旅游"一词最早可以追溯到2000年江西的"红色之旅"旅游专线,进而引起了学界的广泛关注,很多学者对"红色旅游"的概念做出界定。2004年,中共中央办公厅、国务院办公厅印发《2004—2010年全国红色旅游发展规划纲要》,将"红色旅游"定义为"以中国共产党领导人民在革命和战争时期建树丰功伟绩所形成的纪念地、标志物为载体,以其所承载的革命历史、革命事迹和革命精神为内涵,组织接待旅游者开展缅怀学习、参观游览的主题性旅游活动";2011年,中共中央办公厅、国务院办公厅联合发布《2011—2015年全国红色旅游发展规划纲要》,其中将"红色旅游"的内涵进行延展,可

---

① 刘海洋,明镜.红色旅游:概念、发展历程及开发模式[J].湖南商学院学报,2010(1).

以概括为"鸦片战争到改革开放时期所有体现爱国主义和伟大民族精神的历史文化遗产",得到了广泛的认可和应用。

二、红色旅游相关的主要政策解读

目前,在以国内大循环为主体的国内国际双循环旅游发展格局下,红色旅游的高质量发展有助于拉动旅游内需和激发国内旅游文化消费动能,有助于增强国民文化认同和价值认同,有助于构建革命老区和贫困地区实现可持续减贫的长效机制,具有重要的理论意义、政策内涵和实践价值。

《中共中央关于制定国民经济和社会发展第十四个五年规划和二〇三五年远景目标的建议》(2020年)中首次提出了"满足人民文化需求和增强人民精神力量相统一"的目标,要求推动文化和旅游融合发展,发展红色旅游和乡村旅游。为发挥红色旅游的经济意义、社会意义和政治意义,国家政策引导各地制定并实施门票优惠补贴等政策,支持一批智慧红色旅游景区建设,发展新一代沉浸式体验型红色旅游产品,推出一批具有代表性的智慧红色旅游景区。

近年来,革命文物得到充分保护和利用,革命博物馆、纪念馆、党史馆、烈士陵园等红色基因库和长征国家文化公园等是红色旅游的重要资源和传承创新红色基因的重要形式,为融合红色旅游与青少年教育提供了更好的支撑。例如,《文化和旅游部办公厅 教育部办公厅 国家文物局办公室关于利用文化和旅游资源、文物资源提升青少年精神素养的通知》(2022年)中明确提出通过创新利用阵地服务资源、推动优质服务进校园和推进"文教合作"机制等方式,进一步整合文化和旅游资源、文物资源,利用学生课后服务时间、节假日和寒暑假,面向青少年开展社会主义先进文化、革命文化和中华优秀传统文化教育,培育广大青少年艰苦奋斗、奋发向上、顽强拼搏的意志品质,丰富青少年文化生活,提升青少年精神素养。

三、发展重点领域与扶持政策

21世纪以来,根据《2004—2010年全国红色旅游发展规划纲要》(2004年)、《2011—2015年全国红色旅游发展规划纲要》(2011年)和《2016—2020年全国红色旅游发展规划纲要》(2016年)三个重要文件,可将我国红色旅游政策演进过程划分为三个阶段。

(一)2004年—2010年《2004—2010年全国红色旅游发展规划纲要》(2004年)

首个指导全国红色旅游实践的战略性文件《2004—2010年全国红色旅游发展规划纲要》(2004年)发布,纲要提出:围绕八方面内容,培育十二个重点红色旅游区,组织规划三十条"红色旅游精品线路",重点建设百个"红色旅游经典景区"的总体布局和发展框架,以与时俱进的创新精神丰富和加强新时期爱国主义和革命传统教育,扩大对红色旅游的扶持范围。一方面,多部门通过确定教育示范基地的方式实现红色旅游教育功能的延伸。例如,中宣部分别于2005年11月和2009年5月公布了第三批(66个)、第四批(87个)全国爱国主义教育示范基地名单;中央纪委监察部于2010年5月命名第一批50个全国廉政教育基地;国家国防教育办公室于2009年命名了首批160个国家国防教育示范基地。另一方面,国家旅游局和各级政府通过加强区域规划编制优化红色旅游的空间布局。例如,国家旅游局颁布《国家中部及西北片区红色旅游规划:2008~2020》(2008年),通过遴选具有代表性红色旅游资源的湘赣闽片区、鄂豫皖片区和西北五省片区实施规划,完善全国红色旅游的发展框架和格局。

(二)2011年至2015年:《2011—2015年全国红色旅游发展规划纲要》(2011年)

《2011—2015年全国红色旅游发展规划纲要》(2011年)继续扩大对红色旅游的扶持范围。首先,以区域发展带动老区红色旅游。2011年10月至2013年2月期间,先后批复实施的《武陵山片区区域发展与扶贫攻坚规划(2011—2020年)》《秦巴山片区区域发展与扶贫攻坚规划(2011—2020年)》《滇桂黔石漠化片区区域发展与扶贫攻坚规划(2011—2020年)》《六盘山片区区域发展与扶贫攻坚规划(2011—2020年)》《燕山—太行山片区区域发展与扶贫攻坚规划(2011—2020年)》《大别山片区区域发展与扶贫攻坚规划(2011—2020年)》《罗霄山片区区域发展与扶贫攻坚规划(2011—2020年)》和《吕梁山片区区域发展与扶贫攻坚规划(2011—2020年)》等规划文件中明确要求大力发展以红色文化、红色旅游为核心的文化旅游。其次,发布专项计划推动老区振兴发展。2012年3月至2015年6月期间,国家发改委先后批复实施了《陕甘宁革命老区振兴规划》《赣闽粤原中央苏区振兴发展规划》《左右江革命老区振兴规划(2015—2025年)》《大别山革命老区振兴发展规划》等四个重点革命老区振兴发展规划。最后,规范地方政策和措施引导红色旅游发展。例如,《华东片区红色旅游规划(2012—2020)》《江西省红色旅游发展规划(2013—2017年)》等地方规划的发布。

(三)2016年至今:《2016—2020年全国红色旅游发展规划纲要》(2016年)

《2016—2020年全国红色旅游发展规划纲要》(2016年)要求继续坚持把爱国主义和革命传统教育、培育和践行社会主义核心价值观、促进社会精神文明建设作为红色旅游发展的出发点和落脚点,具体公布了全国红色旅游经典景区300处,坚持把深挖红色旅游的文化内涵、强化其教育功能和社会效益放在发展首位,要积极发挥红色旅游脱贫攻坚作用,明确提出完善经典景区体系、运行管理、规范化水平、宣传推广、经济社会综合效益和人才队伍建设六项主要任务。

总之,党和国家坚持理论创新与实践探索的良性互动,开创红色旅游融合业态探索、特色产品、特色模式的新局面,通过发展重点领域与扶持政策,助推红色旅游逐步成为革命老区打赢脱贫攻坚战和促进经济社会发展的重要引擎和驱动力量。

第二节 国家乡村旅游发展政策

一、关于乡村旅游的系列政策

乡村旅游是拓宽农民就业增收渠道、提高村民素质、振兴乡村经济的重点产业,也是推动脱贫攻坚和乡村振兴战略的重要手段①,其高质量发展有赖于科学合理的政策体系与制度框架②。

我国乡村旅游缘起于1989年,"中国农民旅游业协会"更名为"中国乡村旅游协会"是标志性事件。乡村旅游政策文件作为乡村旅游政策信息的载体,可以反映乡村旅游政策的实践过程③。我国乡村旅游政策围绕乡村旅游开发与保护、产业与经营,以及权益与福利等实践活动,发布了引导型、支持型、保障型和规制型等一系列不同类型政策,发文数量呈现出波动式显著增加态势,逐步形成了从中央部委到地方垂直传导的联动格局。我国乡村旅游政策总体上与乡村旅游发展的阶段特征相匹配,体现了政府的意志导向;发文主体逐渐多元化,并形成协同化网络,其统领性与协同性也在不断增强;发文内容不断丰富,领域深化拓展,逐步构建体系架构并渐趋成熟化。我国乡村旅游政策发展具体可划分为乡村旅游政策依附阶段(1989年至2000年)、乡村旅游政策引导阶段(2001年至2005年)和乡村旅游政策体系化阶段(2006年至今)④。

1. 乡村旅游政策依附阶段(1989年至2000年)

20世纪末期,我国的乡村旅游是一种自发式的发展模式,但规模和影响均比较有限,与之有关的政策内容依附于国土资源、文化与文物、农业与农产品、环境保护等其他行业的相关政策。而且,这一阶段的"中国乡村旅游协会"(1989年)、"华夏城乡游"(1998年)和"生态旅游年"(1999年)等乡村旅游结构或活动只是从理念角度提出乡村旅游的概念。

2. 乡村旅游政策引导阶段(2001年至2005年)

这一阶段的乡村旅游主要围绕"三农"问题中的"农业旅游"和"乡村风情"展开。《农业旅游发展指导规范》(2001年)、《全国农业旅游示范点、工业旅游示范点检查标准(试行)》(2002年)为农业旅游发展和全国农业旅游示范点的创建提供了依据,有利于

---

① 何琼峰,宁志中.旅游精准扶贫助推贫困地区乡村振兴的思考[J].农业现代化研究,2019(5).
② 马静,舒伯阳.中国乡村旅游30年:政策取向、反思及优化[J].现代经济探讨,2020(4).
③ 傅雨飞.公共政策量化分析:研究范式转换的动因和价值[J].中国行政管理,2015(8).
④ 舒伯阳,马静.中国乡村旅游政策体系的演进历程及趋势研究——基于30年数据的实证分析[J].农业经济问题,2019(11).

农业旅游产品的专业化、规范化和市场化;《中共中央 国务院关于促进农民增加收入若干政策的意见》(2004年)将"三农"问题提到国家战略的高度,乡村旅游发展迎来了重大发展契机。

3. 乡村旅游政策体系化阶段(2006年至今)

"三农"问题是这一阶段重要的国家战略之一,随着新农村建设、城乡统筹和农业供给侧结构性改革等的深入,与乡村旅游直接相关的政策开始密集出现。连续四年的中央"一号文件"(2007年—2010年)均聚焦乡村旅游,详细阐述了乡村旅游的定位、功能与产品,明确了将乡村旅游作为发展乡村经济的重要途径。《全国乡村旅游发展纲要(2009—2015年)》(2009年)、《中共中央 国务院关于加大统筹城乡发展力度 进一步夯实农业农村发展基础的若干意见》(2009年)从发展原则、工程建设、保障措施等方面提出了乡村旅游的战略规划,乡村旅游政策从宏观引导逐步向微观指导转变。

《农业部关于加强农业行业扶贫工作的指导意见》(2012年)不仅涉及乡村旅游,还涉及乡村发展的其他内容,这里仅对文件中关于乡村旅游的内容做归纳总结。《关于切实加强中国传统村落保护的指导意见》(2014年)和《中共中央 国务院关于打赢脱贫攻坚战的决定》(2015年)等相关的乡村旅游政策逐步关注到乡村旅游保护传统村落、传承农耕文化和扶贫等社会功能,乡村旅游从最初单一的经济目标过渡到经济和社会的双重目标。《中共中央 国务院关于落实发展新理念加快农业现代化实现全面小康目标的若干意见》(2015年)首次将休闲农业乡村旅游作为繁荣农村、富裕农民的新兴支柱产业,进一步增强了对乡村旅游的扶持和引导作用。而根据《国务院办公厅关于进一步促进旅游投资和消费的若干意见》(2015年)等文件要求,开展了第一批"中国乡村旅游创客示范基地"的评选工作(名单详见附录六),也是落实乡村旅游繁荣农村、富裕农民的新发展理念的一次具体实践。

随着统筹城乡、城乡融合及乡村振兴等的深入发展,乡村旅游相关政策也进入了深化调整时期,并且逐步形成体系。中央"一号文件"(2016年—2018年)分别从产业定位、发展模式、资金筹集、行业标准、市场准入、服务设施建设等不同角度引导休闲农业和乡村旅游发展。《促进乡村旅游发展提质升级行动方案(2017年)》《促进乡村旅游发展提质升级行动方案(2018年—2020年)》提出从补齐乡村设施建设短板、推进人居环境整治、建立健全产品和服务标准、鼓励引导社会资本参与、加大配套政策支持五个方面部署乡村旅游发展。《关于促进乡村旅游可持续发展的指导意见》(2018年)基本构建了中国乡村旅游的政策体系,乡村旅游政策研究也逐渐成为学者们关注的热点问题。《农业农村部办公厅关于开展中国美丽休闲乡村推介活动的通知》(2019年)提出要继续实施休闲农业和乡村旅游精品工程,培育一批美丽休闲乡村。

二、中央"一号文件"关于乡村旅游政策的关注重点

2015年至2020年期间,中央"一号文件"关于乡村旅游的政策出台力度不断加大,

乡村旅游由最初解决"三农"问题的"附属品",转变成为实施乡村振兴的支柱性产业。此阶段,政策核心内容在于乡村旅游发展的资本政策支持、乡村旅游发展的载体、乡村旅游的发展形式和乡村旅游的基础设施建设等四个方面[①]。

1. 乡村旅游发展的资本政策支持

1) 资金支持

为了加快乡村旅游的发展,中央"一号文件"要求加大对乡村旅游发展的资金支持力度,主要体现在三个方面:

第一,中央财政资金支持力度不断加强。中央"一号文件"(2015年)提出,要通过制定金融扶持政策促进乡村旅游发展。

第二,中央财政的资金支持渠道不断拓宽。中央"一号文件"(2017年、2019年)提出多渠道筹集资金,即建立资金保障体系,以社会融资和市场集资为主,以政府财政资金引导为辅的方式解决乡村旅游资金短缺问题。

第三,注重乡村旅游发展资金的整合。

2) 税收支持

中央"一号文件"(2015年)指出要通过落实税收优惠政策促进乡村旅游发展(见表8-1)。然而,乡村旅游的税收优惠政策如何落实,还需要进一步明确和细化。因此,中央"一号文件"(2016年)提出"采取以奖代补、先建后补、财政贴息、设立产业投资基金等方式扶持休闲农业与乡村旅游业发展",这一措施成为各个地方政府支持乡村旅游发展的重要方式。

表8-1 中央"一号文件"关于乡村旅游资金、税收支持的政策内容

年份	内容
2015	研究制定促进乡村旅游休闲发展的用地、财政、金融等扶持政策,落实税收优惠政策
2016	采取以奖代补、先建后补、财政贴息、设立产业投资基金等方式扶持休闲农业与乡村旅游业发展
2017	多渠道筹集建设资金,大力改善休闲农业、乡村旅游、森林康养公共服务设施条件
2019	允许县级按规定统筹整合相关资金,集中用于农村人居环境整治。鼓励社会力量积极参与,将农村人居环境整治与发展乡村休闲旅游等有机结合

3) 土地支持

2015年开始,连续四年的中央"一号文件"都提及要优化土地利用政策,支持乡村旅游发展(见表8-2),这说明土地在乡村旅游发展中的重要性,也反映出土地问题成为

---

① 文枚,张连刚,陈天庆. 乡村旅游发展顶层设计:政策演变与展望——基于2004—2020年"中央一号文件"的政策回顾[J]. 中南林业科技大学学报(社会科学版),2021(6).

制约我国乡村旅游发展的重要因素。因此,在发展乡村旅游过程中,为了有效解决建设用地紧缺等问题,有必要充分利用好现有的各类可以利用的土地,发挥现有各类土地的经济价值。

表8-2 中央"一号文件"关于乡村旅游土地支持的政策内容

年份	文件内容
2015	(1)加大用地政策支持力度,实施整村推进、移民搬迁、乡村旅游扶贫等工程。 (2)研究制定促进乡村旅游休闲发展的用地、财政、金融等扶持政策
2016	(1)支持有条件的地方通过盘活农村闲置房屋、集体建设用地、"四荒地"、可用林场和水面等资产资源发展休闲农业和乡村旅游。 (2)将休闲农业和乡村旅游项目建设用地纳入土地利用总体规划和年度计划合理安排
2017	允许通过村庄整治、宅基地整理等节约的建设用地采取入股、联营等方式,重点支持乡村休闲旅游养老等产业和农村三产融合发展,严禁违法违规开发房地产或建私人庄园会所
2018	(1)预留部分规划建设用地指标用于单独选址的农业设施和休闲旅游设施等建设。 (2)对利用收储农村闲置建设用地发展农村新产业新业态的,给予新增建设用地指标奖励

2. 乡村旅游的发展载体

为了给乡村旅游合作社和乡村旅游企业创造良好的外部环境,中央"一号文件"(2017年)首次提出"鼓励农村集体经济组织创办乡村旅游合作社,或与社会资本联办乡村旅游企业"(见表8-3)。这说明,国家认识到乡村旅游合作社和乡村旅游企业等经营主体对乡村旅游发展的积极作用,并期望以此解决长期以来中国乡村旅游发展存在的散、乱等问题。

表8-3 "一号文件"中关于乡村旅游合作社的政策内容

年份	文件内容
2016	积极扶持农民发展休闲旅游业合作社
2017	鼓励农村集体经济组织创办乡村旅游合作社,或与社会资本联办乡村旅游企业

3. 乡村旅游的发展形式

2015年以来,中央"一号文件"注重乡村旅游的发展形式:

第一,引导和扶持发展具有历史、地域、民族特色的旅游村镇。2015年至2017年中的三个中央"一号文件"都指出要培育具有特色的旅游村镇。

第二,注重推动以乡村旅游为载体的三产融合发展。中央"一号文件"(2017年)明确提出,要建设一批农业文化旅游"三位一体"、生产生活生态同步改善、"三产"深度融合的特色村镇。

第三,明确提出要加快培育和丰富乡村旅游的发展形式。除了传统的休闲观光游,中央"一号文件"(2018年)提出要鼓励建设一批森林人家、康养基地、特色民宿等。(见表8-4)

表8-4 中央"一号文件"中关于乡村旅游发展形式的政策内容

年份	文件内容
2015	扶持建设一批具有历史、地域、民族特点的特色景观旅游村镇,打造形式多样、特色鲜明的乡村旅游休闲产品
2016	(1)引导和支持社会资本开发农民参与度高、受益面广的休闲旅游项目。 (2)加强乡村生态环境和文化遗存保护,发展具有历史记忆、地域特点、民族风情的特色小镇,建设一村一品、一村一景、一村一韵的魅力村庄和宜游宜养的森林景区
2017	(1)支持传统村落保护,维护少数民族特色村寨整体风貌,有条件的地区实行连片保护和适度开发。 (2)培育宜居宜业特色村镇。围绕有基础、有特色、有潜力的产业,建设一批农业文化旅游"三位一体"、生产生活生态同步改善、一产二产三产深度融合的特色村镇
2018	(1)实施休闲农业和乡村旅游精品工程,建设一批设施完备、功能多样的休闲观光园区、森林人家、康养基地、乡村民宿、特色小镇。 (2)加快发展森林草原旅游、河湖湿地观光、冰雪海上运动、野生动物驯养观赏等产业,积极开发观光农业、游憩休闲、健康养生、生态教育等服务。创建一批特色生态旅游示范村镇和精品线路,打造绿色生态环保的乡村生态旅游产业链

4. 乡村旅游的基础设施建设

2015年以来,中央"一号文件"一直重点关注乡村旅游基础设施的建设投入(见表8-5)。在建设内容上,乡村旅游基础设施建设内容既包括改善农村公路、宽带等基础设施,还包括建立和完善乡村旅游的公共服务设施。在投入机制上,中央政府不仅加大财政资金的投入,还鼓励和引导社会资本参与乡村旅游基础设施建设。

表8-5 中央"一号文件"中关于乡村旅游基础设施建设的政策内容

年份	文件内容
2015	加大对乡村旅游休闲基础设施建设的投入,增强线上线下营销能力,提高管理水平和服务质量

知识链接

多元化乡村旅游知名案例——成都三圣乡五朵金花

续表

年份	文件内容
2016	着力改善休闲旅游重点村进村道路、宽带、停车场、厕所、垃圾污水处理等基础服务设施
2017	多渠道筹集建设资金,大力改善休闲农业、乡村旅游、森林康养公共服务设施条件,在重点村优先实现宽带全覆盖
2019	加强乡村旅游基础设施建设,改善卫生、交通、信息、邮政等公共服务设施

第三节　其他旅游融合发展政策

一、中医药健康旅游发展政策

"中医药健康旅游"一词在《国务院关于促进旅游业改革发展的若干意见》(国发〔2014〕31号)发布后逐渐为大众所熟知。目前,学界普遍认为中医药健康旅游是指以中医药的文化、健康理念及养生、康复、医疗技术方法体验为核心,通过多种旅游活动的方式,达到健康促进、疾病防控、文化传播目的的专项旅游[①]。

随着人类疾病谱的变化和人们健康理念的转变,中医药健康旅游作为中国特有的健康旅游方式,已经迎来了重要的战略机遇期。国家旅游局、国家中医药管理局于2017年9月和2018年3月分别公布了北京东城国家中医药健康旅游示范区等15家首批国家中医药健康旅游示范区创建单位和73家国家中医药健康旅游示范基地创建单位,这标志着中医药健康旅游作为新业态已经从概念讨论过渡到落地实施[②]。

（一）国家层面促进中医药健康旅游发展的相关政策

为推动中医药领域和全国各级旅游机构的全面合作,齐心协力促进我国中医药健康旅游行业的进步和发展,国家先后出台了《国家旅游局和国家中医药管理局关于推进中医药健康旅游发展的合作协议》(2014年)、《中医药健康服务发展规划(2015—2020年)》(2015年)、《国务院办公厅关于进一步促进旅游投资和消费的若干意见》(2015年)和《关于促进中医药健康旅游发展的指导意见》(2015年)等一系列的专项政

[①] 刘思鸿,张华敏,吕诚,等. 中医药健康旅游的概念界定及类型探析[J]. 中医药导报,2019(19).
[②] 王天琦,侯胜田,李享,等. 基于IPA分析的国家中医药健康旅游示范区创建工作研究[J]. 中国医院,2022(1).

策,内容不断丰富,并逐步形成中医药健康旅游的政策体系。

(二)地方层面促进中医药健康旅游发展的相关政策

随着国家中医药健康旅游相关系列政策的落地,各地政府也纷纷出台政策支持中医药健康旅游的发展,并开展了一系列的实践活动①。

在省级层面,广东省率先启动中医药文化养生专项旅游,2010年出台了《广东省中医药文化养生旅游示范基地评定标准(试行)》,先后评定两批共40家"广东省中医药文化养生旅游示范基地"、18家"广东省中医药文化养生旅游建设单位"。甘肃省先后制定了《甘肃省中医药养生旅游工作实施方案》《甘肃省发展中医药生态保健旅游规划纲要》,提出建立中医药生态保健旅游产业体系的目标。北京成立中医药文化旅游工作领导小组,制定了一系列指导中医药文化旅游产业发展的纲领性文件,评选出"北京中医药文化旅游示范基地"。

在市级层面,安徽亳州制定《中华药都·养生亳州行动计划(2009—2011年)》,加快构建中药产业、养生文化旅游产业和中医医疗保健服务三大体系,着力打造特色突出、文化厚重、产业发达的"养生之都"。杭州成立了"杭州中医养生健康旅游国际推广联盟",并举行了"乐享养生,妙在杭州"中医养生健康旅游体验活动首游式。

二、研学旅游发展政策

我国在校中小学生是一个庞大的旅游消费群体。"行万里路,读万卷书",研学旅行对于中小学生的健康成长具有非常重要的意义。目前,出于安全等方面的考虑,我国开展研学旅行基本上是自发的。为了中小学生的身心健康发展,国家大力支持研学旅行,近年来发布多项重要文件,要求为学生创造更丰富多彩的研学旅程,打造更安全的研学环境。

(一)国家层面促进研学旅游发展的相关政策

2014年8月,《关于促进旅游业改革发展的若干意见》中首次明确:研学旅行要纳入中小学生日常德育、美育、体育教育范畴。由此可见,研学旅行具有很重要的发展意义。2016年11月,教育部等11部门印发《关于推进中小学生研学旅行的意见》,进一步明确了研学旅行的重要性,指出中小学生研学旅行是由教育部门和学校有计划地组织安排,通过集体旅行、集中食宿方式开展的研究性学习和旅行体验相结合的校外教育活动。研学旅行是学校教育和校外教育衔接的创新形式,是教育教学的重要内容,是综合实践育人的有效途径。2016年12月,国家旅游局发布《研学旅行服务规范》,这是针对研学旅行实施的权威性的规范文件,其中对人员配置、产品分类、服务项目、安全管理、服务改进等提出了明确的要求。研学旅行机构或学校可以针对此文件查漏补

---

① 江惺俊,孙健炜.中医药文化旅游发展策略[J].市场研究,2018(1).

缺，及时调整。2017年8月教育部发布《中小学德育工作指南》，主要明确学校组织开展研学旅行，以推进中小学生综合素质的提升。在研学旅行实施过程中，校外机构应与学校通力协作，以达到学校教育目标，这是尤为重要的。2017年9月，教育部发布《中小学综合实践活动课程指导纲要》，其中指出综合实践活动是国家义务教育和普通高中课程方案规定的必修课程，与学科课程并列设置，是基础教育课程体系的重要组成部分。2017年12月，教育部办公厅公布了第一批全国中小学生研学实践教育基地、营地名单，其中，中国人民革命军事博物馆等204个单位入选"全国中小学生研学实践教育基地"，河北省石家庄市青少年社会综合实践学校等14个单位入选"全国中小学生研学实践教育营地"。

（二）地方层面促进研学旅游发展的相关政策

地方资源是研学旅游发展的基本载体，而地方政策是研学旅游发展的重要动力。截至2023年，上海市共拥有138个3A级及以上景区（包括72家4A级景区、4家5A级景区）、165家博物馆、301家科普基地（55家示范性科普场馆、217家基础性科普基地、29家青少年科学创新实践工作站），研学旅游资源丰富。[①]依托优质丰富的研学旅游资源，上海市开发了历史类、科技类、体验类等多种类型的研学旅游产品。上海科技馆自2016年入选首批全国研学旅游示范基地名单以来，积极探索"研学＋科技"的研学旅游发展道路，并推出一系列的研学旅游产品，它组织放映《中国大鲵》《扬子鳄》等科普电影，开办"上海科普大讲坛"进行主题演讲，举办"科学小讲台""达人带你逛"等科普教育活动，创建"科学传播与发展研究中心""自然史研究中心"等科学研究中心。2018年，上海市研学旅游学校参与度高达66.2%，位居全国第一，一直走在研学旅游发展的前列。

上海市是最早进行研学旅行试点的地区之一，早在2009年就出台了《上海市校外教育工作发展规划（2009—2020年）（试行）》，重点关注未成年人的实践教育与创造性发展，致力于学生综合素质的全面提升。而后，上海市也先后出台了促进研学旅游发展的相关政策。研学旅游发展方面，出台了《关于促进上海旅游高品质发展加快建成世界著名旅游城市的若干意见》（2018年）等政策文件，其中明确了发展研学旅游的重要意义。研学旅游管理方面，陆续出台了《上海市人民政府办公厅关于本市加强中小学幼儿园安全风险防控体系建设的实施意见》（2019年）、《上海市初中学生社会实践管理工作实施办法》（2019年）等政策文件。从上述政策文件可以看出，上海市鼓励政府、企业、学校等多方力量参与研学旅游发展，充分发挥上海市优势特色资源，支持学校持

---

① 资料来源：《5A级景区名录》，https://whlyj.sh.gov.cn/5ajjq/20191008/0022-29706.html；《4A级景区名录》，https://whlyj.sh.gov.cn/4ajjq/20191008/0022-28627.html；《3A级景区名录》，https://whlyj.sh.gov.cn/3ajjq/20191008/0022-29707.html；《上海市博物馆名单（2023年度）》，https://whlyj.sh.gov.cn/msg/20240130/6b93267375cc4af28ed7cbb24420418e.html；《关于印发2023—2024年度上海市科普基地名单的通知》（2023年），https://stcsm.sh.gov.cn/zwgk/tzgs/gsgg/zhgsgg/20230512/18960dfb9d7b48e39160854b6a15d1b4.html。

续推进研学实践教育,彰显研学旅游产品"寓教于乐、寓学于乐"的特点。

三、体育旅游发展政策

体育旅游是人类社会生活中的一种新兴旅游活动,属于旅游新业态之一。体育旅游是以各种体育活动或者有关体育的实体景观作为吸引物而产生的一系列旅行、游览活动的总称①。西藏自治区体育局充分满足中外登山爱好者攀登珠穆朗玛峰的需要,发展我国体育旅游②。我国体育旅游业的可持续发展已取得广泛共识和长足进展,并已初步建立起体育旅游可持续发展的政策体系。一方面,国家为体育旅游发展提供了基础性的政策支持,高屋建瓴地为其指明了目标和方向;另一方面,地方政府是贯彻落实国家产业政策的主体,其政策的再制定和政策执行是我国体育旅游发展前景和体育强国建设目标的具体保障③。

(一)国家层面促进体育旅游发展的相关政策

1985年,中国国际体育旅游公司成立,负责统筹全国体育旅游。体育旅游的发展也在由传统观光旅游向参与体验性、娱乐休闲性的体育旅游转变。《国务院关于加快发展服务业的若干意见》(2007年)中指出要大力发展旅游、文化、体育和休闲娱乐等服务业;《国务院关于加快发展旅游业的意见》(2009年)中提出推进产业融合、支持体育与旅游相结合,并支持在有条件的地区大力发展;《关于加快发展体育产业的指导意见》(2010年)要求推进体育产业与旅游产业的互动发展、复合经营,并将其纳入重点发展领域,推进业态融合发展;《贯彻落实国务院关于加快发展旅游业意见重点工作分工方案》(2010年)中就体育旅游业的相关工作进行了具体安排;2011年,体育总局印发《体育产业"十二五"规划》,其中明确指出"以体育旅游、体育会展为重点,推动体育产业与相关产业的复合经营……充分利用体育运动休闲项目、体育赛事活动、大型体育场馆等体育资源,大力发展体育旅游业,创建一批体育旅游示范区,鼓励各地建设体育旅游精品项目";《关于鼓励和引导民间资本投资体育产业的实施意见》(2012年)切实鼓励和引导民间资本投资体育产业,支持民间资本投资生产体育用品,建设各类体育场馆及健身设施,从事体育健身、竞赛表演等活动,促进我国体育产业投资主体多元化。

进入新时代,体育强国建设对体育与旅游融合发展提出了更高要求。《关于加快发展体育产业促进体育消费的若干意见》(2014年)将促进体育旅游等相关业态发展作为主要任务。2016年5月,国家体育总局发布《体育发展"十三五"规划》,指出要与旅游部门共同研制《体育旅游发展纲要》,开展全国体育旅游精品项目推介,打造一批体育旅

---

① 谢瀚鹏.体育旅游可持续发展与政策规制[J].特区实践与理论,2017(1).
② 周姝辰.近十年我国体育旅游公共政策分析[J].旅游纵览(行业版),2017(12).
③ 钟玉姣,许焰妮.体育与旅游融合发展的产业政策特征分析[J].成都体育学院学报,2021(1).

游重大项目。《关于进一步扩大旅游文化体育健康养老教育培训等领域消费的意见》(2016年)指出要出台促进体育与旅游融合发展的指导意见,制定实施冰雪运动、山地户外运动、水上运动、航空运动等专项运动产业发展规划。《国家旅游局 国家体育总局关于大力发展体育旅游的指导意见》(2016年)中指出要从引领健身休闲旅游发展、培育赛事活动旅游市场、培育体育旅游市场主体、提升体育旅游装备制造水平、加强体育旅游公共服务设施建设等五个方面部署体育旅游发展。《体育总局办公厅关于推动运动休闲特色小镇建设工作的通知》(2017年)中提到,要与旅游等相关产业融合发展,实现体育旅游、体育传媒、体育会展、体育广告、体育影视等相关业态共享发展。《体育强国建设纲要》(2019年)指出要"完善体育全产业链条,促进体育与相关行业融合发展,推动区域体育产业协同发展……拓展体育健身、体育观赛、体育培训、体育旅游等消费新空间"。2020年9月,国家体育总局、文化和旅游部发布了"2020年国庆黄金周体育旅游精品线路"。《开好局起好步 推动文化和旅游工作开创新局面 2021年全国文化和旅游厅局长会议工作报告》(2021年)提到要发展乡村旅游、工业旅游、体育旅游、研学旅游,拓展旅游新市场。国家体育总局办公厅印发《2021年群众体育工作要点》,提出组织开展"走大运"全民健身健步走活动,打造"大运河"体育旅游特色示范活动品牌。

（二）地方层面促进体育旅游发展的相关政策

我国各地区积极响应国家号召,出台了一系列政策助推体育旅游产业持续发展。例如,上海市出台了《关于促进上海体育旅游融合发展的意见》(2011年)、《上海市体育产业发展实施方案(2016—2020年)》(2017年)、《体育旅游休闲基地服务质量要求及等级划分》(2018年)和《上海市体育发展"十四五"规划》(2021年)等关于促进体育旅游发展的系列政策。山西等地先后发布了《山西省人民政府办公厅关于加快发展体育产业的实施意见》(2011年)、《江苏省体育局关于开展2017年全省体育旅游精品项目申报工作的通知》(2017年)和《云南省人民政府办公厅关于促进全民健身和体育消费推动体育产业高质量发展的实施意见》(2020年)等体育旅游发展促进政策。

四、交通旅游发展政策

交通运输是国民经济和社会发展重要的基础性、战略性、引领性产业,随着大众旅游时代的到来以及全域旅游的快速推进,公众旅游出行特别是自驾旅游出行的需求呈现出了持续高涨之势,交通与旅游融合发展恰逢其时。近年来,国家层面不断出台交通与旅游融合发展的相关政策,深入推进交通、旅游融合发展[①]。

---

①高嘉蔚,刘杰,吴睿,等.我国交通与旅游融合发展政策研究与机制建议[J].公路交通科技(应用技术版),2019(5).

(一)国家层面促进交通旅游发展的相关政策

从国家层面来看,2006年至2016年正值我国转型发展的重要战略机遇期,是国家颁布交通旅游政策的最高峰,诸多政策文件涉及了"生态公路""绿色公路""旅游公路""旅游风景道"等交通旅游融合发展项目。

其中,《国务院关于加快发展旅游业的意见》(2009年)提出:要加强主要景区连接交通干线的旅游公路建设……力争通过五年努力,全国所有A级景区旅游交通基本畅通,旅游标识系统基本完善,旅游厕所基本达标,景区停车场基本满足需要。《中国旅游公共服务"十二五"专项规划》(2011年)中明确指出完善交通旅游便捷服务体系,将旅游交通体系建设上升到新高度。《国务院关于促进旅游业改革发展的若干意见》(2014年)中提出:将通往旅游区的标志纳入道路交通标志范围,完善指引、旅游符号等标志设置;推进旅游交通设施无障碍建设与改造;重点旅游景区要健全交通集散体系。《关于实施绿色公路建设的指导意见》(2016年)提到:科学设置服务区、停车场,探索增设观景台、汽车露营地、旅游服务站等特色设施,为公众个性化出行提供便利;鼓励在公路服务区内设置加气站和新能源汽车充电桩,积极做好相关设备安装的配合工作,为节能减排创造条件。《关于促进自驾车旅居车旅游发展的若干意见》(2016年)提出:重点建成一批公共服务完善的自驾车旅居车旅游目的地,推出一批精品自驾车旅居车旅游线路,培育一批自驾游和营地连锁品牌企业,增强旅居车产品与使用管理技术保障能力,形成网络化的营地服务体系和完整的自驾车旅居车旅游产业链条,建成各类自驾车旅居车营地2000个,相关政策环境明显优化,产业规模快速壮大,发展质量和综合效益大幅提升,初步构建起自驾车旅居车旅游产业体系。《"十三五"旅游业发展规划》(2016年)强调"做好旅游交通发展顶层设计"。

在此基础上,《关于促进交通运输与旅游融合发展的若干意见》(2017年)针对交通运输与旅游融合发展给出了具体的指引,进一步提出完善旅游交通基础设施网络体系、健全交通服务设施旅游服务功能、推进旅游交通产品创新、提升旅游运输服务质量和强化交通运输与旅游融合发展的保障措施等要求。而后,《全国红色旅游公路规划(2017—2020年)》(2017年)、《关于组织开展旅游公路示范工程建设的通知》(2017年)等交通旅游融合发展政策相继出台。

(二)地方层面促进交通旅游发展的相关政策

从地方层面来看,交通旅游政策主要聚焦在交通旅游安全、交通旅游规划和交通旅游设施三大方面。

第一,关于交通旅游安全。地方层面主要关注交通旅游安全事故和地方旅游安全环境,在交通旅游安全事故方面,上海市、陕西省等在相关政策中提出"深刻剖析交通旅游安全事故原因、认真吸取事故经验教训,加强交通旅游突发事故的应急预案的演练,加强交通旅游安全管理"。在交通旅游安全环境方面,辽宁省、河南省等在相关政策文件中强调维护交通旅游安全秩序,创造有序、安全、畅通、便捷的交通旅游环境。

第二,关于交通旅游规划。地方层面强调交通旅游宏观发展规划的引领作用,统筹考虑旅游、交通、游憩、生态发展,并且关注交通旅游专项规划等微观规划落地。在交通旅游发展宏观规划方面,江西省在《关于加快旅游业改革促进旅游投资和消费的实施意见》中强调着力完善旅游交通规划设计,形成畅通有序、多模式一体化的旅游交通体系;浙江省在《关于加快推进交通运输与旅游融合发展实施意见》中提出"组织编制交通运输与旅游融合发展规划和系列专项规划,通盘考虑交通运输设施建设与旅游要素、旅游资源的相互衔接,统筹推进陆海旅游交通和岛际旅游交通建设,加快形成陆、海、空三位一体的旅游交通体系和'快旅慢游'的综合旅游交通网络"。在交通旅游专项规划方面,福建省、江苏省等提出组织编制和实施旅游交通专项规划,给景区内部交通、水上旅游交通定标准,鼓励旅游交通企业制定旅游汽车租赁服务规范。

第三,关于交通旅游设施。地方层面主要关注交通旅游基础设施建设和交通旅游服务设施体系建设,在交通旅游基础设施方面,河南省、江西省在相关政策文件中强调:加快旅游交通基础设施建设,推进大别山地区交通运输一体化建设;合理布局旅游交通线路、旅游公共交通服务设施等。在旅游交通服务设施方面,江苏省等在相关政策文件中指出:进一步完善旅游集散中心、游客咨询中心、环城游观光巴士、交通引导标识等服务设施建设;完善自助游、自驾游旅游服务体系,鼓励发展自驾游基地。

课堂讨论

"秋采摘""冬农趣",九条上海乡村休闲旅游精品线路发布

复习思考

- 红色旅游的内涵是什么?其发展政策经历了怎样的演变过程?
- 中央"一号文件"重点关注了乡村旅游的哪些方面?
- 中医药健康旅游、研学旅游、体育旅游及交通旅游等旅游融合发展领域的国家政策分别主要关注哪些方面?

第九章 旅游法制与行政管理

内容提要

- 旅游立法概况及《中华人民共和国旅游法》的主要内容。
- 我国旅游法律法规体系的主要构成。
- 旅游监督管理部门及其行为规范。
- 旅游行政处罚的基本要求。
- 旅游行业组织的职能与行业自律管理。

第一节 我国旅游法律与法规

一、《中华人民共和国旅游法》的制定

1978年,我国旅游法治建设起步,国家及地方政府相继制定、出台了旅游行政规章和旅游管理办法等一系列的旅游法律法规,逐步完善我国旅游法律法规体系,使我国旅游业发展逐步走上法治轨道。《中华人民共和国旅游法》(简称《旅游法》)(2018年)的制定、修正则标志着我国旅游法律法规体系的成熟。

(一)旅游立法历史回顾

1. 起步阶段(1978年—1989年)

1978年—1989年是我国旅游法治建设的起步阶段,这一阶段我国的旅游业逐步产业化,迫切需要通过法治的形式对旅游活动进行规制。具有标志性意义的立法是1985年国务院颁布的《旅行社管理暂行条例》,这是我国第一个规范旅游业的单行法规。之后,国家旅游局还制定了一系列行政规章,如在旅行社、旅游涉外饭店、导游人员、旅游价格等方面对旅游业基本环节进行规范管理。1985年到1989年,全国各地制定和发布了各类地方政府旅游规章和规范性文件共计120余个,其中由省、自治区、直辖市人民

政府制定和发布的地方政府旅游规章16个,由省、自治区、直辖市旅游行政管理部门制定和发布的规范性文件105个。

2. 发展阶段(1990年—1998年)

1990年—1998年为我国旅游法治建设的发展阶段。在这一时期,我国旅游业由基础性发展阶段进入到快速发展阶段,旅游法治建设在更广阔的领域开展。2009年12月,《中华人民共和国旅游法》起草工作重新启动,标志着我国旅游法治建设迈出了重要一步。

3. 完善阶段(1999年至今)

1999年至今是我国旅游法制建设的完善阶段。除国家发布《旅游发展规划管理办法》(2000年通过并实施,2019年废止)、《中国公民出国旅游管理办法》(2002年)等旅游法律法规外,2013年4月25日,第十二届全国人民代表大会常务委员会第二次会议通过了《中华人民共和国旅游法》。2018年10月26日,根据第十三届全国人民代表大会常务委员会第六次会议《关于修改〈中华人民共和国野生动物保护法〉等十五部法律的决定》,对《中华人民共和国旅游法》进行第二次修正。作为规范旅游行业的基本法,它依据宪法制定,统领旅游行业的法治建设,以实现旅游法治建设战略目标①。

(二)《旅游法》的制定

2010年1月31日至2月2日,国家旅游局在京召开了国家旅游局配合起草《中华人民共和国旅游法》工作组第一次全体会议。②

2010年5月18日,国家旅游局召开配合全国人大财经委起草《中华人民共和国旅游法》专家论证会,通报全国人大财经委调研组的调研情况。

2011年2月15日,《中华人民共和国旅游法》立法专家座谈会在京召开。

2011年5月26日至27日,《中华人民共和国旅游法》起草组在北京召开《中华人民共和国旅游法》立法研讨会,称《中华人民共和国旅游法》已列入2011年全国人大常委会立法工作计划。

2012年8月27日,十一届全国人大常委会第二十八次会议初次审议了《中华人民共和国旅游法(草案)》,面向社会公开征集意见。

2013年4月25日,第十二届全国人民代表大会常务委员会第二次会议通过了《中华人民共和国旅游法》,自2013年10月1日起施行,至此,我国终结了没有旅游法的时代。

2016年11月7日,根据第十二届全国人民代表大会常务委员会第二十四次会议《关于修改〈中华人民共和国对外贸易法〉等十二部法律的决定》,对《中华人民共和国

---

①李文汇,朱华.旅游政策与法律法规[M].北京:北京大学出版社,2014.
②资料来源:《旅游局配合起草〈旅游法〉工作组第一次会议举行》。

旅游法》进行第一次修正。

2018年10月26日，根据第十三届全国人民代表大会常务委员会第六次会议《关于修改〈中华人民共和国野生动物保护法〉等十五部法律的决定》，对《中华人民共和国旅游法》进行第二次修正。

二、《中华人民共和国旅游法》的主要内容

《中华人民共和国旅游法》采用了综合立法模式，运用行政法、经济法和民事法律的基本原则和手段，对旅游业发展的重要领域进行规范。《中华人民共和国旅游法》（2018年修正）包括总则、旅游者、旅游规划和促进、旅游经营、旅游服务合同、旅游安全、旅游监督管理、旅游纠纷处理、法律责任和附则共十章，112条法律条款，除附则外，其主要内容如下：

第一，总则。确立《中华人民共和国旅游法》的立法宗旨是保障旅游者和旅游经营者的合法权益，规范旅游市场秩序，保护和合理利用旅游资源，促进旅游业持续健康发展。

第二，旅游者。第二章主要确立了旅游者的权利和义务。在权利方面，规定了旅游者享有知情权、受尊重权、旅游救助权等，突出对旅游者合法权益保护。在义务方面，强调旅游者应尊重当地的风俗习惯、文化传统和宗教信仰，爱护旅游资源，保护生态环境，遵守旅游文明行为规范；不得损害当地居民的合法权益，不得干扰他人的旅游活动，不得损害旅游经营者和旅游从业人员的合法权益；遵守旅游活动中的安全警示规定。

第三，旅游规划和促进。一是规定旅游规划编制的主体、内容和规划的衔接、评估；二是规定各级人民政府应当在产业政策和资金方面加大对旅游业的支持，各级人民政府编制土地利用总体规划、城乡规划，应当充分考虑相关旅游项目、设施的空间布局和建设用地要求。

第四，旅游经营。对旅游经营者资质、从业人员资格及经营规则做了规定。一是对旅行社实行经营业务许可，对导游和领队实行执业许可。二是规定旅游经营的一般规则，如旅行社的有关经营规范、质量保证金制度等；景区开发的条件和门票管理制度；导游领队的从业规范。三是对旅游密切相关的交通、住宿、餐饮、购物、娱乐等经营管理进行衔接性规定。

第五，旅游服务合同。旅游服务合同具有关系复杂性、合同主体双方不完全对等、合同目的非物质性等特点。因此，主要对包价旅游合同的订立、变更、废除、违约作出了详细规定，并对旅游安排、代订、咨询合同和住宿合同衔接做了原则性规定，特别对旅游经营者的法定告知义务做了明确规定。

第六，旅游安全。一是明确政府的旅游安全职责；二是建立旅游目的地安全风险提示制度；三是建立旅游突发事件应对机制；四是规定旅游经营者应尽的安全保障

义务。

第七,旅游监督管理。根据旅游管理涉及多个部门的特点,确立有关部门分工负责旅游市场监管工作机制和旅游违法行为查处信息共享机制,要求有关部门加强旅游监管,及时查处旅游违法行为。同时,建立政府相关职能部门综合处理与行业组织自律管理相结合的监督体制。

第八,旅游纠纷处理。为了解决目前旅游纠纷高发、解决机制不顺等问题,从有利于旅游者权益保护和旅游纠纷解决的角度,规定了包括投诉处理双方自行协商、调解、仲裁、诉讼等在内的旅游纠纷处理解决途径。

第九,法律责任。规定法律关系主体违反相关法律规定应承担的法律责任。

三、我国旅游法律法规的主要构成

根据我国新型立法体制形成的旅游法律体系是一个金字塔式的结构,塔尖是宪法,法律地位最高,是其他一切旅游法规的法律依据。以下分为基本法律(含旅游法)、旅游行政法规及部门规章、地方性旅游法规、规章及条例(见图9-1)。

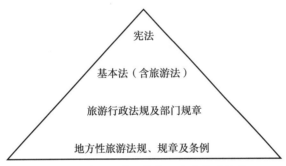

图9-1 我国旅游法律体系金字塔式结构

(一)宪法

《中华人民共和国宪法》(2018年修正)是反映各种政治力量实际对比关系、确认革命胜利成果和现实的民主政治、规定国家根本制度和根本任务、具有最高法律效力的国家根本法。宪法是国家最高权力机关经由特殊程序制定和修改的,综合性规定国家、社会和公民生活的根本问题,并且具有最高法效力的一种法,一切法律法规和其他规范性文件都不得与宪法相抵触。

制定和颁布机关:全国人民代表大会。

效力范围:全国。

效力等级:具有最高法律效力,一切法规不得与宪法相抵触。

(二)旅游法

《中华人民共和国旅游法》是我国各级各类旅游立法的渊源和依据。旅游法的地位和作用,不仅对于旅游法律体系的建立和发展具有非常重要的意义,对于我国旅游业的整体发展也具有规范和指导意义。《中华人民共和国旅游法》(2018年)确立了旅游综合协调、市场联合执法、投诉处理、安全综合管理四个机制;建立了旅游公共服务、旅游编制和规划评价、旅游发展和促进三大体系;突出了以人为本的理念,明确了旅游者的权利义务。

制定和颁布机关:全国人民代表大会常务委员会。

效力范围:全国。

效力等级:低于宪法和基本法律,高于行政法规。

(三)旅游相关法规

1. 旅游行政法规

行政法规是由最高国家行政机关国务院依法制定和变动的,有关行政管理和管理行政事项的规范性文件的总称。

自我国旅游法制建设史上第一个旅游行政法规——《旅行社管理暂行条例》(1985年)颁布后,国家先后发布了《旅行社管理条例》(1996年,2009年废止)、《中国公民自费出国旅游管理暂行办法》(1997年,2002年废止)、《风景名胜区条例》(2006年)、《旅行社条例》(2009年)和《导游人员管理条例》(2017年)等一系列的旅游政策文件。

制定和颁布机关:国务院。

效力范围:全国。

效力等级:低于宪法和法律,高于旅游部门规章、地方性旅游法规、地方旅游规章。

2. 旅游部门规章

旅游部门规章是由国家旅游行政管理部门制定的一些规定和技术性规范,已经制定并实施的主要有:

(1)旅行社管理方面的规章。

主要有《旅行社条例实施细则》(2009年)、《旅行社质量保证金存取管理办法》(2009年)、《中外合法经营旅行社试点经营出境旅游业务监管暂行办法》(2009年)、《旅行社服务质量赔偿标准》(2011年)等。

(2)导游人员管理方面的规章。

主要有《导游员职业等级标准》(1994年)、《出境旅游领队人员管理办法》(2002年实施,2016年废止)、《导游人员等级考核评定管理办法(试行)》(2005年)、《导游管理办法》(2017年)等。

(3)旅游饭店管理方面的规章。

主要有《旅馆业治安管理办法》(2022年修订)、《旅游饭店星级的划分与评定》(GB/T 14308—2010)等。

(4)出境旅游管理方面的规章。

主要有《重大旅游安全事故报告制度试行办法》(1993年)、《旅游安全管理暂行办法实施细则》(1994年)、《旅游安全管理办法》(2016年)、《旅行社责任保险管理办法》(2011年)等。

(5) 旅游资源保护方面的规章。

主要有《旅游资源保护暂行办法》(2007年)、《旅游景区质量等级划分》(GB/T 17775—2024)等。

(6) 旅游纠纷方面的规章。

主要有《旅游投诉处理办法》(2010年)等。

(四) 其他部门旅游相关法律法规

其他部门相关法律法规是指通用性法律法规,我国规范民事活动、经济活动或行政行为的许多法律法规对旅游业的发展和旅游企业的经营均有指导作用,与前文不同层次的、专门的旅游法律法规共同构成旅游法律体系,如《中华人民共和国合同法》(1999年,2021年废止)、《中华人民共和国民法典》(2021年)《中华人民共和国民法通则》(2009年,2021年废止)、《中华人民共和国保险法》(2014年)、《中华人民共和国出境入境管理法》(2012年)、《中华人民共和国消费者权益保护法》(2013年修正)、《中华人民共和国食品安全法》(2015年修正)、《中华人民共和国文物保护法》(2017年修正)、《中华人民共和国民事诉讼法》(2021年)、《中华人民共和国公司法》(2018年)、《中华人民共和国反不正当竞争法》(2019年)、《中华人民共和国刑法》(2023年)等都在不同程度上对旅游社会关系起到了调整作用①。

四、旅游法规与旅游政策的区别与联系

旅游政策是指党和国家以及国家各级旅游主管部门为实现我国旅游业建设与发展的目标而制定的行动准则。旅游政策与旅游法规紧密联系又严格区分:一方面,旅游政策的制定法规须以党和国家的旅游政策为依据;另一方面,在依法治国的前提下,制定的旅游政策不得与现行有效的旅游法规相违背,在旅游活动中做到"有法可依""有法必依""执法必严""违法必究"。因此,厘清旅游政策与旅游法规的区别与联系十分重要且必要。

(一) 旅游法规与旅游政策的区别

1. 制定机关不同

党的旅游政策是党的领导机关制定的,是表现为旅游政策的党的意志。旅游法规是国家机关制定的,是表现为旅游法规的国家意志。虽然党的意志在实质上代表了人民的意志,并且党是国家政权的领导核心,但党不能代表国家政权,党的机关不能代表

---

① 杨朝晖. 旅游法规教程 [M]. 2版. 大连:东北财经大学出版社,2014.

国家机关,即使是执政党,也没有法律上的立法权。党的旅游政策是党的意志,但不能成为国家意志。旅游政策要取得国家意志的属性,就必须通过国家机关把它制定或认可为旅游法规。

2. 表现形式不同

党的旅游政策常通过党组织的决议、批示、纲领、通知、报告、社论、文件、口号等具体形式来表现。最常见的表现形式就是党委的"红头文件"、各级党组织所领导的报刊上的社论以及各级党的代表大会的政治报告等,都带有指导性和号召力,原则性比较强,而且较为抽象,需要人们在实践中加以具体化和深化。旅游法规是由宪法(宪法中有旅游法律规定)、旅游法律、旅游行政法规、旅游规章和地方性旅游法规等规范性法律文件来表现的,绝大多数法律规范是具体而明确的,不能随意变动。

3. 内容的广泛性不同

党的领导在旅游领域,主要是通过旅游政策来实现的。因此,党的旅游政策体现在旅游建设与发展的每一个方面,不仅体现在旅游法规的保护环境,对旅游实行扶持,可持续发展战略,打击破坏旅游资源的刑事犯罪,调整国家、集体与个人的经济利益等方面,还体现在科教兴旅、旅游区社会环境的综合治理、旅游产业政策等各个方面。旅游法规只是党实现领导方式的一种,还必须采取政治、思想、组织、教育等多种形式的旅游政策加以贯彻执行。另外,党的旅游政策并不需要全部制定为法律,有的旅游政策只对党员干部适用,无需通过上升为法律来要求全体社会成员遵守。

因此,旅游政策的内容比旅游法规更为广泛,旅游法规所调整的社会关系,都是旅游政策所调整的范围。没有哪一部旅游法规不体现旅游政策,但的确有许多旅游政策没有体现旅游法规;违反了旅游法规必然会违反旅游政策,而违反旅游政策则不一定违反旅游法规。

4. 确定性不同

旅游法规规定的内容比较具体、明确和详尽,它不仅告诉人们可以做什么、应该做什么和禁止做什么,还规定了违法所应承担的责任,更加便于人们掌握和遵守。旅游政策一般具有原则性和概括性,在总政策、基本政策中表现得尤为突出。

5. 稳定性和灵活性不同

党的旅游政策是党根据一定的政治经济形势的客观需要而制定的,由于旅游建设与发展具有很强的阶段性,必然要求旅游政策既有一定的稳定性,又有一定程度的灵活性。旅游法规则是旅游活动实践经验的总结,是旅游政策的法律化,也需要有稳定性和灵活性,但是,我国的立法实践往往是将比较成熟且稳定的、有制定成旅游法规必要的旅游政策制定为旅游法规,以便人们更全面地通过法律手段贯彻执行旅游政策。因此,旅游法规更具稳定性,旅游政策更具有灵活性。

6. 实施方式与保证不同

旅游法规是由国家强制力保证实施的,并具有普遍的约束力,任何社会成员都必须遵守,否则将受到制裁。旅游政策则是通过政策的正确性、思想工作、说服教育、党员的模范带头作用以及党的纪律保证来实现的,党的某些政策并非对每个公民都具有约束力[①]。

(二)旅游政策与旅游法规的联系

1. 旅游政策与旅游法规具有一定的一致性

我国旅游政策和旅游法规,在理论基础、经济基础、体现的意志和利益及根本任务等方面都是相同的,因而它们具有一定的一致性。其一致性主要体现在以下几个方面:

(1)两者的理论基础相同。

马克思列宁主义、毛泽东思想、邓小平理论、"三个代表"重要思想和科学发展观,既是我们国家制定旅游政策的根本指导思想,也是我们国家进行立法的根本指导思想。因此,它们是旅游政策和法规制定的理论基础。

(2)两者的经济基础相同。

我国的旅游法规和旅游政策都是我国社会主义上层建筑的重要组成部分,都是建立在社会主义经济基础之上、由社会主义经济基础决定并为之服务的。

(3)两者体现的意志和利益相同。

我国旅游法规和旅游政策都是广大人民群众意志和利益的体现,都是维护和保障广大人民群众的利益,尤其是维护和保障广大人民群众在旅游方面的权利。

(4)两者的根本任务相同。

我国的旅游法规和旅游政策都是以促进和保障社会主义旅游业的发展,有效满足人民群众的旅游需求,进而促进人的全面发展为己任的。

2. 旅游政策与旅游法之间存在广泛的联系

旅游政策是旅游法规的基本依据,旅游法规是法律化了的旅游政策,是实现旅游政策的重要工具之一。

(1)旅游政策是制定旅游法规的基本依据。

旅游立法,无论是立法机关的旅游立法,还是行政机关的旅游立法,都必须以党和国家的旅游政策为依据,这是由旅游政策在旅游业建设和发展中的地位和作用决定的。中国共产党是我国的执政党,是我国一切事业的领导核心,而党的领导是通过党的路线、方针、政策来实现的。因此,党的政策是国家机关一切活动的基本依据,当然也是国家机关制定旅游法规的基本依据。

(2)旅游政策指导旅游法规的实施。

旅游法规是根据旅游政策制定的,但是旅游法规并不包括全部旅游政策,只是一

---

①袁正新,张国兴.旅游政策与法规[M].北京:北京大学出版社,2008.

部分旅游政策的法律化。因此,必须认真掌握和领会旅游政策,才能准确把握旅游法规的精神实质和内容,予以正确的理解和实施。

旅游政策比旅游法规更具有灵活性,能够及时地、准确地反映不同时期的国家旅游发展的客观要求。在旅游法规保持稳定的时候,以旅游政策指导旅游法规的实施,才能既保持旅游法规的稳定性,又充分发挥旅游法规在旅游业建设发展中的作用和社会职能。在现阶段,我国旅游法规已初步形成自身体系,但仍有许多方面尚未制定法规。在没有相关法规可循的情况下,旅游政策往往起到旅游规范的作用,弥补旅游法规的空白。时机一旦成熟,这些旅游政策可通过立法程序上升为旅游法规。

(3)旅游法规是旅游政策的法律化或定型化。

旅游法规离不开旅游政策,旅游政策需要通过旅游法规的形式来贯彻,旅游法规是法律化了的旅游政策,是实现旅游政策的工具。旅游政策法律化,通过法律规定的程序,把旅游政策以旅游法规的形式表现出来,明确规定公民(自然人)、法人、其他组织和国家机关在旅游法律关系中的权利和义务,明确规定违反旅游法规的法律责任。通过旅游立法,旅游政策上升为国家意志,就能以国家强制力来保证旅游政策更有效地贯彻实施,促进旅游事业的发展。只有严格按照旅游法规办事,才能使旅游政策得到有效贯彻实施。

总之,旅游法规与旅游政策是党和国家在一定时期内制定的用以调整旅游社会关系的行为依据和准则。在我国,旅游法规与旅游政策在本质上是一致的,它们都是建立在社会主义经济基础之上的,其内容归根到底都是由我国经济基础决定的,二者之间的相互关系可总结为:旅游政策是制定旅游法规的依据和"灵魂",旅游法规要体现党的旅游政策的基本精神。所以,学习旅游政策与旅游法规,一定要注意旅游政策与旅游法规之间的关系,把旅游政策与旅游法规有机地结合起来。两者各有自己具备的、互相不可替代的职能和作用,两者是相互作用、相辅相成的,必须反对把旅游法规和旅游政策对立起来、割裂开来的观点①。

第二节 旅游监督管理

一、旅游监督管理部门

(一)管理机构

旅游活动涉及面广、综合性强,仅靠旅游行政管理部门无法对其实施有效的监督

---

① 王莉霞.旅游法规:理论与实务[M].3版.大连:东北财经大学出版社,2014.

管理,必须与其他相关部门密切合作。旅游监督检查的对象是旅游经营者和旅游从业人员,其中,《中华人民共和国旅游法》(2018年)第一百一十一条规定:旅游经营者,是指旅行社、景区以及为旅游者提供交通、住宿、餐饮、购物、娱乐等服务的经营者。旅游从业人员,则包括导游、领队、司机等面对旅游者提供直接或间接服务的所有人员。从管理权限上看,由于旅游经营者和旅游从业人员分属不同部门管理,所以实施旅游监督检查的主体不能仅为旅游主管部门。因此,《中华人民共和国旅游法》(2018年)第八十三条规定:县级以上人民政府旅游主管部门和有关部门依照本法和有关法律、法规的规定,在各自职责范围内对旅游市场实施监督管理;县级以上人民政府应当组织旅游主管部门、有关主管部门和市场监督管理、交通等执法部门对相关旅游经营行为实施监督检查。

目前,政府采取"多头管理"的方式对旅游市场实施监管,即各部门各负其责,在监管中难免出现监管真空和交叉监管的问题,所以必须采取联合监管的方式,形成监管合力。同时,为适应旅游业发展的客观要求,各地正在建设和形成统一的旅游大市场,跨行业、跨部门、跨区域的旅游监管成为趋势。因此,政府必须承担起对旅游市场实施综合监管的组织和领导职责,主要是建立和完善综合监管方式、工作机制和程序,加强旅游投诉统一受理、统一处理等制度建设,监督各部门依法履行职责和配合相关部门履行职责,落实责任追究等。

各地政府组织相关部门对旅游市场进行联合监管的形式主要有:

一是日常性的联合执法,即由旅游主管部门和相关部门抽调工作人员共同组成的、固定的联合执法机构,有利于促进联合执法的制度化和效率,但由于具体操作过程中,人员流动性过大,会导致出现形式大于内容、执法效果不确定等问题发生。

二是临时性联合执法,即在重要时间段,如公共节假日、重大旅游活动期间,或针对一些重点问题。例如,针对"一日游"问题,相关部门成立临时性的联合执法机构,或由政府出面组织各相关部门进行定期或不定期的联合执法[①]。

(二)职责范围

对旅行社经营业务的监管,主要涉及经营旅行社业务是否取得旅行社业务许可,以及从事出境游和边境游经营是否还取得了相应的许可。实践中又有两种情况:一种是未取得任何许可即从事旅行社业务,也就是业界俗称的"黑社"非法经营;另一种是取得了旅行社业务经营许可,但未取得出境游或边境游许可而从事出境游、边境游业务,也就是通常所说的超范围营业。旅游主管部门对这两种情形都有监督检查权。针对导游和领队,主要考查是否依法取得了导游证和领队证,未取得相关证件而从事相应业务的,即业界俗称的"黑导",这是《中华人民共和国旅游法》(2018年)中严格禁止的,旅游部门对其也有监督检查权。

---

① 《〈中华人民共和国旅游法〉解读》编写组.《中华人民共和国旅游法》解读[M].北京:中国旅游出版社,2013.

对旅行社、导游、领队的从业行为进行监管,是国务院赋予旅游行政主管部门的职责,目的是防止违反《旅行社条例》(2009年)、《导游人员管理条例》(2017年)、《中国公民出国旅游管理办法》(2017年)和《中华人民共和国旅游法》(2018年)有关禁止性规定等问题的发生。监督检查包括日常检查、抽查,以及根据投诉和举报进行调查检查等方式。

(三)监管权力与要求

1. 监管权力

在监督检查中,出于证据保全的需要,旅游主管部门具有查阅权和复制权,但为防止旅游监督检查部门及其人员滥用职权、侵犯企业和个人的合法权益,《中华人民共和国旅游法》(2018年)对旅游主管部门这两项权力做了必要的限定,强调只有"对涉嫌违法"的"合同、票据、账簿及其他资料"才能查阅、复制[1]。

2. 监管要求

《中华人民共和国旅游法》(2018年)第八十四条规定:"旅游主管部门履行监督管理职责,不得违反法律、行政法规的规定向监督管理对象收取费用。旅游主管部门及其工作人员不得参与任何形式的旅游经营活动。"

禁止向监督管理对象乱收费、行政部门及其人员不得参与经营活动等,在相关法律法规、规范性文件和党纪政纪规定中都有明确的规定,有些还附有严格的法律责任。例如,《中共中央、国务院关于坚决制止乱收费、乱罚款和各种摊派的决定》(1990年)、《关于治理乱收费的规定》(1993年)、《国务院关于加强预算外资金管理的决定》(1996年)、《中华人民共和国公务员法》(2018年)等政策文件明令禁止对监管对象乱收费;《行政机关公务员处分条例》(2007年)、《中国共产党党员领导干部廉洁从政若干准则》(2010年)和《中华人民共和国公务员法》(2018年)中明确规定,将公职人员参与企业经营活动定性为违法违规行为。

《中华人民共和国价格法》(1997年)第四十七条规定:"国家行政机关的收费,应当依法进行,严格控制收费项目,限定收费范围、标准。收费的具体管理办法由国务院另行制定。"价格部门行使对行政事业性收费的监督管理权,未经价格部门核定的行政事业性收费,均属于本法规定的"乱收费"。行政事业性收费之外,我国与旅游相关的法律法规中,除部分规定可以收取工本费外,还没有其他关于收费的规定。综上,除以上两种情形的收费外,其余收费现象都在"乱收费"之列,应当严格禁止[2]。

二、旅游监督管理行为规范

《中华人民共和国行政处罚法》(2021年)第四十二条规定,"行政处罚应当由具有

---

[1]《〈中华人民共和国旅游法〉解读》编写组.《中华人民共和国旅游法》解读[M].北京:中国旅游出版社,2013.
[2]《〈中华人民共和国旅游法〉解读》编写组.《中华人民共和国旅游法》解读[M].北京:中国旅游出版社,2013.

行政执法资格的执法人员实施。执法人员不得少于两人,法律另有规定的除外",第五十二条规定,"执法人员当场作出行政处罚决定的,应当向当事人出示执法证件",目的是防止监督检查人员独立执法可能出现的滥用权力,以保证监督检查行为及其获取证据的合法性。《中华人民共和国旅游法》(2018年)对此进行了重申。需要说明的是,不是行政机关所有人员都有监督检查权,此处的执法证件为地方政府法制部门或国务院有关主管部门颁发的行政执法证件,行政机关工作人员的工作证不在此列。

执法人员少于两人或者未出示执法证件的,当事人或者有关人员有权拒绝接受调查或者检查。监督检察机关及其工作人员的身份、工作程序、检查内容等的合法性,是监督检查对象接受监督检查的基本前提。监督检查人员应根据《中华人民共和国旅游法》(2018年)第八十五条、《中华人民共和国行政处罚法》(2021年)等法律法规进行的监督检查,若其不具备上述政策文件所规定的合法性,监督检查对象有权拒绝。

监督检查人员对在监督检查中知悉的被检查单位的商业秘密和个人信息应当依法保密。商业秘密指不为公众所熟知、能为权利人带来经济利益,具有实用性并经权利人采取保密措施的技术信息和经营信息;个人信息指个人的、与公共利益无关的、不危害社会的信息,包括个人隐私。行政机关及其工作人员在进行旅游监督检查时,可能需要查阅经营者的合同、票据、账簿等资料,这些资料有的可能是企业的商业秘密,一旦泄露,将可能给经营者的经营造成损失。而旅游经营者直接面对广大旅游者,按照有关法律法规的规定或按照交易习惯,通常会要求旅游者向其提供必要的个人信息。这些信息数量较大,往往会在旅游经营者那里保存一段时间,在检查中,难免会被监督检查人员接触到,若不经当事人同意泄露,可能给当事人的生产、生活带来麻烦和损失。因此,《中华人民共和国旅游法》(2018年)严格禁止以上行为[①]。

第三节　旅游行政处罚

行政处罚指享有行政处罚权的机关或其他行政主体,对违反行政法规尚未构成犯罪的行政相对人实施行政制裁的具体行政行为[②]。为规范旅游行政处罚行为,维护旅游市场秩序,保护旅游者、旅游经营者和旅游从业人员的合法权益[③],2013年,国家旅游总局根据《中华人民共和国行政处罚法》《中华人民共和国行政强制法》《旅游法》,以及有关法律、法规的规定,颁布实施了《旅游行政处罚办法》。

---

① 《〈中华人民共和国旅游法〉解读》编写组.《中华人民共和国旅游法》解读[M].北京:中国旅游出版社,2013.
② 赵利民.旅游法规教程[M].4版.北京:科学出版社,2015.
③ 傅远柏.旅游政策与法规——理论与实务[M].北京:清华大学出版社,2015.

一、旅游行政处罚的内容

（一）旅游行政处罚的实施主体

县级以上旅游主管部门应当在法定职权范围内实施行政处罚。法律、法规授权从事旅游执法的机构，应当在法定授权范围内以自己的名义实施行政处罚，并对该行为的后果独立承担法律责任。

旅游主管部门可以在其法定职权范围内委托符合法定条件的旅游质监执法机构实施行政处罚，并对该行为的后果承担法律责任。受委托机构在委托范围内，以作出委托的旅游主管部门的名义实施行政处罚。

旅游主管部门委托实施行政处罚的，应当与受委托机构签订书面委托书，载明受委托机构名称，以及委托的依据、事项、权限和责任等内容，报上一级旅游主管部门备案，并将受委托机构名称、委托权限和事项向社会公示。委托实施行政处罚，可以设定委托期限。

县级以上旅游主管部门应当加强行政执法队伍建设，强化对执法人员的教育和培训，全面提高执法人员素质。国家主管部门执法人员应当取得本部门颁发的行政执法证件；县级以上地方旅游主管部门的执法人员应当取得县级以上地方人民政府颁发的行政执法证件。

（二）旅游行政处罚的管辖

1. 地域管辖

旅游行政处罚由违法行为发生地的县级以上地方旅游主管部门管辖。旅行社组织出境旅游违法行为的处罚，由组团社所在地县级以上地方旅游主管部门管辖。

2. 级别管辖

国家旅游主管部门负责查处在全国范围内有重大影响的案件；省、自治区、直辖市旅游主管部门负责查处本地区内重大、复杂的案件。其中，设区的市级和县级旅游主管部门的管辖权限，由省、自治区、直辖市旅游主管部门确定。吊销旅行社业务经营许可证、导游证、领队证或者取消出国（境）旅游业务经营资格的行政处罚，由设区的市级以上旅游主管部门作出。

上级旅游主管部门有权查处下级旅游主管部门管辖的案件，也可以把自己管辖的案件移交下级旅游主管部门查处。

3. 移送管辖

旅游主管部门发现已立案的案件不属于自己管辖的，应当在10日内移送有管辖权的旅游主管部门或者其他部门处理。违法行为构成犯罪的，应当按照《行政执法机关移送涉嫌犯罪案件的规定》，将案件移送司法机关，不得以行政处罚代替刑事处罚。

4. 指定管辖

两个以上旅游主管部门都有管辖权的行政处罚案件,由最先立案的旅游主管部门管辖,或者由相关旅游主管部门协商;协商不成的,报共同的上级旅游主管部门指定管辖,也可以报共同的上级旅游主管部门指定管辖。

(三)旅游行政处罚的适用

关于旅游行政处罚的适用情况,《旅游行政处罚办法》第三章第十六条至第二十条作出了确定。

(1)国家旅游局(现文化和旅游部)逐步建立、完善旅游行政裁量权指导标准。各级旅游主管部门行使旅游行政处罚裁量权应当综合考虑下列情节:①违法行为的具体方式、手段、程度或者次数;②违法行为危害的对象或者所造成的危害后果;③当事人改正违法行为的态度、措施和效果;④当事人的主观过错程度。旅游主管部门实施处罚时,对性质相同、情节相近、危害后果基本相当、违法主体类同的违法行为,处罚种类及处罚幅度应当基本一致。

(2)当事人的同一违法行为同时违反两个以上法律、法规或者规章规定的,效力高的优先适用。法律、法规、规章规定两种以上处罚可以单处或者并处的,可以选择适用;规定应当并处的,不得选择适用。对当事人的同一违法行为,不得给予两次以上罚款的行政处罚。

(3)违法行为轻微并及时纠正,且没有造成危害后果的,不予处罚。违法行为在2年内未被发现的,不再给予行政处罚,但法律另有规定的除外。

(4)有下列情形之一的,应当从轻或者减轻处罚:①主动消除或者减轻违法行为危害后果的;②受他人胁迫实施违法行为的;③配合行政机关查处违法行为有立功表现的;④其他依法应当从轻或者减轻处罚的情形。

(5)执法人员在现场检查中发现违法行为或者实施行政处罚时,应当责令当事人立即改正违法行为。不能立即改正的,应当责令限期改正,限期改正期限一般不得超过15日,改正期间当事人应当停止相关违法行为。责令改正应当以书面形式作出,可以一并列入行政处罚决定书。单独出具责令改正通知书的,应当说明违法行为的事实,以及责令改正的依据、期限、要求。

二、旅游行政处罚的一般程序

(一)立案和调查

1. 立案

旅游主管部门在监督检查、接到举报、处理投诉或者接受移送、交办的案件,发现当事人的行为涉嫌违反旅游法律、法规、规章时,对符合下列条件的,应当在7个工作日内立案:①对该行为可能作出行政处罚的;②属于本部门管辖的;③违法行为未过追责时效的。

立案应当经案件承办机构或者旅游主管部门负责人批准。案件情况复杂的,经承办机构负责人批准,立案时间可以延长至14个工作日内。

旅游主管部门对不符合立案条件的,不予立案;立案后发现不符合立案条件的,应当撤销立案。对实名投诉、举报不予立案或者撤销立案的,应当告知投诉人、举报人,并说明理由。在现场检查中发现旅游违法行为时,认为证据以后难以取得的,可以先行调查取证,并在10日内决定是否立案和补办立案手续。

2. 调查

对已经立案的案件,案件承办机构应当指定两名以上的执法人员承办,及时组织调查取证。执法人员有下列情形之一的,应当自行回避,当事人及其代理人也有权申请其回避:是本案当事人或者其近亲属的;本人或者其近亲属与本案有直接利害关系的;与当事人有其他关系,可能影响公正执法的。

需要委托其他旅游主管部门协助调查取证的,应当出具书面委托调查函。受委托的旅游主管部门应当予以协助;有正当理由确实无法协助的,应当及时函告。

执法人员在调查、检查时,有权采取下列措施:进入有关场所进行检查、勘验、先行登记保存证据、录音、拍照、录像;询问当事人及有关人员,要求其说明相关事项和提供有关材料;查阅、复制经营记录和其他有关材料。

执法人员在调查、检查时,应当遵守下列规定:不得少于两人;佩戴执法标志,并向当事人或者有关人员出示执法证件;全面、客观、及时、公正地调查违法事实、违法情节和危害后果等情况;询问当事人时,应当告知其依法享有的权利;依法收集与案件有关的证据,不得以诱导、欺骗等违法手段获取证据;如实记录当事人、证人或者其他有关人员的陈述;除必要情况外,应当避免延误团队旅游行程。

(二)告知和听证

1. 告知

旅游主管部门在作出行政处罚决定前,应当以书面形式告知当事人作出行政处罚决定的事实、理由、依据和当事人依法享有的陈述、申辩权利。旅游主管部门可以就违法行为的性质、情节、危害后果、主观过错等因素,以及选择的处罚种类、幅度等情况,向当事人作出说明。

旅游主管部门应当充分听取当事人的陈述和申辩并制作笔录,对当事人提出的事实、理由和证据,应当进行复核。当事人提出的事实、理由或者证据成立的,应当予以采纳;不能成立而不予采纳的,应当向当事人说明理由。旅游主管部门不得因当事人申辩而加重处罚。

2. 听证

旅游主管部门作出较大数额罚款、没收较大数额违法所得、取消出国(境)旅游业务经营资格、责令停业整顿、吊销旅行社业务经营许可证、导游证或者领队证等行政处罚决定前,应当以书面形式告知当事人有申请听证的权利。听证告知的内容应当包括:提出听证申请的期限,未如期提出申请的法律后果,以及受理听证申请的旅游主管部门名称、地址等内容。听证应当遵循公开、公正和效率的原则,保障当事人的合法权益。除涉及国家秘密、商业秘密或者个人隐私的,应当公开听证。

(三) 审查和决定

1. 审查

案件调查终结并依法告知、听证后,需要作出行政处罚的,执法人员应当填写行政处罚审批表,经案件承办机构负责人同意后,报旅游主管部门负责人批准。旅游主管部门应当对调查结果进行审查,根据下列情况,分别作出处理:

确有应受行政处罚的违法行为的,根据情节轻重及具体情况,作出行政处罚决定;违法行为轻微,依法可以不予行政处罚的,不予行政处罚;违法事实不能成立的,不得给予行政处罚;违法行为已构成犯罪的,移送司法机关。

对情节复杂的案件或者因重大违法行为给予公民3万元以上罚款、法人或者其他组织20万元以上罚款,取消出国(境)旅游业务经营资格,责令停业整顿,吊销旅行社业务经营许可证、导游证、领队证等行政处罚的,旅游主管部门负责人应当集体讨论决定。地方人民代表大会及其常务委员会或者地方人民政府对集体讨论的情形另有规定的,从其规定。

2. 决定

决定给予行政处罚的,应当制作行政处罚决定书。旅游行政处罚决定书应当载明下列内容:当事人的姓名或者名称、证照号码、地址、联系方式等基本情况;违反法律、法规或者规章的事实和证据;行政处罚的种类和依据;行政处罚的履行方式和期限;逾期不缴纳罚款的后果;不服行政处罚决定,申请行政复议或者提起行政诉讼的途径和期限;作出行政处罚决定的旅游主管部门名称和作出决定的日期,并加盖部门印章。

旅游行政处罚案件应当自立案之日起的3个月内作出决定;案情复杂或者重大的,经旅游主管部门负责人批准可以延长,但不得超过3个月。案件办理过程中组织听证、鉴定证据、送达文书,以及请示法律适用或者解释的时间,不计入期限。

(四) 送达

旅游行政处罚文书应当送达当事人,并符合下列要求:

(1) 有送达回证并直接送交受送达人,由受送达人在送达回证上载明收到的日期,并签名或者盖章;

(2) 受送达人是个人的,本人不在,可交与他的同住成年家属签收,并在送达回证上载明与受送达人的关系;

(3) 受送达人或者与他的同住成年家属拒绝接收的,送达人可以邀请有关基层组织的代表或者有关人员到场,说明情况,在送达回证上载明拒收的事由和日期,由送达人、见证人签名或者盖章,把文书留置受送达人的住所或者收发部门,也可以把文书留在受送达人的住所,并采用拍照、录像等方式记录送达过程;

(4)受送达人是法人或者其他组织的,应当由法人的法定代表人、其他组织的主要负责人或者该法人、组织办公室、收发室等负责收件的人签收或者盖章,拒绝签收或者盖章的,适用上一条中留置送达的规定;

(5)经受送达人同意,可以采用传真、电子邮件等能够确认其收悉的方式送达行政处罚决定书以外的文书;

(6)受送达人有代理人或者指定代收人的,可以送交代理人或者代收人签收并载明受当事人委托的情况;

(7)直接送达确有困难的,可以用挂号信邮寄送达,也可以委托当地旅游主管部门代为送达,代收机关收到文书后,应当立即送交受送达人签收。

受送达人下落不明,或者以前款规定的方式无法送达的,可以在受送达人原住所地张贴公告,或者通过报刊、旅游部门网站公告送达,执法人员应当在送达文书上注明原因和经过。自公告发布之日起经过60日,即视为送达。

旅游行政处罚决定书应当在宣告后当场交付当事人;当事人不在场的,旅游主管部门应当按照本办法第五十三条的规定,在7日内送达当事人,并根据需要抄送与案件有关的单位和个人。

三、旅游行政处罚的执行

当事人应当在行政处罚决定书确定的期限内,履行处罚决定;被处以罚款的,应当自收到行政处罚决定书之日起15日内,向指定的银行缴纳罚款。申请行政复议或者提起行政诉讼的,不停止行政处罚决定的执行,但有下列情形的除外:处罚机关认为需要停止执行的;行政复议机关认为需要停止执行的;申请人申请停止执行,行政复议机关认为其要求合理决定停止执行,或者人民法院认为执行会造成难以弥补的损失,并且停止执行不损害社会性公共利益,裁定停止执行的;法律、法规规定的其他情形。

当事人逾期不履行处罚决定的,作出处罚决定的旅游主管部门可以采取下列措施:到期不缴纳罚款的,每日按罚款数额的百分之三加处罚款,但加处罚款的数额不得超出罚款额;向旅游主管部门所在地有管辖权的人民法院申请强制执行。

申请人民法院强制执行应当在下列期限内提出:行政处罚决定书送达后,当事人未申请行政复议或者提起行政诉讼的,在处罚决定书送达之日起3个月后起算的3个月内;复议决定书送达后当事人未提起行政诉讼的,在复议决定书送达之日起15日后起算的3个月内;人民法院对当事人提起行政诉讼作出的判决、裁定生效之日起3个月内。

旅游主管部门申请人民法院强制执行前,应当催告当事人履行义务。催告应当以书面形式作出,并载明下列事项:履行义务的期限;履行义务的方式;涉及金钱给付的,应当有明确的金额和给付方式;当事人依法享有的陈述权和申辩权。旅游主管部门应当充分听取当事人的意见,对当事人提出的事实、理由和证据,应当进行记录、复核。当事人提出的事实、理由或者证据成立的,应当采纳。催告书送达10日后当事人仍未履行义务的,可以申请强制执行。

当事人确有经济困难,需要延期或者分期缴纳罚款的,应当在行政处罚决定书确定的缴纳期限届满前,向作出行政处罚决定的旅游主管部门提出延期或者分期缴纳的书面申请。批准当事人延期或者分期缴纳罚款的,应当制作同意延期(分期)缴纳罚款通知书,送达当事人,并告知当事人缴纳罚款时,应当向收缴机构出示。延期、分期缴纳罚款的,最长不得超过6个月,或者最后一期缴纳时间不得晚于申请人民法院强制执行的最后期限。

旅游主管部门和执法人员应当严格执行罚缴分离的规定,不得非法自行收缴罚款。罚没款及没收物品的变价款,应当全部上缴国库,任何单位和个人不得截留、私分或者变相私分。

第四节 旅游行业组织与行业自律管理

一、旅游行业组织的成立

旅游行业组织一般指为加强行业间及旅游行业内部的沟通与协作,实现行业自律,保护旅游者权益,同时促进旅游行业及行业内部各单位的发展而形成的各类组织。因此,旅游行业组织通常为一种非官方组织,采取各成员自愿加入的原则,行业组织所制定的规章、制度和章程对于非会员单位不具有约束力。依照《中华人民共和国旅游法》,我国的旅游行业组织必须依法成立,主要包括中国旅游协会及根据工作需要设立的分会和专业委员会,且成立后的旅游行业组织实行自律管理。

为了强化行业自律,《中华人民共和国旅游法》要求依法成立的旅游行业组织依照法律、行政法规和章程的规定,制定行业经营规范和服务标准,对其会员的经营行为和服务质量进行自律管理,组织开展职业道德教育和业务培训,提高从业人员素质。

二、旅游行业组织的职能

旅游行业组织主要具有服务和管理两大职能,但其职能的有效性取决于旅游行业组织本身的权威性和凝聚力,不具有任何行政指令性和法规性。具体而言,旅游行业组织具有以下基本职能:

（1）作为行业代表，与政府机构或其他行业组织商谈有关事宜。

（2）加强成员间的信息沟通，通过出版刊物等手段，定期发布行业发展的有关统计分析资料。

（3）开展联合推销和市场开拓活动。

（4）组织专业研讨会，为行业成员开展培训班和专业咨询业务。

（5）制定成员共同遵循的经营标准、行规会约，并据此进行仲裁与调解。

（6）对行业经营管理和发展问题进行调查研究，并采取相应措施加以解决。

（7）阻止行业内部的不合理竞争。

三、我国旅游行业协会的组成与运行

在我国，旅游行业协会一般分为行业协会和准行业协会。其中，准行业协会是行业协会的初级阶段，经过一段时间的发展，准行业协会中的行业联合体有可能转化为功能专门化的行业协会。此外，行业联盟也有可能演变为行业协会。

（一）中国旅游协会

中国旅游协会是1986年1月30日经国务院批准正式宣布成立的第一个旅游全行业组织。中国旅游协会作为我国第一个旅游全行业组织，其主管单位为中华人民共和国文化和旅游部，其理事由各省、自治区、直辖市和计划单列市、重点旅游城市的旅游管理部门，全国性旅游专业协会，大型旅游企业集团，旅游景区（点），旅游院校，旅游科研与新闻出版单位，以及与旅游业紧密相关的行业社团组成。目前，中国旅游协会的会员主要为团体会员，凡在旅游行业内具有一定影响的社会团体和企事业单位，以及旅游相关行业组织等，均可申请入会。中国旅游协会下设中国旅行社协会、中国旅游饭店业协会、中国旅游车船协会和中国旅游报刊协会四个相对独立的专业协会，涵盖了旅游业务各部门。因此，中国旅游协会相当于国家旅游行政管理机构的身份翻牌和"第二名片"。

此后，中国旅游饭店业协会、中国旅行社协会、中国旅游车船协会、中国旅游报刊协会等国家级旅游协会和上海市旅游行业协会、浙江省饭店业协会、深圳市饭店业协会、云南省旅行社协会等地方旅游协会等各种类型的旅游协会相继成立。这些旅游协会多为本行业中的企业，也有与本行业密切相关的部门单位、旅游科研及教育机构等组织机构；协会中既有团体会员，也有个人会员。

（二）中国旅游饭店业协会

中国旅游饭店业协会是中国旅游协会的副会长单位，成立于1986年2月，其主管单位为文化和旅游部；是由中国境内的饭店和地方饭店协会、饭店管理公司、饭店用品供应厂商等相关单位，按照平等自愿的原则结成的全国性行业协会；属于饭店业的专业协会，具有很强的专业针对性。

知识链接

中国旅游行业协会的发展历程

中国旅游饭店业协会中聚集了全国饭店业中知名度高、影响力大、服务规范、信誉良好的星级饭店,同样几乎涵盖了国际著名饭店集团在内地管理的所有饭店。目前,中国旅游饭店业协会共有会员1600余家、理事422人、常务理事179人。中国旅游饭店业协会下设多个专业委员会(如饭店金钥匙专业委员会)。中国旅游饭店业协会于1994年正式加入国际饭店与餐馆协会,成为其国家级协会会员。

(三) 上海市旅游行业协会

上海市旅游行业协会(原上海市旅游协会)为中国旅游协会的理事单位,成立于1990年3月,后于2000年1月进行重组,原上海饭店业协会、上海国际旅行社协会、上海国内旅行社协会、上海旅游教育协会均归属上海市旅游协会,成为其不具法人资格的分会。2004年3月,根据沪府办发〔2002〕1号文件精神,上海市旅游协会更名为上海市旅游行业协会,下辖饭店业分会、旅行社分会、旅游教育分会、旅游景点分会、水上旅游分会、旅游纪念品分会、在线旅游分会,现有会员1700余家。该协会的宗旨是为会员提供服务,代表和维护行业的共同利益和会员的合法权益,推动行业诚信建设,保障行业公平竞争,维护会员与政府、社会联系,发挥纽带和桥梁作用,促进上海旅游业的发展和繁荣。

上海市旅游行业协会的主要任务如下:

(1) 宣传、贯彻国家关于旅游行业的法律、法规、方针、政策,促进上海旅游业的发展;

(2) 根据会员需要组织行业人才、技术、管理、法规等培训,开展信息交流,提供法律、政策、技术、管理、市场等咨询服务,举办会展招商以及产品推介等活动;

(3) 制定本行业的行规、行约,建立行业自律机制,推动行业诚信建设,维护行业公平竞争和良好的市场环境;

(4) 参与制定修订并组织实施本市旅游行业相关技术标准、质量标准、服务规范和职业道德准则,参与行业资质认证;

(5) 协调会员与会员,会员与行业内非会员,会员与其他行业经营者、消费者及社会组织的有关经营关系,代表本行业参与行业性集体谈判;

(6) 参与政府有关本行业改革、发展及旅游市场发展态势的课题调研和成果推广活动,参与政府举办的有关听证会以及与本行业利益相关的决策论证,向有关部门提出有关发展旅游业政策的意见和立法的建议;

(7) 根据法律、法规授权或受行业主管部门委托,开展行业统计、行业调查、行业检查和评比、发布行业信息、公信证明、价格协调以及本行业市场准入的规范和管理工作;

(8) 组织会员开展国内外旅游业务交流和合作;

(9) 搜集、发布国内外旅游行业信息,依照有关规定创办刊物、网站,编制行业信息资料;

（10）承办行业主管部门委托和转移的工作，接受政府购买服务。

- 《中华人民共和国旅游法》的主要内容是什么？
- 旅游法规与旅游政策有何区别与联系？
- 我国旅游监管部门有哪些，主要职责是什么？
- 旅游行政处罚的实施主体及一般程序是什么？
- 旅游行业组织的主要职能有哪些？

附 录

附录一 历年出台的旅游相关政策（部分）一览

附录二 历年出台的旅游法律法规一览

附录三 国家文化和旅游消费示范/试点城市（第一批）

附录四 中国旅游强县名单（第一批）

附录五 国家全域旅游示范区名单

附录六　中国乡村旅游创客示范基地

附录七　国家级旅游度假区

附录八　国家级旅游休闲街区

主要参考文献

[1] 北京市旅游局,北京联合大学旅游学院.北京旅游咨询实务[M].北京:中国旅游出版社,2010.

[2] 包富华.中美两国出境旅游市场演化比较研究——基于内外双重视角的分析[J].旅游学刊,2022(7).

[3] 蔡晓梅,苏杨.从冲突到共生——生态文明建设中国家公园的制度逻辑[J].管理世界,2022(11).

[4] 仓平,王维工.假日经济的成因、存在问题及对策[J].东华大学学报(社会科学版),2002(2).

[5] 戴斌,蒋依依,杨丽琼,等.中国出境旅游发展的阶段特征与政策选择[J].旅游学刊,2013(1).

[6] 董培海,李伟.关于"旅游公共服务体系"的解读——兼评我国旅游公共服务体系建设[J].旅游研究,2010(4).

[7] 傅雨飞.公共政策量化分析:研究范式转换的动因和价值[J].中国行政管理,2015(8).

[8] 傅远柏.旅游政策与法规——理论与实务[M].北京:清华大学出版社,2015.

[9] 汉斯·范登·德尔,本·范·韦尔瑟芬.民主与福利经济学[M].陈刚,沈华珊,吴志明,等,译.北京:中国社会科学出版社,1999.

[10] 何池康.旅游公共服务体系建设研究[D].北京:中央民族大学,2011.

[11] 何小芊,郭芸.中国旅游百强县空间分布特征及影响因素研究[J].干旱区资源与环境,2021(9).

[12] 李创新,马耀峰,王永明.1993—2012年中国入境旅游时空地域格局分异与动态演进——基于全局K-Means谱聚类法的"典型区域"实证研究[J].资源科学,2015(11).

[13] 李锋,唐晨.中国旅游产业政策研究:进展,争议与展望[J].北京第二外国语学院学报,2015(3).

[14] 李建中,李爽,甘巧林.节事活动旅游公共服务第三部门供给研究[J].社会科学,2009(10).

[15] 李军鹏.加快完善旅游公共服务体系[J].旅游学刊,2012(1).

[16] 李爽,黄福才,李建中.旅游公共服务:内涵、特征与分类框架[J].旅游学刊,2010(4).

[17] 李爽,甘巧林,刘望保.旅游公共服务体系:一个理论框架的构建[J].北京第二外

国语学院学报,2010(5).

[18] 李文汇,朱华.旅游政策与法律法规[M].北京:北京大学出版社,2014.

[19] 刘德光,邓颖颖.旅游目的地营销中政府行为分析[J].贵州社会科学,2013(9).

[20] 刘梦华,易顺.从旅游管理到旅游治理——中国旅游管理体制改革与政府角色扮演逻辑[J].技术经济与管理研究,2017(5).

[21] 刘倩倩,刘祥艳,周功梅.中国出境旅游研究:一个文献综述[J].旅游论坛,2021(3).

[22] 马静,舒伯阳.中国乡村旅游30年:政策取向、反思及优化[J].现代经济探讨,2020(4).

[23] 马勇,郭田田.践行"两山理论":生态旅游发展的核心价值与实施路径[J].旅游学刊,2018(8).

[24] Ostrom V,Ostrom.E. Public Goods and Public Choices[M]/E S Saves. Alternatives for Delivering Public Services:Toward Improved Performance. Boulder:West view Press,1977.

[25] 任晓玲.中国入境旅游市场时空演变及其发展态势研究[D].昆明:云南师范大学,2018.

[26] 沈姗姗,苏勤.中国旅游政策研究综述[J].资源开发与市场,2008(8).

[27] 石培华,张毓利,徐楠,等.全域旅游示范区创建的经济发展效应评估研究——基于中国重点旅游城市的实证检验[J].贵州社会科学,2020(5).

[28] 舒伯阳,马静.中国乡村旅游政策体系的演进历程及趋势研究——基于30年数据的实证分析[J].农业经济问题,2019(11).

[29] 舒伯阳,袁继荣.政府主导与旅游目的地形象推广研究[J].桂林旅游高等专科学校学报,2003(5).

[30] 宋慧林,蒋依依,王元地.政府旅游公共营销的实现机制和路径选择——基于扎根理论的一个探索性研究[J].旅游学刊,2015(1).

[31] 田玉麒.公共服务协同供给:基本内涵、社会效用与影响因素[J].云南社会科学,2015(3).

[32] 王季云,姜雨璐.旅游业标准体系的思考与重构[J].旅游学刊,2013(11).

[33] 王莉霞.旅游法规:理论与实务[M].5版.大连:东北财经大学出版社,2021.

[34] 文枚,张连刚,陈天庆.乡村旅游发展顶层设计:政策演变与展望——基于2004—2020年"中央一号文件"的政策回顾[J].中南林业科技大学学报(社会科学版),2021(6).

[35] 徐菲菲,Fox Dorothy.英美国家公园体制比较及启示[J].旅游学刊,2015(6).

[36] 杨军.中国出境旅游"双高"格局与政策取向辨析——兼与戴学锋、巫宁同志商榷[J].旅游学刊,2006(6).

[37] 杨朝晖.旅游法规教程[M].2版.大连:东北财经大学出版社,2014.

[38] 姚旻,赵爱梅,宁志中.中国乡村旅游政策:基本特征、热点演变与"十四五"展望[J].中国农村经济,2021(5).

[39] 姚延波,刘亦雪.旅游市场秩序概念模型与运行机理:基于扎根理论的探索性研究[J].旅游学刊,2019(5).

[40] 袁正新,张国兴.旅游政策与法规[M].北京:中国林业出版社,2008.

[41] 张俐俐,蔡利平.旅游公共管理[M].北京:中国人民大学出版社,2009.

[42] 郑向敏.旅游安全学[M].北京:中国旅游出版社,2003.

[43] 邹统钎."一带一路"旅游合作愿景、难题与机制[J].旅游学刊,2017(6).

[44] 赵利民.旅游法规教程[M].5版.北京:科学出版社,2022.

[45] 邹永广,郑向敏.中国旅游强县规模发展特征及影响因素研究[J].华东经济管理,2014(1).

[46] 钟林生,肖练练.中国国家公园体制试点建设路径选择与研究议题[J].资源科学,2017(1).

教学支持说明

为了改善教学效果,提高教材的使用效率,满足高校授课教师的教学需求,本套教材备有与纸质教材配套的教学课件和拓展资源。

我们将向使用本套教材的高校授课教师免费赠送教学课件或者相关教学资料,烦请授课教师通过电话、邮件或加入旅游专家俱乐部QQ群等方式与我们联系,获取"电子资源申请表"文档并认真准确填写后发给我们,我们的联系方式如下:

地址:湖北省武汉市东湖新技术开发区华工科技园华工园六路

邮编:430223

电话:027-81321911

E-mail:lyzjjlb@163.com

旅游专家俱乐部QQ群号:758712998

旅游专家俱乐部QQ群二维码:

群名称:旅游专家俱乐部5群
群　号:758712998

电子资源申请表

填表时间：_____年___月___日

1. 以下内容请教师按实际情况写，★为必填项。
2. 根据个人情况如实填写，相关内容可以酌情调整提交。

★姓名		★性别	□男 □女	出生年月		★职务	
						★职称	□教授 □副教授 □讲师 □助教

★学校		★院/系	
★教研室		★专业	
★办公电话		家庭电话		★移动电话	
★E-mail（请填写清晰）		★QQ号/微信号	
★联系地址		★邮编	

★现在主授课程情况	学生人数	教材所属出版社	教材满意度
课程一			□满意 □一般 □不满意
课程二			□满意 □一般 □不满意
课程三			□满意 □一般 □不满意
其他			□满意 □一般 □不满意

教 材 出 版 信 息

方向一		□准备写 □写作中 □已成稿 □已出版待修订 □有讲义
方向二		□准备写 □写作中 □已成稿 □已出版待修订 □有讲义
方向三		□准备写 □写作中 □已成稿 □已出版待修订 □有讲义

请教师认真填写表格下列内容，提供索取课件配套教材的相关信息，我社根据每位教师填表信息的完整性、授课情况与索取课件的相关性，以及教材使用的情况赠送教材的配套课件及相关教学资源。

ISBN（书号）	书名	作者	索取课件简要说明	学生人数（如选作教材）
			□教学 □参考	
			□教学 □参考	

★您对与课件配套的纸质教材的意见和建议，希望提供哪些配套教学资源：